GLI SPILLI

Oltre 180 tascabili a colori, per fissare le idee sulle materie fondamentali, di attualità, cultura e lingue straniere. Ideali per la maturità e i primi anni di università.

STRUMENTI DIDATTICI

Guide per l'aggiornamento e l'attività didattica di insegnanti, orientatori e psicologi sui temi dell'orientamento e dei test a risposta multipla.

MATURITÀ

Volumi che raccolgono i temi d'esame della prova scritta dei licei scientifici, risolti e commentati.

ORIENTAMEN-

Guide aggiornate per la scelta degli studi post-diploma e per l'inserimento nel mondo del lavoro.

TESTUNIVERSITARI

Manuali ed eserciziari specifici per la preparazione ai test di ammissione di tutte le facoltà universitarie.

ESERCIZIARI PER L'UNIVERSITÀ

Utili volumi per la preparazione agli esami universitari di Analisi Matematica, Algebra e Geometria, Chimica e Fisica.

PASSEPARTOUT

Volumi monodisciplinari utili per la preparazione ai test di concorsi pubblici, selezioni aziendali, concorsi dell'Unione Europea, concorsi militari, ammissione all'università e ai master.

TESTPROFESSIONALI

Oltre 40 manuali ed eserciziari per prepararsi alle prove di selezione previste per l'accesso e l'abilitazione a specifiche professioni (promotore finanziario, vigile urbano, fisioterapista, infermiere ecc.).

LAVORO&CARRIERA

Guide pratiche su temi di informatica e sales management utili per svolgimento delle professioni aziendali: ideali per direttori e manager di impresa.

CONCORSI&ESAMI

Volumi completi con teoria ed esercizi per prepararsi alle prove scritte e orali dei concorsi pubblici e degli esami di Stato (commercialista, psicologo, avvocato, architetto ecc.).

STUDI PROFESSIONALI

La prima collana pensata per i professionisti (avvocati, commercialisti, notai), dedicata alla comunicazione e al marketing, al management, alla gestione delle relazioni.

TESTMILITARI

Manuali ed eserciziari specifici per la preparazione alle prove di ammissione alle Accademie militari e alle Forze Armate.

I NUOVI CODICI

Mini-codici di comoda consultazione in udienza, in ufficio e durante le lezioni universitarie, aggiornati alla legislazione di riferimento.

METEO

Collana curata dal colonnello Mario Giuliacci e realizzata da meteorologi professionisti. I volumi coniugano l'approccio divulgativo con il rigore scientifico.

UPPA

Piccoli volumi dedicati ai genitori che vogliono approfondire gli aspetti più delicati della crescita dei propri bambini (0-6 anni): dall'alimentazione ai principali disturbi.

S.O.S. LINGUE

Piccoli volumi per un soccorso immediato quando ci si trova all'estero: dialoghi modello, frasari per le situazioni più comuni e per gli imprevisti, indicazioni per la pronuncia e agili glossari.

TESTUNIVERSITARI

AlphaTest Medicina

PROVE DI VERIFICA

11ª EDIZIONE

edizioni

Alpha Test

Via Mercalli, 14 – 20122 – Milano (Italy)
Tel. 02 5845981 – fax 02 58459896
servizi@alphatest.it
www.alphatest.it

ISBN: 978-88-483-1694-1

Undicesima edizione: giugno 2015
Prima edizione: maggio 1998

Impostazione grafica della copertina di Andrea Morando
Rielaborazione grafica della copertina e illustrazioni interne a cura dell'Ufficio Grafico Alpha Test

Stampato da L.E.G.O. S.p.a. Lavis (TN)
per conto di Alpha Test S.r.l.
nel giugno 2015

Indice

Prefazione

Per molti giovani di tutto il mondo l'iscrizione all'università è da diversi anni subordinata al superamento di una selezione preliminare che ha lo scopo di valutare le potenzialità dei singoli studenti di frequentare con profitto il corso di laurea prescelto.

Per molti giovani di tutto il mondo l'iscrizione all'università è da diversi anni subordinata al superamento di una selezione preliminare che ha lo scopo di valutare le potenzialità dei singoli studenti di frequentare con profitto il corso di laurea prescelto.

Attualmente in Italia, molti corsi di alcune importanti università private, alcuni corsi di laurea magistrale a ciclo unico a livello nazionale (Medicina e Chirurgia, Odontoiatria e Protesi dentaria, Medicina Veterinaria, Scienze della Formazione primaria e Architettura) e molti corsi di laurea triennali sono caratterizzati dalla presenza del **numero programmato**: il numero di matricole di questi corsi non può superare il numero di posti programmati annualmente in ogni ateneo.

In generale, la selezione dei candidati che desiderano accedere a un corso universitario a numero programmato viene effettuata sulla base di una prova a test, composta da domande a risposta multipla che valuta il possesso di determinate attitudini e conoscenze. Il risultato di tale prova – predisposta in alcuni casi a cura del ministero dell'Università e della Ricerca (come, per esempio, le prove di accesso ai corsi di Medicina/Odontoiatria e Veterinaria) e in altri casi dalle singole università – determina un **punteggio** in base al quale viene stabilita la **graduatoria dei candidati.** In alcuni casi, alla formazione della graduatoria finale contribuiscono anche i risultati conseguiti dai singoli candidati negli ultimi anni della scuola superiore; il risultato del test è comunque in generale il fattore di gran lunga più importante ai fini dell'ammissione.

Oltre alle prove selettive, sono ormai in uso in molte sedi universitarie le **prove valutative** per i corsi ad accesso libero il cui scopo è misurare il possesso di conoscenze e attitudini necessarie per frequentare con profitto il corso prescelto; tali prove attribuiscono – in caso di valutazione negativa – un "debito" formativo che lo studente dovrà "saldare" entro il primo anno di corso dimostrando di aver colmato le lacune rilevate. Anche chi sceglie di frequentare un corso universitario ad accesso libero deve quindi spesso affrontare una prova a test.

La presenza dei test di pre-immatricolazione, selettivi o "orientativi", impone quindi agli studenti seriamente motivati di prepararsi in modo mirato al test che dovranno sostenere.

Alpha Test è la prima e la più importante organizzazione in Italia che da 28 anni offre agli studenti tutti gli strumenti necessari per affrontare con successo i test selettivi. Opera a livello nazionale con sedi nelle principali città universitarie e si avvale della collaborazione di decine di esperti. Per le diverse prove di ammissione, Alpha Test organizza in tutta Italia dei corsi specifici di preparazione (alphatest.it/Corsi), pubblica la collana *TestUniversitari* composta da oltre settanta tra manuali ed eserciziari, specifici per ogni area di studi (alphatest.it/Libri-Alpha-Test) e ha sviluppato Alpha Test Academy, il nuovo programma on line di assistenza personalizzata allo studio, che guida e aiuta lo studente nella preparazione al test.

In particolare, questo libro è specifico per i test di ammissione ai corsi universitari di *Medicina e Chirurgia, Odontoiatria e Protesi dentaria* e *Medicina Veterinaria*.

Il parere dei lettori è importante

Per continuare a migliorare la qualità delle proprie pubblicazioni, Alpha Test considera estremamente prezioso il parere dei propri lettori ai quali chiede la cortesia di esprimere un giudizio su questo libro nell'apposita sezione "Valuta un libro" del sito alphatest.it. Per ogni valutazione ricevuta Alpha Test devolve 2 euro a **Medici Senza Frontiere** o ad altra organizzazione non governativa con finalità umanitarie; in alternativa il lettore può scegliere un **buono sconto** per l'acquisto di libri direttamente dal sito alphatest.it.

Per informazioni aggiornate sui libri di Alpha Test i lettori possono visitare il sito internet alphatest.it o richiedere il catalogo gratuito a:

Alpha Test S.r.l.
via Mercalli, 14 – 20122 Milano
tel. 02 58 45 981 – fax 02 58 45 98 96
servizi@alphatest.it

Ringraziamenti

Alpha Test ringrazia i numerosi lettori, i partecipanti ai corsi e i collaboratori che, con i loro interventi, suggerimenti e in particolare con i giudizi ogni anno forniti al termine dei corsi, hanno contribuito a migliorare nel tempo la qualità dei volumi e dei servizi offerti.

Suggerimenti per prepararsi al test

La **prima cosa** da fare è procurarsi le informazioni sul test che si dovrà affrontare: le fonti più autorevoli e aggiornate sono il sito del ministero dell'Istruzione, dell'Università e della Ricerca (MIUR), i siti delle singole università e alphatest.it. Nel primo è riportata la normativa di interesse per gli studenti mentre negli altri vengono pubblicati i bandi di concorso che integrano le indicazioni del ministero con le specifiche proprie di ciascuna sede universitaria. Su **alphatest.it/Test-di-ammissione** sono pubblicate le date dei test, tutte le principali leggi e normative sulle prove di ammissione, i test ufficiali degli ultimi anni risolti e commentati e gli aggiornamenti e approfondimenti per i diversi corsi di studio.

Il metodo Alpha Test: libri, Alpha Test Academy e corsi

Il primo passo per il conseguimento di una preparazione completa è costituito dallo studio individuale da compieresui libri. A questo volume si affiancano il corrispondente MANUALE DI PREPARAZIONE, l'eserciziario eserciziario ESERCIZI COMMENTATI (disponibile anche nella versione corredata con software di simulazione) e il volume 11.000 QUIZ (disponibile anche nella versione corredata con software di simulazione). Ai fini dello studio, ciascuno dei quattro volumi è autosufficiente e, allo stesso tempo, complementare rispetto agli altri. Le loro caratteristiche sono così sintetizzabili:

- **MANUALE DI PREPARAZIONE**: è il principale strumento di preparazione alle prove di ammissione. Consente infatti lo **studio e il ripasso** mirato delle materie su cui vertono le domande dei test; la spiegazione degli argomenti è completata da schemi, tabelle, glossari e da centinaia di esercizi risolti e commentati;
- **ESERCIZI COMMENTATI**: è un eserciziario contenente centinaia di quesiti suddivisi in base alle materie oggetto d'esame. Di ciascun quesito viene fornita la soluzione e il commento che illustra i metodi risolutivi più efficaci. Costituisce dunque uno strumento utile per **esercitarsi** e per **approfondire la propria preparazione**. Nella versione corredata di **software di simulazione**, tale *software* combina i numerosi esercizi a disposizione e permette di comporre un numero elevato di prove simulate da svolgere secondo le modalità e i tempi che caratterizzano l'esame ufficiale; allo scadere del tempo prefissato, il programma elabora le risposte e fornisce i risultati, anche in forma grafica;
- **PROVE DI VERIFICA**: contiene 12 prove d'esame composte con le domande dei concorsi degli ultimi anni sotto forma di **test simulati**. Le prove sono accompagnate da indicazioni pratiche (tempo a disposizione, criteri di valutazione ecc.) che consentono al lettore di svolgerle secondo le modalità dell'esame ufficiale;
- **11.000 QUIZ – I QUESITI DELLE PROVE DI AMMISSIONE**: è la raccolta completa dei quesiti delle prove ufficiali. Gli esercizi sono suddivisi per materia (2700 di biologia, 2000 di chimica, 900 di matematica, 900 di fisica e 4500 di logica e cultura generale); alla fine di ogni sezione sono riportate le soluzioni di ciascun quesito. Nella versione corredata di **software di simulazione**, tale *software* combina i numerosi esercizi a disposizione e permette di comporre un numero elevato di prove simulate da svolgere secondo le modalità e i tempi che caratterizzano l'esame ufficiale; allo scadere del tempo prefissato, il programma elabora le risposte e fornisce i risultati, anche in forma grafica.

L'acquisto di ogni libro della collana *TestUniversitari* dà anche diritto a svolgere gratuitamente numerose simulazioni del test ufficiale sul sito **testonline.it** Per questo si rimanda alle istruzioni riportate nell'apposita pagina in fondo al volume.

Alpha Test Academy

Alpha Test Academy è il nuovo sistema di assistenza on line personalizzata che guida e aiuta lo studente nella preparazione ai test per Medicina/Odontoiatria e Veterinaria. Per ciascuna delle materie e degli argomenti previsti al test, il programma valuta il livello di preparazione dello studente, propone in modo adattivo numerose batterie di domande con difficoltà differenziata e offre migliaia di spiegazioni e commenti multimediali (link, video, tutorial e rimandi a specifici richiami di teoria). Il materiale e l'assistenza offerti da Alpha Test Academy consentono di chiarire via via ogni quesito e dubbio individuale anche attraverso un canale diretto con i docenti Alpha Test e di migliorare progressivamente le proprie conoscenze e capacità in vista del test ufficiale. Alpha Test Academy assiste in ogni momento lo studente in un lavoro di preparazione mirato e specifico e rappresenta quindi un'utile integrazione al manuale di preparazione o a un corso Alpha Test in aula. Alpha Test Academy è un ambiente interattivo, con gruppi di studio virtuali e forum di discussione per un confronto diretto. Inoltre, fornisce un costante aggiornamento sulle novità normative e sui test ufficiali.

Per l'acquisto di Alpha Test Academy è previsto uno sconto importante per chi già possiede questo volume o è iscritto a un corso Alpha Test. Per maggiori informazioni o per provare la demo gratuita: **alphatest.it**

Corsi

Per la preparazione alle prove di ammissione, oltre ai volumi della collana *TestUniversitari* e ad Alpha Test Academy, Alpha Test organizza per gli studenti più motivati numerosi **corsi** di durata differenziata (da pochi giorni di corso ad alcuni mesi). Frequentare un corso Alpha Test consente di completare, perfezionare e consolidare la propria preparazione grazie ai seguenti punti di forza:

1. **la didattica interattiva.** Ciascun corso prevede cicli di lezioni e di esercitazioni dedicate al ripasso di tutti gli argomenti oggetto d'esame. Gli studenti possono beneficiare della professionalità di docenti con un'esperienza d'insegnamento unica in Italia, maturata in oltre 28 anni di attività di Alpha Test nel campo specifico della preparazione ai test universitari;
2. **il materiale supplementare consegnato ai corsi.** Durante le lezioni, a ciascun partecipante viene fornito materiale di studio e di esercitazione aggiuntivo rispetto ai volumi consegnati al momento dell'iscrizione. Si tratta di materiale estremamente aggiornato e specifico per la struttura e i contenuti del test che si deve affrontare;
3. **l'esperienza "sul campo".** In ciascun corso vengono svolte più simulazioni d'esame per mettersi alla prova e per confrontare la propria preparazione con quella di altri candidati. I docenti Alpha Test sono in grado inoltre di indicare a ogni candidato il punteggio orientativo che occorre conseguire per accedere al corso universitario prescelto.

Infine, chi desidera prepararsi al test di ammissione senza rinunciare a divertimento e nuove amicizie può partecipare a una delle **vacanze-studio Alpha Test** (per informazioni: **alphatest.it/Corsi**).

Test di autovalutazione online

Su **alphatest.it/Test-di-ammissione** è possibile misurare il proprio livello di preparazione; il test gratuito prevede 20 domande tratte dai test ufficiali degli ultimi anni da risolvere in 20 minuti ed è finalizzato ad aiutare il candidato a impostare al meglio il percorso di studio.

Test ufficiali commentati e ultimi aggiornamenti disponibili su alphatest.it

Sul sito **alphatest.it** si possono scaricare gratuitamente i test ufficiali degli ultimi anni con tutte le soluzioni e i **commenti esplicativi dei singoli quesiti**. In particolare nella sezione "approfondimenti" all'indirizzo **alphatest.it/Test-di-ammissione** sono disponibili i test ufficiali dei corsi di laurea in Medicina/Odontoiatria e Veterinaria.

Sulla stessa pagina vengono costantemente pubblicati gli aggiornamenti normativi sui test con le eventuali integrazioni agli argomenti e ai programmi d'esame.

App per iPhone e iPad

Per coloro che possiedono i dispositivi mobili iPhone e iPad sono disponibili le App di esercitazione del test d'ammissione per tutti i corsi a numero programmato. Ciascuna App contiene oltre 580 quesiti tratti dalle prove ufficiali, con soluzioni commentate dagli esperti Alpha Test. È possibile comporre un numero illimitato di prove simulate e analizzare i risultati anche in forma grafica.

Segui Alpha Test anche sui social network

DIventare fan della pagina Alpha Test su Facebook o seguire l'account @alpha_test su Twitter significa essere informati in tempo reale su tutto quello che riguarda i test, confrontarsi con migliaia di fan e ricevere aggiornamenti e consigli dai docenti. Alpha Test è anche su Google+, LinkedIn, Youtube.

Mailing list

Ti segnaliamo infine che, registrandoti su alphatest.it, puoi entrare a far parte della nostra mailing list: potrai così ricevere aggiornamenti in tempo reale sui test, suggerimenti su come prepararti al meglio e approfittare di sconti e promozioni esclusive.

Indicazioni per i partecipanti ai corsi Alpha Test

Alpha Test:

- è **la prima** società in Italia specializzata nel preparare gli studenti ai test di ammissione all'università;
- è **l'unica** organizzazione che può vantare un'esperienza di oltre 28 anni e migliaia di corsi già organizzati su tutto il **territorio nazionale**;
- i risultati di chi sceglie Alpha Test sono gli unici attestati da una primaria società di indagini di mercato da cui risulta che l'**84%** degli ammessi a medicina si è preparato con Alpha Test;
- dal 1987 a oggi ha **preparato con successo** ai test universitari **decine di migliaia di studenti** che si sono trovati in vantaggio rispetto alle altre aspiranti matricole;
- propone **corsi** con durata, programmi e costi differenziati a seconda della prova di selezione e delle esigenze dei singoli studenti, comprese **vacanze-studio** e **corsi residenziali**;
- vanta un corpo docente composto da oltre 160 esperti rigorosamente selezionati e costantemente formati: docenti e ricercatori universitari, professionisti e insegnanti con un'**esperienza didattica unica** e **specifica** nel campo della preparazione ai test universitari;
- ha sviluppato, per prima in Italia, una **metodologia didattica innovativa** e specifica per affrontare le prove a test;
- effettua l'analisi e la discussione in aula delle **prove ufficiali** utilizzate dalle università negli anni passati;
- sottopone ai partecipanti ai corsi numerose **prove simulate** che vengono corrette individualmente mediante l'uso di **lettori ottici** simili a quelli per le correzioni dei test ufficiali; ciò consente ai partecipanti di verificare in tempo reale il proprio livello di preparazione e di apprendimento;
- ha sviluppato una collana di volumi specifici per i diversi test di ammissione, già scelti da oltre due milioni di studenti e **forniti ai partecipanti ai corsi** all'atto dell'iscrizione;
- mette a disposizione degli studenti un servizio di esercitazione *on line* – all'indirizzo **testonline.it** – dove è possibile simulare i test di ammissione ai singoli corsi di studio.

Quanto premesso, unitamente ai risultati conseguiti dai partecipanti alle passate edizioni, ci consente di affermare che prepararsi a un test di ammissione frequentando lo specifico corso Alpha Test rappresenta la scelta migliore per chi è veramente motivato ad accedere al corso universitario desiderato e aumenta fino a sette volte la probabilità di ammissione rispetto a quella degli altri candidati.

Alpha Test e il suo corpo docente mettono a disposizione l'esperienza maturata e forniscono tutto l'aiuto necessario affinché i propri studenti possano prepararsi nel modo più rapido, completo ed efficace alla prova di selezione. Per accrescere ulteriormente la probabilità di successo **è essenziale anche l'impegno** degli studenti sotto forma di studio e di esercitazione **prima** e **durante** lo svolgimento del corso. Per facilitare la preparazione preliminare, Alpha Test consegna, già all'atto dell'iscrizione, i volumi MANUALE DI PREPARAZIONE, ESERCIZI COMMENTATI, PROVE DI VERIFICA e 11.000 QUIZ (quest'ultimo solo per i corsi di maggior durata). Consigliamo di leggere questi libri (o almeno il manuale) prima dell'inizio del corso con l'obiettivo di acquisire almeno una conoscenza di base degli argomenti trattati. Questa raccomandazione vale in particolar modo per chi sceglie di frequentare uno dei corsi Alpha Test di durata minore.

Sempre al momento dell''iscrizione al corso, Alpha Test fornisce una guida operativa con istruzioni e consigli utili per avviare la preparazione anche prima dell'inizio delle lezioni e con importanti informazioni sul test di ammissione di interesse dello studente.

Durante il corso l'attenzione viene focalizzata in modo specifico sulle tipologie di quesiti previsti nella prova di ammissione di interesse. Viene inoltre esaminato e discusso con i docenti un consistente numero di esercizi diversi da quelli presenti nei libri e contenuti in apposite dispense aggiornate ogni anno e distribuite durante il corso esclusivamente ai partecipanti.

Informazioni e modalità di iscrizione ai corsi Alpha Test

Le iscrizioni ai corsi Alpha Test per la preparazione ai test di ammissione universitari sono sempre aperte sino all'esaurimento dei posti disponibili (i corsi sono riservati a un numero limitato di partecipanti per garantire le migliori condizioni di apprendimento); le informazioni aggiornate relative al calendario e alla quota di partecipazione di ciascun corso sono disponibili su alphatest.it o chiamando il numero verde 800 017 326.

Per chi ha già acquistato **presso un centro Alpha Test** l'ultima edizione dei libri in dotazione al corso, è prevista una riduzione della quota di iscrizione al corso pari al 100% del prezzo di copertina dei libri; se i libri sono stati acquistati **in libreria** tale riduzione è invece pari al 50% del prezzo di copertina.

L'iscrizione ai corsi e l'acquisto dei libri Alpha Test possono essere effettuati:

- **su Internet** all'indirizzo **alphatest.it/Corsi**;
- **telefonicamente**, chiamando il numero verde 800 017 326;
- presso uno dei **centri Alpha Test** (per conoscere il più vicino visitare il sito **alphatest.it/Corsi** o chiamare il numero verde 800 017 326);
- **compilando l'apposito modulo** di iscrizione scaricabile da alphatest.it, o richiedendolo al numero verde 800 017 326 o scrivendo a servizi@alphatest.it.

I libri Alpha Test si possono acquistare anche presso le **migliori librerie** di tutta Italia.

Chi desidera ricevere, gratuitamente e senza impegno, materiale informativo relativo ai corsi e/o ai libri Alpha Test, può visitare il sito internet **alphatest.it** o richiedere il catalogo gratuito a:

Alpha Test S.r.l.
via Mercalli, 14 – 20122 Milano
tel. 02 58 45 981 – fax 02 58 45 98 96
servizi@alphatest.it

Natura del test e caratteristiche di questo libro

Natura del test

Le prove che dovranno affrontare i lettori di questo volume sono da diversi anni regolamentate a livello nazionale direttamente dal Ministero che indica annualmente sia le modalità di svolgimento (data e ora della prova, durata, suddivisione dei quesiti per materia ecc.) sia i contenuti dei test.

Prove ministeriali

Ogni anno il Ministero pubblica, almeno 60 giorni prima della data prevista per lo svolgimento del test, il decreto con il quale definisce le modalità e i contenuti delle prove di ammissione ai corsi di laurea programmati a livello nazionale.

A partire dall'anno accademico 2011-2012 Medicina e Odontoiatria hanno una **prova selettiva unica** sul territorio nazionale da svolgersi nello stesso giorno; anche per l'anno accademico 2014 la prova è stata unica e ha dato origine a **due graduatorie distinte**, una per i candidati al corso di laurea in Medicina e una per i candidati al corso in Odontoiatria.

Nel **2014** gli studenti hanno dovuto indicare, nella fase di iscrizione al test, se intendevano candidarsi per medicina o per odontoiatria o per entrambi e hanno contestualmente scelto l'ordine di preferenza della sede universitaria presso la quale volevano frequentare se classificati in posizione utile in graduatoria; come prima scelta il Ministero ha considerato proprio la sede presso la quale ciascun candidato si è iscritto per sostenere il test; gli studenti potevano indicare, in ordine di interesse, tutte le sedi previste sia per il corso di odontoiatria sia per il corso di medicina.

Il test dell'anno accademico 2014-2015 per i candidati a **Medicina e Odontoiatria** era composto da **60 quesiti a risposta multipla** con **5 alternative** di cui una sola esatta; le discipline oggetto del test sono state:

- ragionamento logico — 23 quesiti
- cultura generale — 4 quesiti
- biologia — 15 quesiti
- chimica — 10 quesiti
- fisica e matematica — 8 quesiti

Per i **test del 2015** i quesiti di **cultura generale** e di **ragionamento logico diminuiscono** (rispettivamente da 4 a 2 quesiti e da 23 a 20 quesiti) e **aumenta** il numero dei quesiti di **biologia** (da 15 a 18) e di **chimica** (da 10 a 12).

Anche per **Veterinaria**, il test dell'anno accademico 2014-2015 era composto da **60 quesiti a risposta multipla** (con **5 alternative** di cui una sola esatta) così distribuite:

- ragionamento logico — 23 quesiti
- cultura generale — 4 quesiti
- biologia — 13 quesiti
- chimica — 14 quesiti
- fisica e matematica — 6 quesiti

Il **tempo massimo di svolgimento del test è pari a 100 minuti**, quindi una media di **100 secondi** a quesito. Nella valutazione delle prove, vengono assegnati 1,5 punti per ogni risposta esatta, una penalità pari a – 0,4 punti per ogni risposta errata e 0 punti per ogni risposta omessa; la valutazione del test ha dunque un punteggio massimo pari a 90 punti.

Si consiglia di reperire le **informazioni aggiornate** sul test dell'**anno accademico in corso** scaricando **il relativo decreto** all'indirizzo: **alphatest.it/Test-di-ammissione** nella sezione "Bandi, posti disponibili, decreti".

Per potersi immatricolare, oltre a posizionarsi in posizione utile in graduatoria è necessario raggiungere una soglia minima pari a 20 punti al di sotto della quale non si è ammessi anche in presenza di posti disponibili.

Nella tabella seguente sono riportati i dati relativi ai posti disponibili e al numero di candidati negli ultimi anni presso i corsi di Medicina e di Odontoiatria.

MEDICINA			
ANNO	CANDIDATI	POSTI	RAPPORTO
2005	47.000	7.800	6
2006	53.000	7.400	7,2
2007	58.000	7.400	7,8
2008	60.500	7.500	8
2009	71.000	8.500	8,3
2010	78.000	8.755	8,9
2011	99.100[1]	10.461	9,5
2012	97.157[1]	11.104	8,7
2013	76.500[1, 2]	10.354	7,4
2014	63.043[1, 2]	10.130	6,2

ODONTOIATRIA			
ANNO	CANDIDATI	POSTI	RAPPORTO
2005	13.900	820	17
2006	16.400	820	20
2007	14.600	782	19
2008	18.900	760	25
2009	19.950	690	28,9
2010	20.700	790	26,3
2011	99.100[1]	10.461	9,5
2012	97.157[1]	11.104	8,7
2013	76.500[1, 2]	10.354	7,4
2014	63.043[1, 2]	10.130	6,2

1. Per gli anni 2011, 201, 2013 e 2014 non è possibile distinguere i candidati per Medicina dai candidati per Odontoiatria dal momento che la prova è unica.
2. Sono riportati solamente i dati relativi ai candidati al test nelle università statali. Mancano quindi tutti i candidati nelle università private.

È una novità degli ultimi quattro anni anche l'introduzione di **corsi di laurea in lingua inglese**, i cui test di ammissione sono anch'essi in inglese e si tengono in numerose sedi internazionali nello stesso giorno e alla stessa ora. Nel 2014 tali test in Italia si sono tenuti in aprile presso le sedi universitarie di Bari, Milano, Napoli Seconda Università, Pavia, Roma "La Sapienza", Roma "Tor Vergata". La prova, denominata **IMAT** (*International Medical Admissions Test*), è stata predisposta dal MIUR in collaborazione con il Cambridge Assessment; le materie e la tipologia di quesiti in inglese sono analoghi a quelli delle prove in italiano; il test 2014 era costituito da 60 quesiti, 4 di cultura generale, 23di logica, 15 di biologia, 10 di chimica e 8 di fisica e matematica. La durata del test è stata pari a 100 minuti.

Questo manuale è quindi anche adatto per la preparazione della parte teorica del test di ammissione al corso universitario di medicina in lingua inglese. Per completare la preparazione, Alpha Test ha in programma dei corsi specifici e pubblica anche i seguenti volumi: *Medicina in Inglese, Essenzial guide for success in IMAT (International Medcial Ammission Test), I test di medicina in lingua inglese – Eserciziario commentato* e il volume *1200 quiz – i quesiti delle prove di ammissione.*

Gli atenei privati hanno la facoltà di decidere autonomamente sia per quanto riguarda il contenuto del test (materie, numero di quesiti per ciascun argomento ecc.) sia per quanto riguarda la data di somministrazione della prova. Di seguito si riporta quanto avvenuto nelle prove per l'accesso all'anno accademico 2015 nei principali atenei privati.

Università Cattolica del Sacro Cuore

L'edizione 2015 della prova scritta è costituita da **120 quesiti a risposta multipla** ed era strutturata nel modo seguente:

- **test psico-attitudinale** composto da **100 quesiti** su argomenti di:
  - logica;
  - ragionamento spaziale visivo;
  - comprensione di brani, attenzione e precisione;
  - ragionamento numerico;
  - *problem solving*;
- **test di lingua inglese** composto da **20 quesiti** per valutare la capacità di comprensione della lingua straniera;
- test di cultura religiosa composto da **10 quesiti**.

Il tempo a disposizione per risolvere il test è di **120 minuti**. Sono assegnati 1 punto per ogni risposta esatta, una penalità pari a – 0,25 punti per ogni risposta errata e 0 punti per ogni risposta omessa; non è possibile effettuare correzioni sulla scheda delle risposte.

Per la definizione della graduatoria definitiva, il test scritto pesa per un massimo di **90** punti, mentre la valutazione conseguita all'Esame di Stato pesa per un massimo di **10** punti. In caso di parità di punteggio, si da la precedenza al punteggio riportato nel test rispettivamente nelle sezioni di test psicoattitudinali. In caso di ulteriore parità si utilizza il voto conseguito all'Esame di Stato e infine si è data la precedenza al candidato anagraficamente più giovane.

Per la preparazione agli esami di ammissione all'università Cattolica Alpha Test ha in programma alcuni corsi specifici, anche per la prova orale, e pubblica i seguenti due volumi: *I test per la Cattolica – Manuale di preparazione* e *I test per la Cattolica – Eserciziario di preparazione.*

Medicine and Surgery

Per **l'anno accademico 2014-2014** 5 l'Università Cattolica di **Roma** ha istituito un corso di laurea in lingua inglese *Medicine and Surgery* con **30 posti** disponibili. L'ammissione a tale corso si basa su una graduatoria di merito finale determinata dalla **valutazione dei titoli**, **del voto all'Esame di Stato** e dall'**esito di una prova scritta**.

La **prova scritta** è composta da **100 quesiti a risposta multipla**, così ripartite:

- **95 quesiti** su argomenti **psico-attitudinali** sugli argomenti di logica, ragionamento spaziale visivo, comprensione di brani, attenzione e precisione, ragionamento numerico, *problem solving*;
- **5 quesiti** di **cultura religiosa**.

Il tempo complessivo a disposizione per risolvere i quesiti è di **100 minuti**.

Il test è valutato secondo i seguenti criteri:

- 1 punto per ogni risposta esatta;
- – 0,25 punti per ogni risposta sbagliata;
- 0 punti per ogni risposta omessa.

In caso di parità prevale lo studente anagraficamente più giovane.

I candidati che intendono accedere a questo corso di laurea devono possedere un certificato attestante il livello di conoscenza della lingua inglese che deve soddisfare i seguenti requisiti: IELTS maggiore o uguale 6.5; TOEFL IBT maggiore o uguale 85; TOEFL Computer Based maggiore o uguale 225; TOEFL Paper Based maggiore o uguale 565; Cambridge ESOL FCE con voto A; Cambridge ESOL CAE; Cambridge ESOL CPE. Sono esenti gli studenti che hanno frequentato una scuola con didattica in lingua inglese.

Libera Università Vita e Salute San Raffaele

Per il corso di laurea in **Medicina e Chirurgia** e in **Odontoiatria** il test somministrato agli studenti nel 2015 è composto da 100 domande da risolvere in 120 minuti (2 ore) così ripartite:

- 60 domande di logica e *problem solving*;
- 40 domande di carattere scientifico sulle materie di biologia, chimica, matematica e fisica.

Nel test di accesso al corso di laurea in Medicina, il 10% delle domande sono formulate in lingua inglese.

Per il corso di laurea in **Medicina e Chirurgia in lingua inglese** (International MD Program) la prova è composta da 100 domande in inglese così ripartite:

- 50 domande di logica e problem solving;
- 10 domande sulla comprensione di un testo;
- 40 domande di carattere scientifico (15 di biologia, 13 di chimica, 6 di matematica e 6 di fisica).

L'università San Raffaele ha utilizzato il seguente criterio per la valutazione delle risposte: 1 punto per ogni risposta esatta, una penalità pari a – 0,25 punti per ogni risposta errata e 0 punti per ogni risposta omessa; non era possibile effettuare correzioni sulla scheda delle risposte.

In caso di parità di punteggio, prevale in ordine decrescente il candidato che ha ottenuto un punteggio maggiore nella soluzione, rispettivamente, dei quesiti di logica e *problem solving*, di biologia, chimica, fisica e matematica. In caso di ulteriore parità, la priorità è stata data al soggetto anagraficamente più giovane.

Per formalizzare l'immatricolazione al corso di laurea in Medicina e Chirurgia in lingua inglese era indispensabile essere in possesso di almeno uno dei seguenti requisiti: IELTS maggiore o uguale 6.5; TOEFL IBT maggiore o uguale 85; TOEFL Computer Based maggiore o uguale 225; TOEFL Paper Based maggiore o uguale 565; Cambridge ESOL CAE maggiore o uguale C; Cambridge ESOL CPE. A questo ultimo requisito sono esentati gli studenti che possano dimostrare di aver studiato almeno gli ultimi due anni presso scuole secondarie superiori in cui i programmi siano stati svolti interamente in lingua inglese.

Per la preparazione agli esami di ammissione al San Raffaele Alpha Test ha in programma dei corsi specifici e pubblica il seguente volume: *I test per il San Raffaele.*

Libera Università Campus Bio Medico

Presso la Libera Università Campus Bio Medico di Roma, l'ammissione dei candidati nel 2015 si basa su una graduatoria di merito espressa in centesimi in base al punteggio conseguito da ciascun candidato, così determinato:

- **un massimo di 50** punti in base al risultato di una prova a test;
- **un massimo di 45** punti per la prova orale;
- **un massimo di 5** punti per la media dei voti del terzo e quarto anno di scuola superiore (secondo i criteri riportati nel bando).

Il punteggio massimo ottenibile era dunque pari a **100** e il punteggio totale minimo per l'idoneità a qualsiasi corso era pari a **50** punti.

Lo scritto era composto da **100 domande** a risposta multipla con cinque alternative di cui solo una esatta, così distribuite: **logica** (50 domande), **biologia** (15 domande), **chimica** (15 domande), **fisica** (10 domande) e **matematica** (10 domande).

Il tempo a disposizione è stato di **150 minuti**, e l'attribuzione dei punteggi rispondeva ai seguenti criteri:

- 0,5 punti per ogni risposta esatta;
- – 0,1 punti per ogni risposta sbagliata;
- 0 punti per ogni risposta omessa.

Alla prova orale sono stati ammessi i primi 400 della graduatoria definita in base al punteggio acquisito nella prova scritta.

I colloqui della prova orale vertevano su temi di cultura generale, attitudinali e motivazionali, al fine di verificare la predisposizione dei candidati al corso di studi presso il Campus Bio Medico.

In caso di parità di punteggio finale si è data preferenza allo studente che ha ottenuto il punteggio migliore nella prova scritta; in caso di ulteriore parità, prevaleva il punteggio migliore attribuito ai voti ottenuti alla scuola superiore. In caso di ulteriore parità, si è fatto riferimento al miglior punteggio nella prova orale. In caso di ulteriore parità ha avuto la precedenza lo studente anagraficamente più giovane.

Humanitas International Medical School

Per l'anno accademico2014- 2015 l'ammissione al corso di laurea in **Medicine and Surgery** dell'università **Humanitas** è stata gestita con le modalità utilizzate nelle prove ministeriali descritte in precedenza.

Caratteristiche del libro

Le **dodici prove riportate** nelle pagine seguenti sono formulate secondo alcuni criteri fondamentali:

- le tipologie di esercizi corrispondono a quelle più diffuse nei test in esame;
- il grado di difficoltà medio è paragonabile a quello dei quesiti che compongono le prove ufficiali adottate dalle università;
- il tempo a disposizione per risolvere le prove è identico a quello concesso dalle università a cui il libro si rivolge (100 minuti).

Le prove così ottenute sono costituite da 60 quesiti, suddivise in due sezioni: i quesiti numerati progressivamente da 1 a 38 sono inerenti alle conoscenze scientifiche (matematica, fisica, chimica e biologia); i restanti 22 sono di natura logico-attitudinale e di cultura generale .

Il tempo a disposizione per lo svolgimento di ciascuna prova è di 100 minuti: nel caso il lettore sia interessato solo ad alcuni quesiti, il tempo totale a disposizione deve essere calcolato assegnando 100 secondi a ciascuna domanda.

Ogni prova è corredata da due schede per le risposte: la scheda vergine (riportata all'inizio di ogni prova) sulla quale il lettore deve indicare l'alternativa scelta per ogni quesito e la scheda delle risposte esatte (riportata al termine della prova), in cui viene indicata la soluzione dei quesiti.

L'alternativa ritenuta esatta deve essere indicata annerendo lo spazio corrispondente. È infatti questo il metodo utilizzato dalle università che si servono di elaboratori dotati di lettori a fibre ottiche per la correzione dei test. Una volta completata la prova (e solo allora) si confrontano le risposte indicate sulla scheda vergine con quelle presenti sulla scheda delle risposte esatte.

Per la valutazione del risultato, si utilizzi il seguente criterio:

- + 1,5 punto per ogni risposta esatta;
- – 0,4 punto per ogni risposta errata;
- 0 punti per ogni quesito lasciato irrisolto.

Tale sistema di valutazione è infatti il più utilizzato nella correzione dei test a cui il libro si rivolge.

Per incontrare una maggiore corrispondenza con le prove ufficiali delle singole università e per prepararsi in modo mirato al test di ammissione di un corso di laurea o di un diploma universitario, sono a disposizione degli studenti i corsi specifici che Alpha Test organizza ogni anno in oltre dieci città.

Si osserva inoltre che il punteggio conseguito dal lettore nelle prove simulate riportate di seguito non consente di stabilire se il singolo studente sarà ammesso al corso prescelto. Infatti, le possibilità di ammissione dipendono dal rapporto tra numero di candidati e posti disponibili (variabile da università a università) e dal punteggio realizzato dagli altri candidati. Per avere un'indicazione più precisa anche in tal senso, si rimanda agli specifici corsi Alpha Test, durante i quali i docenti sono in grado di fornire a ciascun candidato il punteggio orientativo che occorre conseguire e dunque anche la preparazione necessaria per accedere al corso universitario prescelto.

Per quanto riguarda i test ufficiali dell'**Università Cattolica**, del **San Raffaele**, e del **Campus Biomedico** nei test ufficiali che il lettore dovrà affrontare potranno essere presenti soltanto alcune delle tipologie di quesiti esaminate in questo volume. Ciò nonostante si consiglia, al fine di ottimizzare la propria preparazione e di minimizzare eventuali sorprese al momento della prova ufficiale, di esercitarsi su tutte le tipologie proposte, **concentrandosi maggiormente su quelle che trovano corrispondenza con la natura della prova così come descritta nello specifico bando di concorso di proprio interesse;** al quale si rimanda quale fonte ufficiale di informazioni.

Suggerimenti per affrontare il test

Per affrontare al meglio un test a risposta multipla è importante conoscere preventivamente le modalità di svolgimento e la natura delle diverse tipologie di esercizi, nonché le opportune "strategie" per valorizzare al massimo le proprie conoscenze e potenzialità. I criteri adottati dalle università italiane per selezionare i candidati ai corsi universitari sono di tipo **comparativo**. Cioè per superare la selezione, **lo studente deve figurare tra i migliori** nella graduatoria dei candidati. In altre parole, per superare la selezione occorre svolgere il test di ammissione meglio di un certo numero di altri candidati. Dal 2011 i test di ammissione a base nazionale prevedono anche una soglia minima qualificante di 20 punti. Prima di addentrarsi nell'analisi dei contenuti dei test e degli esercizi che li compongono, è opportuno considerare alcuni suggerimenti apparentemente banali, ma utili al fine di ottimizzare il risultato nella prova di ammissione.

Bando di concorso e informazioni sulla selezione

Il primo suggerimento di carattere generale è quello di **prestare grande attenzione a tutte le informazioni fornite dall'università e contenute nel bando di concorso**: esse sono infatti, insieme alle disposizioni del Ministero, le uniche informazioni **ufficiali** relative alle norme, alle modalità di selezione, alla struttura e ai contenuti della prova che regola l'ammissione al corso di studi scelto.

Regolamento e istruzioni

In sede d'esame, prima ancora dell'inizio della prova, vengono consegnate ai candidati le **norme alle quali attenersi durante l'intero svolgimento del test**. Tali norme riguardano, per esempio, il tempo a disposizione per lo svolgimento della prova, le modalità con cui indicare le risposte sull'apposita scheda e altre indicazioni su come comportarsi in sede d'esame e al termine del test. È necessario attenersi a tali informazioni per evitare di commettere errori banali (quale, per esempio, la compilazione errata della scheda per le risposte), che potrebbero compromettere l'esito della prova e quindi l'ammissione all'università. In alcuni casi, all'interno del test gli esercizi sono preceduti da **istruzioni circa le modalità di risoluzione** dei quesiti e a volte anche da un esempio risolto. È importante in questi casi non aver fretta di cominciare a risolvere i quesiti, ma dedicare la massima attenzione alla lettura di queste istruzioni, indispensabili per capire la logica degli esercizi e per rispondere correttamente alle domande.

Domande a risposta multipla

I test che vengono utilizzati per l'ammissione all'università sono costituiti da domande **chiuse**, le cui risposte sono cioè predefinite: il candidato deve individuare la sola risposta esatta tra le alternative proposte. Per rispondere a una domanda *aperta* (non corredata da risposte prefissate) come per esempio "Qual è la capitale della Colombia?", occorre conoscere le informazioni necessarie alla formulazione della risposta. Nel caso di *domande a scelta multipla* è invece possibile procedere anche in maniera diversa.

Si ipotizzi, per esempio, di dover rispondere al medesimo quesito, però a risposta multipla.

---

1 **Qual è la capitale della Colombia?**

- A Delhi
- B Buenos Aires
- C Bogotá
- D Brasilia
- E Santiago

In questo caso è possibile determinare la risposta corretta procedendo in due modi distinti:

1. ragionando come se si trattasse di una domanda aperta: sapendo che la capitale della Colombia è Bogotá, si individua direttamente la risposta corretta (C) senza valutare le altre risposte proposte;
2. se, al contrario, non si conosce la risposta alla domanda, ma si ricordano gli altri accoppiamenti Paese/capitale, è possibile individuare la risposta corretta eliminando le alternative: sapendo che Delhi è la capitale dell'India, Buenos Aires dell'Argentina, Santiago del Cile e Brasilia del Brasile, per esclusione si può concludere che la risposta esatta è la C.

In altre parole, per rispondere correttamente a una domanda a scelta multipla non è sempre strettamente necessario conoscere la risposta esatta: a volte la soluzione può essere individuata indirettamente, escludendo le alternative errate.

Nel caso in cui, procedendo per esclusione, il candidato non riesca a eliminare tutte le alternative errate, il metodo di risposta per eliminazione permette comunque di aumentare le probabilità di individuare la risposta corretta: l'esclusione di una o più risposte riduce il numero delle alternative tra cui si rimane incerti e quindi incrementa la probabilità di individuare l'alternativa corretta anche rispondendo in modo casuale.

Un altro aspetto che caratterizza le prove a test è il fatto che l'assegnazione dei punteggi si basa solo ed esclusivamente sulle risposte indicate sull'apposita scheda: non hanno quindi alcuna rilevanza eventuali spiegazioni o giustificazioni alle risposte date e questo rappresenta un'ulteriore differenza importante rispetto ad altri tipi di valutazione.

Nei test di ammissione il tempo a disposizione risulta spesso appena sufficiente per rispondere a tutti i quesiti. È dunque molto importante gestirlo nel modo più conveniente.

Valore dei quesiti e gestione del tempo

Nei test di ammissione ai quali questo libro si rivolge **tutti gli esercizi hanno lo stesso valore**: è dunque necessario evitare di dedicare eccessivi sforzi e tempo per risolvere un quesito particolarmente complesso.

Poiché ogni risposta giusta fa "guadagnare" lo stesso punteggio, a parità di tempo impiegato conviene risolvere due esercizi semplici piuttosto che uno complesso.

Come i partecipanti ai corsi Alpha Test hanno modo di sperimentare durante lo svolgimento delle prove simulate, il tempo rappresenta uno dei fattori critici per affrontare con successo un test di ammissione. Infatti, le prove sono spesso progettate e formulate in modo tale da permettere solo ai più preparati e ai più veloci di terminare nel tempo concesso la totalità dei quesiti.

È dunque fondamentale impiegarlo razionalmente, calcolando, prima di iniziare la prova, il tempo medio a disposizione per ogni quesito (dato ovviamente dal tempo complessivo diviso per il numero di esercizi), ed evitando di dedicare ai singoli quesiti un tempo eccessivamente superiore a quello medio. Il suggerimento generale è di non superare il tempo medio nello svolgimento di un singolo esercizio, per più del 20%. Questa dilazione per i quesiti complessi viene infatti facilmente compensata dalla presenza di numerosi quesiti di natura nozionistica di veloce risoluzione.

Se dunque il tempo complessivo per il test è di 100 minuti e il numero di esercizi da risolvere è pari a 60, il tempo medio per quesito è pari a 1 minuto e 40 secondi (100 secondi). Bisogna quindi cercare di non dedicare più di due minuti allo svolgimento del singolo quesito. Avvicinandosi a tale tempo limite, se non si è prossimi alla soluzione, è opportuno passare alla domanda successiva.

L'obiettivo da raggiungere è rispondere correttamente al maggior numero possibile di esercizi; si consiglia quindi, compatibilmente con i vincoli imposti dalle modalità di svolgimento della prova, di affrontare prima gli esercizi che si ritiene di saper risolvere più facilmente e velocemente, per passare poi a quelli più complessi che richiedono un dispendio di tempo maggiore.

Il consiglio, ove possibile, è di evidenziare con un opportuno segno di riconoscimento tali quesiti sul fascicolo contenente il test: sarà così possibile ritrovarli velocemente in un secondo momento. Lo stesso consiglio vale per le domande a cui si è data una risposta che, compatibilmente con il tempo a disposizione, si vorrebbe verificare prima del termine della prova.

Scelta casuale della risposta?

La valutazione dei test avviene mediante l'attribuzione di un punteggio positivo per le risposte corrette (generalmente un punto per ogni risposta esatta) e, in molti casi, l'attribuzione di un punteggio negativo per ogni risposta errata (generalmente quantificato in una frazione di punto). Ai quesiti omessi, a cui cioè non si è risposto, viene di solito attribuito un punteggio nullo.

L'edizione 2014-2015 dei test ai quali questo volume si rivolge prevedeva quesiti con 5 alternative e la seguente attribuzione di punteggi:

- risposta esatta: +1,5
- risposta errata: −0,4
- risposta omessa: 0

La penalità sulle risposte errate ha lo scopo di annullare il punteggio positivo che, statisticamente, il candidato potrebbe conseguire rispondendo a caso in assenza di tale penalità.

Ma è allora conveniente o no rispondere a caso ai quesiti che non si sanno risolvere?

Si supponga di non conoscere le risposte di 60 quesiti (con 5 risposte alternative ciascuno) della prova. Scegliendo a caso (e ragionando statisticamente) si risponderebbe in modo corretto a un esercizio ogni 5, ossia in totale a 12 esercizi (60/5 ossia 60 diviso 5) e si sbaglierebbero i restanti 48 quesiti. Il punteggio totalizzato sarebbe dunque:

- Risposte esatte: 12 × (+1,5) = +18
- Risposte errate: 48 × (−0,4) = −19,2
- Risposte nulle: 0 × 0 = 0
- Punteggio totale: 18 − 19,2 = −1,2

Si otterrebbe quindi un punteggio negativo: è quindi **sconsigliato rispondere a caso quando si è indecisi tra cinque alternative**.

È evidente però che il punteggio totalizzato rispondendo casualmente potrà essere tanto maggiore quanto minore sarà il numero di alternative tra cui si è indecisi e quanto minore è la penalità attribuita alle risposte errate. Il numero delle alternative tra cui si è indecisi non coincide necessariamente con quello delle alternative esistenti. Se, per esempio, le alternative proposte sono 5, ma si riesce a sempre a scartarne una perché si sa che è errata, il numero da considerare per il confronto con la penalizzazione è 4 (cioè 5 − 1). In questo circostanza rispondendo a caso si si risponderebbe in modo corretto a 15 esercizi (60/4) e si sbaglierebbero i restanti 45 quesiti:

- Risposte esatte: 15 × (+1,5) = +22,5
- Risposte errate: 45 × (−0,4) = −18
- Risposte nulle: 0 × 0 = 0
- Punteggio totale: 22,5 − 18 = +4,5

Quindi, con le regole in uso nel 2014, è sufficiente scartare almeno una alternativa per rendere statisticamente conveniente rispondere a caso al quesito.

Scheda per le risposte e correzioni

Una volta individuata la risposta corretta a un quesito, il candidato deve segnarla su un'apposita *scheda per le risposte* (si veda l'esempio riportato nella pagina seguente), distinta dal fascicolo contenente gli esercizi. Si tratta cioè di segnare la risposta esatta in corrispondenza del numero dell'esercizio appena risolto. Per la correzione delle schede vengono utilizzati *elaboratori elettronici* dotati di *lettori ottici*, il candidato deve quindi rispondere contrassegnando in modo opportuno lo spazio (un "cerchietto" o "quadratino") corrispondente all'alternativa ritenuta esatta.

Nelle prove per l'accesso a Medicina, Odontoiatria e Veterinaria dell'anno accademico 2014-2015 era consentito effettuare correzioni sulla scheda delle risposte. È comunque consigliabile **limitare al minimo le correzioni**.

Si riporta di seguito un modello di tale scheda con l'indicazione di come effettuare le correzioni. Sia la scheda sia il metodo di correzione potrebbero cambiare in futuro ed è quindi importante leggere e seguire attentamente le istruzioni e le procedure di svolgimento della prova. Sulle schede per le risposte sono solitamente presenti aree (con cerchi neri, codici a barre o altro) indispensabili al corretto funzionamento del sistema ottico di lettura e correzione. All'interno di tali aree è importante non apporre alcun segno di scrittura che potrebbe pregiudicare il corretto funzionamento del lettore.

Si raccomanda quindi di non apporre alcun segno al di fuori delle caselle previste e di non sgualcire o piegare la scheda.

M.I.U.R. — Ministero dell'Istruzione, dell'Università e della Ricerca

Modulo risposte

ATTENZIONE: NON piegare o sgualcire questa scheda

0 0 0 0 0 2 5 8 1 B

Cultura generale e ragionamento logico

	N° domanda	A	B	C	D	E
○	1	☐	☐	☐	☐	☐
○	2	☐	☐	☐	☐	☐
○	3	☐	☐	☐	☐	☐
○	4	☐	☐	☐	☐	☐
○	5	☐	☐	☐	☐	☐
○	6	☐	☐	☐	☐	☐
○	7	☐	☐	☐	☐	☐
○	8	☐	☐	☐	☐	☐
○	9	☐	☐	☐	☐	☐
○	10	☐	☐	☐	☐	☐
○	11	☐	☐	☐	☐	☐
○	12	☐	☐	☐	☐	☐
○	13	☐	☐	☐	☐	☐
○	14	☐	☐	☐	☐	☐
○	15	☐	☐	☐	☐	☐
○	16	☐	☐	☐	☐	☐
○	17	☐	☐	☐	☐	☐
○	18	☐	☐	☐	☐	☐
○	19	☐	☐	☐	☐	☐
○	20	☐	☐	☐	☐	☐
○	21	☐	☐	☐	☐	☐
○	22	☐	☐	☐	☐	☐

Biologia

	N° domanda	A	B	C	D	E
○	23	☐	☐	☐	☐	☐
○	24	☐	☐	☐	☐	☐
○	25	☐	☐	☐	☐	☐
○	26	☐	☐	☐	☐	☐
○	27	☐	☐	☐	☐	☐
○	28	☐	☐	☐	☐	☐
○	29	☐	☐	☐	☐	☐
○	30	☐	☐	☐	☐	☐
○	31	☐	☐	☐	☐	☐
○	32	☐	☐	☐	☐	☐
○	33	☐	☐	☐	☐	☐
○	34	☐	☐	☐	☐	☐
○	35	☐	☐	☐	☐	☐
○	36	☐	☐	☐	☐	☐
○	37	☐	☐	☐	☐	☐
○	38	☐	☐	☐	☐	☐
○	39	☐	☐	☐	☐	☐
○	40	☐	☐	☐	☐	☐

Chimica

	N° domanda	A	B	C	D	E
○	41	☐	☐	☐	☐	☐
○	42	☐	☐	☐	☐	☐
○	43	☐	☐	☐	☐	☐
○	44	☐	☐	☐	☐	☐
○	45	☐	☐	☐	☐	☐
○	46	☐	☐	☐	☐	☐
○	47	☐	☐	☐	☐	☐
○	48	☐	☐	☐	☐	☐
○	49	☐	☐	☐	☐	☐
○	50	☐	☐	☐	☐	☐
○	51	☐	☐	☐	☐	☐
○	52	☐	☐	☐	☐	☐

Matematica e Fisica

	N° domanda	A	B	C	D	E
○	53	☐	☐	☐	☐	☐
○	54	☐	☐	☐	☐	☐
○	55	☐	☐	☐	☐	☐
○	56	☐	☐	☐	☐	☐
○	57	☐	☐	☐	☐	☐
○	58	☐	☐	☐	☐	☐
○	59	☐	☐	☐	☐	☐
○	60	☐	☐	☐	☐	☐

1. Ogni domanda ammette **una e una sola** risposta esatta. Si risponde barrando la relativa casella, ad esempio con una crocetta ben marcata, avendo cura di rimanere entro i bordi della casella stessa.
2. Per correggere una risposta errata è necessario **annerire completamente** la casella e barrare quella corretta. Per ogni domanda **è ammessa una sola** correzione.
3. Se si intende annullare una risposta già data o non rispondere a una domanda occorre annerire la casella circolare a sinistra del numero progressivo.

○	1	☒	☐	☐	☐	☐
○	2	■	☐	☐	☐	☒
⊗	3	■	☐	☐	☐	☒
⊗	4	☐	☐	☐	☐	☐

Esempio di scheda delle risposte con possibilità di correzione ed estratto di istruzioni per la corretta compilazione della scheda.

Prove di verifica

PRIMA PROVA

Alpha Test

Scheda per le risposte della prima prova

Contrassegnare le risposte relative alle domande della prima prova

	A	B	C	D	E		A	B	C	D	E		A	B	C	D	E
1						21						41					
2						22						42					
3						23						43					
4						24						44					
5						25						45					
6						26						46					
7						27						47					
8						28						48					
9						29						49					
10						30						50					
11						31						51					
12						32						52					
13						33						53					
14						34						54					
15						35						55					
16						36						56					
17						37						57					
18						38						58					
19						39						59					
20						40						60					

PRIMA PROVA

Tempo a disposizione: 100 minuti

Conoscenze scientifiche

1 **È definito recessivo un allele che:**

- **A** si manifesta sempre con bassa frequenza
- **B** si manifesta solo in omozigosi
- **C** è ereditato solo per via paterna
- **D** è situato sul cromosoma Y
- **E** determina un fenotipo alterato

2 **In un terreno di coltura sono lasciati crescere insieme due ceppi di un batterio: i due ceppi si distinguono perché uno è in grado di produrre due amminoacidi (A e B), l'altro due amminoacidi diversi (C e D). Dopo un po' di tempo compare un batterio capace di produrre tutti e quattro gli amminoacidi. Tale evento evidenzia un fatto importante, e cioè:**

- **A** la presenza di una fase sessuale di coniugazione nel ciclo batterico
- **B** la funzione di duplicazione del DNA presente anche nei batteri
- **C** una mutazione a carico di un gene
- **D** la versatilità metabolica dei batteri
- **E** la presenza di DNA nei batteri

3 **L'albero genealogico riportato si riferisce a una famiglia in cui compare il carattere "incapacità di distinguere alcuni colori" dovuto a un allele recessivo che si trova sul cromosoma X.**

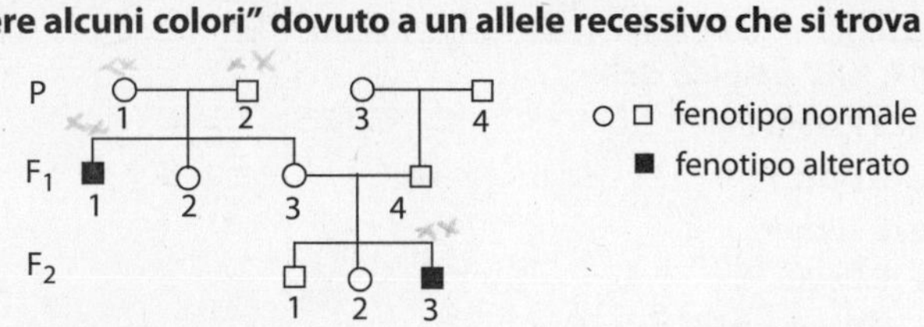

Dal suo esame si può dedurre che:

- **A** la donna P 1 è sicuramente omozigote
- **B** la donna F_1 2 è sicuramente eterozigote
- **C** il figlio F_2 1 diventerà malato
- **D** la donna F_1 3 è sicuramente portatrice del gene alterato
- **E** la figlia F_2 2 è sicuramente omozigote

4 **Sono definiti "donatori universali" i soggetti:**

A i cui globuli rossi non presentano antigeni A e B
B i cui globuli rossi presentano gli antigeni A e B
C il cui sangue si agglutina in presenza di siero anti-A
D il cui sangue si agglutina in presenza di siero anti-B
E che hanno gruppo sanguigno A o B

5 **Indica quale, fra le seguenti molecole, è un prodotto della secrezione endocrina del pancreas:**

A amilasi B lipasi C gastrina D idrolasi E glucagone

6 **I canali semicircolari sono condotti situati all'interno dell'osso temporale; la loro funzione è:**

A percepire i suoni per altezza e intensità
B equilibrare la pressione atmosferica ai due lati del timpano
C vibrare se sollecitati dalle onde sonore
D convogliare le onde sonore verso il timpano
E rilevare i cambiamenti di posizione del corpo nello spazio

7 **Si consideri la figura a lato:**
La struttura indicata con la lettera A rappresenta:

A il pancreas
B i polmoni
C il cuore
D il colon
E il diaframma

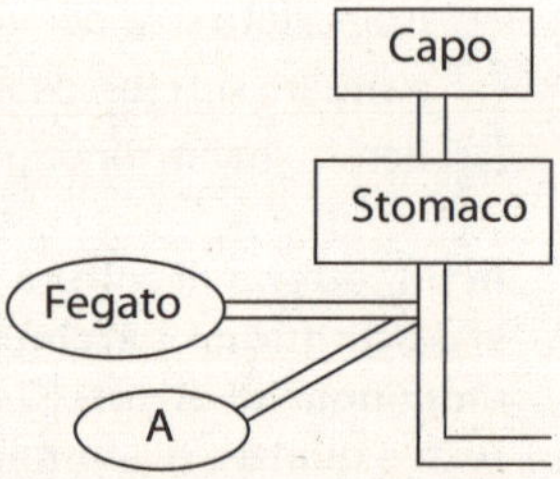

8 **Le cellule delle ossa e quelle di un muscolo sono diverse tra loro perché:**

A ciascun tipo di cellula contiene un diverso numero di geni
B ciascun tipo di cellula ha un diverso tipo di geni
C nei due tipi di cellula vengono attivati differenti gruppi di geni
D ciascun tipo di cellula ha un diverso numero di cromosomi
E le cellule delle ossa sono morte quindi hanno perso i cromosomi

9 **Il cariotipo 47, XXY è tipico della:**

A sindrome di Klinefelter
B sindrome di Down
C sindrome di Turner
D sindrome di Patau
E sindrome di Prader-Willi/Angelman

10 **La talassemia è una malattia dovuta alla presenza di un allele dominante. La condizione di omozigote determina una forma molto grave detta *talassemia maior*; la condizione eterozigote provoca una forma attenuata chiamata *talassemia minor*.**
Un uomo con *talassemia minor* sposa una donna normale. Quale probabilità c'è che nascano dalla coppia figli affetti da *talassemia minor*?

A 25% B 75% C 100% D 50% E Nessuna

PRIMA PROVA

11 **La figura rappresenta schematicamente due cellule vegetali, 1 e 2, ma in condizioni differenti. Quale delle seguenti affermazioni è CORRETTA?**

A La cellula 1 è stata riscaldata, la cellula 2 è stata raffreddata
B La cellula 1 è in normali condizioni di pressione, la cellula 2 è in un ambiente a bassa pressione
C La cellula 1 è stata posta in una soluzione salina, la cellula 2 in acqua distillata
D La cellula 1 è in piena luce, la cellula 2 si trova al buio
E La cellula 1 è stata posta in acqua distillata e la cellula 2 in una soluzione salina

12 **Passando da una stanza buia al sole, le pupille degli occhi si contraggono. Ciò perché entra in azione il sistema nervoso:**

A parasimpatico
B somatico
C simpatico
D centrale
E volontario

13 **Una cellula costituisce il bersaglio di un determinato ormone se:**

A possiede i recettori capaci di riconoscere e legare l'ormone
B è situata vicino alla ghiandola endocrina che secerne l'ormone
C ha una forma che è riconosciuta dall'ormone
D possiede i geni per la produzione di quell'ormone
E non è innervata da alcuna terminazione nervosa

14 **Il centro di controllo cardiovascolare si trova:**

A nel cervelletto
B nell'atrio destro del cuore
C nel sistema autonomo
D nelle pareti dell'aorta
E nel bulbo o midollo allungato

15 **I gemelli monozigoti derivano dall'unione di:**

A un uovo e molti spermatozoi
B due uova e due spermatozoi
C due uova e uno spermatozoo
D un uovo e due spermatozoi
E un uovo e uno spermatozoo

16 **Nella molecola di ATP sono legati tra loro:**

A l'adenina, il ribosio e tre gruppi fosfato
B l'adenina e tre gruppi fosfato
C l'adenosina, il ribosio e un solo gruppo fosfato
D l'adenosina, il ribosio e due gruppi fosfato
E l'adenosina, il trifosfato e tre gruppi fosfato

17 Per osmosi, l'acqua si sposta da:

A una soluzione ipotonica verso una soluzione ipertonica
B una soluzione ipertonica a una soluzione isotonica
C una soluzione a un'altra per mezzo di sistemi biologici di pompaggio
D una soluzione isotonica a una ipotonica
E una soluzione ipertonica verso una soluzione ipotonica

18 La molecola di un trigliceride è costituita da:

A tre molecole di glicerolo
B tre molecole di glicerolo e tre molecole di un acido grasso
C una molecola di glicerolo e due di un acido grasso
D una molecola di glicerolo e tre molecole di un acido grasso
E tre molecole di glicerolo ed una molecola di acido grasso

19 Quale delle seguenti formule corrisponde a un acido debole?

A $NaOH$
B HCl
C HNO_3
D $NaCl$
E HCN

20 L'etene reagisce con il cloro, con l'acqua ossigenata e con lo iodio; si tratta, in tutti e tre i casi, di reazioni di:

A sostituzione elettrofila
B sostituzione nucleofila
C addizione nucleofila
D addizione elettrofila
E polimerizzazione

21 In 500 ml di una soluzione acquosa sono presenti 2 g di NaOH (p.m. = 40 u.m.a); la concentrazione della soluzione è:

A 1 m
B 0,1 M
C 0,1 m
D 0,05 M
E 1 M

22 La reazione fra H_2SO_4 e NaOH produce:

A solfato di sodio e acqua
B anidride solforica e acqua
C ossido di sodio e solfuro di idrogeno
D solfuro di sodio e acqua
E solfito di sodio e acqua

23 Un atomo ha numero di massa 18 e numero atomico 8; i neutroni contenuti nel suo nucleo sono:

A 18 B 8 C 16 D 23 E 10

24 **Una trasformazione in un sistema chiuso è spontanea quando:**

- **A** provoca un aumento di energia interna del sistema
- **B** è esotermica, avviene cioè con sviluppo di calore
- **C** provoca una diminuzione dell'energia libera del sistema
- **D** determina un aumento del grado di disordine del sistema
- **E** provoca un aumento dell'energia libera del sistema

25 **I non metalli:**

- **A** sono tutti incolori
- **B** sono buoni conduttori di calore ma non di elettricità
- **C** sono tutti gassosi
- **D** sono pessimi conduttori di calore e di elettricità
- **E** hanno tutti bassa elettronegatività

26 **Che cos'è l'RNA?**

- **A** Acido grasso
- **B** Acido desossiribonucleico
- **C** Acido ribonucleico
- **D** Acido inorganico
- **E** Acido glutammico

27 **Quante moli di CO_2 si formano dalla combustione completa di 3 moli di CH_4?**

- **A** 1 mole
- **B** 2 moli
- **C** 3 moli
- **D** 0,3 moli
- **E** Nessuna perché il metano non brucia

28 **Indicare l'effetto di un acido forte su una cartina al tornasole:**

- **A** la colora di blu
- **B** la colora di giallo
- **C** la colora di verde
- **D** la colora di rosso
- **E** scioglie la cartina

29 **Nella reazione tra anidride acetica ed etanolo si forma:**

- **A** etere dietilico
- **B** etilene
- **C** etano
- **D** acetato di etile
- **E** nessun composto

30 **In quale dei seguenti campioni è contenuto il maggior numero di molecole?**

- **A** 1 mole di H_3PO_4 (PM = 98)
- **B** 1 mole di mioglobina (PM = 17.000)
- **C** 1 mole di H_2O_2 (PM = 34)
- **D** 1 mole di H_2O (PM = 18)
- **E** Tutti i composti precedenti contengono lo stesso numero di molecole

31 **Il logaritmo di x in base 5 è un numero y tale che:**

A $10^x = 5y$ B $5^y = x$ C $x^5 = y$ D $10^y = 5x$ E $y^5 = x$

32 **Calcolare il valore della seguente frazione:**

$$\frac{127^2 - 73^2}{2}$$

A 1458 B 5400 C 10000 D 10800 E 20000

33 **La rappresentazione grafica nel piano cartesiano della relazione $xy = k$ (con k costante non nulla) è una:**

A iperbole
B parabola
C retta
D sinusoide
E circonferenza

34 **Sia ABCD un quadrilatero; quale delle seguenti affermazioni è sempre VERA?**

A ABCD è un parallelogramma
B ABCD non può essere un trapezio scaleno
C ABCD può essere un rettangolo
D ABCD è un rettangolo
E ABCD ha due lati uguali

35 **Una particella elettricamente carica che si muove di velocità costante attraversa una zona in cui è presente un campo magnetico. Cosa possiamo dire della velocità della particella?**

A Non subisce variazioni di sorta
B Viene bruscamente annullata
C Subisce variazioni in modulo e direzione
D Subisce variazioni in modulo ma non in direzione
E Subisce variazioni in direzione ma non in modulo

36 **Per un gas ideale, a temperatura costante:**

A dimezzando la pressione, il volume si quadruplica
B raddoppiando la pressione, si raddoppia il volume
C triplicando il volume, la pressione diventa la nona parte
D triplicando il volume, la pressione diventa la terza parte
E aumentando il volume, la pressione resta costante

37 **Una centrale idroelettrica si avvale dell'acqua di un laghetto che si trova sopraelevato di h. Nell'ultimo trimestre ha consumato la massa m di acqua e g è l'accelerazione di gravità. Allora:**

A l'energia prodotta è stata mgh
B la pressione presente sulla turbina era mgh
C la potenza prodotta è stata mgh
D la potenza prodotta è stata mg/h
E l'energia prodotta è stata mg/h

38 **Due oggetti di massa diversa cadono nel vuoto dalla stessa altezza; quando arrivano a metà di tale altezza, cosa si può dire in merito alle loro velocità?**

A Sono nulle

B È maggiore quella del corpo con massa minore

C Sono uguali

D È maggiore quella del corpo con massa maggiore

E Non si può rispondere alla domanda senza conoscere il valore esatto delle masse

Ragionamento logico e cultura generale

39 **Si stima che nella Via Lattea ci siano tra 40 e 50 miliardi di stelle, e in base ai dati raccolti dal telescopio spaziale Kepler della Nasa gli astronomi hanno accertato che il 22% di esse hanno le stesse caratteristiche del nostro Sole e sono circondate da pianeti con caratteristiche simili a quelle della Terra. Se però si conteggiano anche le stelle nane rosse, che sono le più frequenti nella nostra galassia, il numero dei pianeti potenzialmente abitabili arriva a circa 20 miliardi. Secondo i ricercatori la stella più vicina che abbia un pianeta simile alla Terra si trova probabilmente a 12 anni luce da noi e può essere vista a occhio nudo.**

Quale tra le seguenti affermazione è totalmente sostenuta nel brano?

A Nell'universo ci sono circa 50 miliardi di stelle

B I pianeti potenzialmente abitabili sono circa il 22% di quelli presenti nella Via Lattea

C Le stelle nane rosse sono le più frequenti nella nostra galassia

D Il pianeta più vicino alla Terra con caratteristiche simili a questa può essere visto a occhio nudo

E I pianeti certamente abitabili sono circa 20 miliardi

40 **Se ne parla sempre più diffusamente: il costo del petrolio tende a salire, la disponibilità di greggio di prima qualità si abbassa fisiologicamente, giorno dopo giorno, e così diventa sempre più praticabile, come alternativa, la scelta di attingere al gas di scisto, estraendolo dalle rocce e dalle sabbie bituminose. Se il fenomeno prenderà piede su larga scala – giurano gli osservatori – cambiarà il quadro geopolitico ed economico mondiale e gli attuali vantaggi economici derivanti dalla produzione di energia si sposterebbero dalle coste arabiche e africane a quelle americane.**

Qual è l'ipotesi implicita su cui si basa il ragionamento?

A La disponibilità di greggio di prima qualità si è abbassata molto

B Il costo del petrolio tende a salire

C Le coste americane sono più ricche di sabbie bituminose e rocce di quelle arabiche e africane

D I Paesi americani come Argentina e Brasile, ma anche Stati Uniti e Canada, avrebbero grandi vantaggi economici dall'aumento della richiesta di gas di scisto

E Il gas di scisto viene estratto dalle rocce e dalle sabbie bituminose

41 **Secondo i dati dell'osservatorio europeo del turismo, nel 2012 circa 37 milioni di turisti hanno scelto per le loro vacanze pasquali le capitali europee; in cima alla lista delle città più visitate c'è Parigi, seguita da Londra. Per trovare in classifica una città italiana bisogna scendere alla quinta posizione, in cui compare Roma con 2,8 milioni di turisti. Città come Parigi e Londra attirano più turisti grazie alla promozione di tariffe integrate a prezzi molto convenienti per gli alberghi e le più celebri attrazioni turistiche. L'ufficio del turismo romano dovrebbe promuovere iniziative analoghe se vuole attirare un maggior numero di turisti.**

Quale delle seguenti affermazioni mette in luce il passaggio logico errato nel brano precedente?

- A Si presuppone che il solo motivo per cui Roma risulta meno attrattiva di Parigi e Londra sia la scarsità di offerte promozionali
- B Negli ultimi anni il numero di turisti a Roma è rimasto costante
- C Londra è nota per essere la città degli affari mentre Roma è visitata soprattutto per i suoi musei
- D Il dato è riferito a un periodo molto particolare della stagione turistica
- E L'ufficio del turismo romano non è responsabile della promozione di tali iniziative

42 **Molte città stanno adottando, in alternativa ai più tradizionali metodi di trasporto pubblico, il sistema del bike-sharing; un utente può cosi noleggiare una bicicletta per un periodo di tempo limitato a un prezzo altamente competitivo. Tale sistema sta riscuotendo meno successo del previsto tra i cittadini per via della carenza strutturale di piste ciclabili che contraddistingue le nostre metropoli. Inoltre, in alcune città sono già stati segnalati i primi episodi di vandalismo. Le amministrazioni non dovrebbero più investire in tali iniziative che si sono rivelate negative per le casse comunali.**

Quale delle seguenti affermazioni indebolisce quanto sostenuto nel brano precedente?

- A Le amministrazioni dovrebbero investire più fondi per costruire nuove piste ciclabili
- B La mancanza di sponsorizzazioni dei privati rende l'attuazione di questi progetti particolarmente difficoltosa
- C Nelle città italiane i mezzi pubblici non funzionano molto bene
- D L'incasso derivante dall'attuale livello di utilizzo da parte dei cittadini del servizio di bike-sharing è sufficiente a coprire completamente i costi del servizio
- E Le biciclette che si possono noleggiare sono poco comode

43 **A cadenza decennale l'ISTAT effettua una serie di censimenti (dell'agricoltura, della popolazione e delle abitazioni, dell'industria e dei servizi) che consentono di ottenere una serie di informazioni dettagliate sull'Italia. Nell'ultimo periodo intercensuario, il numero di separati legalmente e divorziati è quasi raddoppiato, passando da 1.530.000 a 2.658.000; un separato/divorziato su due ha un'età compresa tra i 35 e 54 anni. Sono stati censiti poco più di 4.500.000 vedovi; sei vedovi su dieci sono ultrasettantacinquenni, quanto al sesso si tratta di donne nell'82,4% dei casi.**

Quale delle seguenti affermazioni è possibile dedurre dal brano precedente?

1 La donne vivono più a lungo degli uomini.

2 Il 50% dei separati/divorziati ha più di 40 anni.

3 Il numero di divorzi è destinato ad aumentare.

- A La 1, la 2 e la 3
- B Soltanto la 1 e la 3
- C Soltanto la 1
- D Soltanto la 1 e la 2
- E Soltanto la 2 e la 3

44 **Il progetto che è stato presentato al cliente è piaciuto molto; però solamente dopo la firma del contratto si può procedere con la fatturazione del lavoro. Conseguentemente, poiché il direttore non ha ancora firmato il contratto, non è possibile emettere fattura.**

Quale delle seguenti affermazioni contiene la stessa struttura logica del caso appena illustrato?

A Se Franco compra un cappotto allora non avrà più freddo; quindi solamente se fa freddo Franco comprerà un cappotto

B Se ti prepari adeguatamente supererai l'esame; se non superi l'esame significa che non ti sei preparato adeguatamente

C Il raggiungimento degli obiettivi di vendita è una condizione sufficiente per ottenere un avanzamento di carriera. Marco ha raggiunto gli obiettivi e quindi otterrà una promozione

D Maria cucina solo se Alberto ha fatto la spesa. Maria non ha cucinato quindi sicuramente Alberto non ha fatto la spesa

E Solo chi è ben preparato supera l'esame. Mario non ha studiato e non è preparato; non potrà dunque superare l'esame

45 **«Internet è una rete di computer, progettata e realizzata dal governo americano alla fine degli anni Sessanta. È nata come progetto dell'Advanced Research Projects Administration (ARPA) del ministero della Difesa statunitense, con l'obiettivo di realizzare una rete di computer che fosse in grado di continuare a operare anche in caso di attacco nucleare. Occorreva creare una rete di comando e di controllo estesa in tutti gli Stati, che permettesse di comunicare fra le varie basi militari anche dopo un bombardamento atomico. La rete non doveva avere nessuna unità centrale, in modo da non potere essere facilmente distrutta e doveva poter operare in condizioni di emergenza».**

Se Internet si fosse sviluppato secondo una delle seguenti strutture, la sua realizzazione non avrebbe raggiunto gli obiettivi che si prefiggeva. Quale?

A Una struttura in cui l'intera rete veniva gestita da un supercomputer posto in un rifugio che potesse resistere per tre settimane a un bombardamento atomico

B Una struttura di rete che potesse garantire le comunicazioni anche nel caso in cui un suo nodo fosse stato distrutto da un attacco nucleare

C Una struttura che si basasse su una rete informatica in grado di operare anche in situazioni di estrema emergenza, come un attacco nucleare

D Una struttura che attraverso una rete estesa a tutti gli Stati americani consentisse il comando e il controllo anche in caso di attacco con armi nucleari

E Una rete tra personal computer periferici, senza un'unità centrale di controllo

46 **Un recente studio della Commissione internazionale delle attività marittime ha riportato che nel 2013 il numero di esemplari di tonno rosso pescati legalmente nel Mar Mediterraneo è aumentato del 19% rispetto all'anno precedente. Nello stesso lasso di tempo è però aumentato del 8% il numero di pescherecci con regolare licenza per questo tipo di pesca. Sulla base di queste informazioni quale delle seguenti affermazione risulta vera?**

A Il tonno rosso è una specie pregiata a rischio di estinzione

B Nel 2012 sono stati molto pochi i tonni pescati nel Mar Mediterraneo

C La quantità media di pesci pescata per singolo peschereccio è maggiore nel 2013 rispetto all'anno precedente

D L'aumento della quantità di pesce pescato è poco significativo per trarre delle conclusioni sullo stato di conservazione della specie

E Lo studio non tiene conto di altre specie pregiate presenti nel Mar Mediterraneo

47 **Solo quattro italiani su dieci dichiarano di praticare regolarmente sport. Tra le discipline individuali più praticate c'è la corsa, seguita dal nuoto e dalla bicicletta, mentre tra quelli di squadra figurano il calcio e la pallavolo. Praticare regolarmente uno sport aiuta non solo a migliorare il proprio fisico dal punto di vista estetico, ma anche da quello sanitario. Bruciare i grassi in eccesso, potenziare le articolazioni, ritardare l'invecchiamento, sono solo alcuni dei benefici che si possono ottenere praticando sport, ma non gli unici. È anche possibile prevenire malattie e problemi cardiaci in quanto lo sport aiuta a diminuire la pressione arteriosa, ad aumentare l'efficienza cardiaca e a ridurre i trigliceridi nel sangue. Certo non si può escludere che chi pratica sport non si ammali. Alcune problematiche e malattie sono infatti congenite e non si possono prevenire o ritardare.**

Quale delle seguenti affermazioni esprime il messaggio principale del brano precedente?

- **A** Sono poche in Italia le persone che praticano sport
- **B** Alcune malattie sono congenite e la loro insorgenza non potrà comunque mai essere evitata
- **C** La pressione arteriosa, se non è tenuta sotto controllo, può creare problemi all'organismo umano
- **D** Praticare uno sport porta a un miglioramento estetico
- **E** Sebbene non riesca a escludere l'insorgenza di alcune malattie, praticare sport può aiutare a prevenirne altre

---

48 **Essere in svantaggio alla fine del primo tempo di una partita di calcio è estremamente penalizzante. La squadra che è avanti a metà partita andrà negli spogliatoi galvanizzata e potrà concentrarsi su tattiche e schemi per segnare altre reti non appena riprende la partita. Al contrario, la squadra in svantaggio avrà il morale a terra e impiegherà tutto l'intervallo ad analizzare gli errori commessi, senza pianificare alcuna nuova strategia.**

Quale delle seguenti affermazioni, se considerata vera, rafforza quanto sostenuto dal brano precedente?

- **A** Analizzare gli errori commessi durante il primo tempo può servire alla squadra in svantaggio per non ripeterli anche nel secondo
- **B** La squadra in vantaggio alla fine del primo tempo sarà così galvanizzata da distrarsi e perdere il controllo della partita
- **C** Durante l'ultimo campionato, nel 75% dei casi la squadra in vantaggio alla fine del primo tempo ha vinto la partita
- **D** I tifosi apprezzano le squadre che sono in vantaggio alla fine del primo tempo
- **E** Nell'ultima finale dei Mondiali la squadra che ha vinto era nettamente in svantaggio alla fine del primo tempo

---

49 **Tommaso ha ripartito del denaro fra i suoi tre figli secondo la proporzione 5:3:2. Successivamente ha dato altri 6 euro al figlio che inizialmente ne aveva ricevuti meno. Questo ha comportato che il denaro è stato ripartito in una quota maggiore e due quote inferiori di eguale ammontare. Quanto denaro Tommaso ha dato in totale ai suoi figli?**

- **A** € 36
- **B** € 66
- **C** € 60
- **D** € 20
- **E** € 26

---

50 **Nel 2005, l'età di Pietro era esattamente quattro volte quella di suo figlio Cesare. Nel 2021, Pietro avrà esattamente il doppio dell'età di Cesare. Quanti anni di differenza hanno fra loro?**

A 16 **B** 24 **C** 28 **D** 36 **E** 20

51 **Quattro amici devono completare insieme un lavoro. Sapendo che singolarmente ciascuno di loro impiegherebbe rispettivamente 30, 20, 6 e 10 giorni, in quanto tempo lo porteranno a termine lavorando insieme?**

- A Quasi 5 giorni
- B Quasi 3 giorni
- C 10 giorni
- D 3,6 giorni
- E 6 giorni

52 **Leggendo anche il sabato e la domenica, Raffaele riesce a finire 4 libri in una settimana; quanto tempo impiega per leggerne 34?**

- A Meno di 5 settimane
- B Più di 8 settimane
- C Meno di 1 mese
- D Almeno 3 mesi
- E 38 giorni

53 **Con riferimento al grafico seguente, le donne impiegate nell'amministrazione dell'azienda Delta sono pari al:**

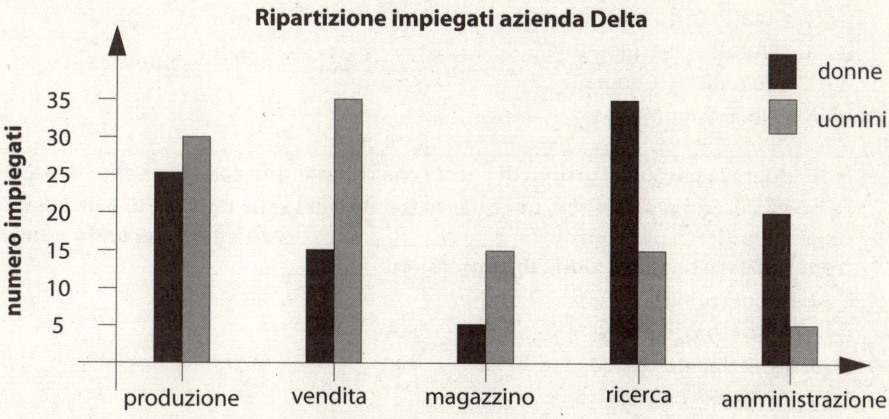

- A 10% del totale delle donne impiegate nell'azienda Delta
- B 10% del totale degli uomini impiegati nell'azienda Delta
- C 10% del totale degli impiegati nell'azienda Delta
- D 15% del totale degli impiegati nell'azienda Delta
- E 20% del totale degli impiegati nell'azienda Delta

54 **Ogni 150 studenti che si iscrivono all'università se ne laureano 25. Di quelli che non si laureano, tre su cinque abbandonano l'università prima del terzo anno. Per ogni 600 studenti iscritti, quanti sono quelli che abbandonano l'università dal terzo anno in poi?**

- A 200
- B 300
- C 125
- D 175
- E 375

55 **Individuare il rapporto anomalo:**

- A entomologo - insetti
- B angiologo - tumori
- C ittiologo - pesci
- D etnologo - culture
- E epatologo - fegato

56 **Completare correttamente la frase seguente.**
«Anche se è difficile ... un'arte come fosse un'attività sportiva, è ormai ... la validità delle classifiche».

- A insegnare; sconfitta
- B amare; pregata
- C credere; saputa
- D visionare; statuita
- E trattare; accertata

57 **Quale tra le coppie di termini proposti completa logicamente la seguente proporzione verbale:**

X : Intonso = Territorio : Y

- A X = Capitolo, Y = Regione
- B X = Intatto, Y = Selvaggio
- C X = Libro, Y = Inesplorato
- D X = Cultura, Y = Geografia
- E X = Libraio, Y = Mappa

58 **Individuare la parola o i gruppi di parole che completano correttamente la frase seguente.**
La poesia di Edgar Allan Poe, per quanto lodata per la sua musicalità e originalità metrica, è spesso criticata per la propria ___________ tematica; è infatti, secondo numerosi critici, troppo spesso una collezione di impressioni ___________.

- A banalità - ritmiche
- B dolcezza - poco chiare
- C leggerezza - noiose
- D confusione - parziali
- E trascendenza - ineffabili

59 **Le strade di molte città italiane sono intitolate al "XX Settembre". La data ricorda:**

- A l'entrata in guerra nel primo conflitto mondiale
- B la vittoria al termine della prima guerra mondiale
- C la liberazione dal nazifascismo
- D la Breccia di Porta Pia
- E la proclamazione della Repubblica

60 ***Pop Art* è l'abbreviazione di:**

- A Populistic Art
- B Pop Corn Art
- C Popeye Art
- D Popular Art
- E Parallel Artwork

Soluzioni della prima prova

Alpha Test

Risposte esatte della prima prova

Verificare le risposte relative alle domande della prima prova

	Risposta		Risposta		Risposta
1	B	21	B	41	A
2	A	22	A	42	D
3	D	23	E	43	C
4	A	24	C	44	E
5	E	25	D	45	A
6	E	26	C	46	C
7	A	27	C	47	E
8	C	28	D	48	C
9	A	29	D	49	B
10	D	30	D	50	B
11	E	31	B	51	B
12	A	32	B	52	B
13	A	33	A	53	C
14	E	34	C	54	A
15	E	35	E	55	B
16	A	36	D	56	E
17	A	37	A	57	C
18	D	38	C	58	D
19	E	39	C	59	D
20	D	40	C	60	D

Prove di verifica

SECONDA PROVA

Alpha Test

Scheda per le risposte della seconda prova

Contrassegnare le risposte relative alle domande della seconda prova

	A	B	C	D	E		A	B	C	D	E		A	B	C	D	E
1						21						41					
2						22						42					
3						23						43					
4						24						44					
5						25						45					
6						26						46					
7						27						47					
8						28						48					
9						29						49					
10						30						50					
11						31						51					
12						32						52					
13						33						53					
14						34						54					
15						35						55					
16						36						56					
17						37						57					
18						38						58					
19						39						59					
20						40						60					

SECONDA PROVA

Tempo a disposizione: 100 minuti

Conoscenze scientifiche

1 **In una breve catena nucleotidica costituita da tre nucleotidi contenenti basi diverse, quante sequenze differenti sono possibili?**

A 3
B 9
C 6
D 64
E 1

2 **Sto percorrendo in macchina una strada con diritto di precedenza. Improvvisamente una macchina spunta da una via laterale senza fermarsi allo STOP. Freno istintivamente per evitare lo scontro, mentre il cuore accelera i suoi battiti e una vampata di calore mi avvolge. Si può dedurre che:**

A si è attivata la corteccia profonda del cervello
B si è attivato il sistema nervoso parasimpatico
C si è attivato un arco riflesso semplice
D si è attivato il sistema nervoso simpatico
E si è attivata l'ipofisi

3 **Molti enzimi, oltre a possedere il normale sito con cui legano il substrato, presentano un secondo sito, detto allosterico. Quando particolari molecole regolatrici si legano a quest'ultimo, si ha una piccola variazione della struttura della molecola dell'enzima che ne provoca l'attivazione o l'inibizione. Pertanto si può dire che un enzima allosterico:**

A non possiede il sito allosterico
B è una proteina che può cambiare forma
C non può legare il substrato
D non possiede il sito attivo
E è una proteina priva di struttura terziaria

4 **Meselson e Stahl nel 1957 fornirono prove sperimentali che ciascun filamento di DNA serviva da stampo per il nuovo DNA, dimostrando così il processo di duplicazione semiconservativa del DNA. Essi fecero crescere un ceppo di *Escherichia coli* in un terreno contenente azoto pesante (^{15}N), quindi lo passarono in un terreno contenente azoto leggero (^{14}N). Dopo una generazione esaminarono i risultati e constatarono che la percentuale di DNA composto da un'elica pesante (con azoto 15) e da una leggera (con azoto 14) era:**

A 75% B 50% C 100% D 25% E 0%

5 **Una madre ha gruppo sanguigno 0 mentre il padre è AB. Eventuali figli potranno essere:**

A A o B B tutti AB C tutti 0 D AB o 0 E AB; A; B; 0

6 **Il "farmaco generico" è un farmaco non più coperto da brevetto, che al posto del nome commerciale ha il nome del principio attivo seguito dal nome dell'azienda farmaceutica che lo produce. I farmaci generici hanno lo stesso effetto farmacologico, le stesse indicazioni terapeutiche, posologia e la stessa efficacia e sicurezza del farmaco di "marca". La copertura brevettale dei farmaci in Italia è di 15-20 anni: in questo arco di tempo la ditta che ha brevettato il farmaco mantiene l'esclusività della commercializzazione. Questo non esclude che la ditta che detiene il brevetto non possa cedere, dietro compenso, la produzione ad altre ditte farmaceutiche. In ogni farmaco è presente un "principio attivo" cioè la sostanza che induce l'effetto farmacologico. Il nome del principio attivo fa spesso riferimento alle sue caratteristiche chimiche, e gli è attribuito al momento della scoperta. Il nome commerciale di un farmaco non generico è il nome di fantasia che gli è attribuito dalla ditta che lo produce. Un maggior utilizzo dei farmaci generici sarebbe auspicabile: infatti costano circa il 20% in meno rispetto ai farmaci "di marca". Diversi fattori ne impediscono però la diffusione, come la naturale diffidenza degli italiani, la mancanza di informazioni per i medici di base e i cittadini, il nome "farmaco generico" che spesso è considerato sinonimo di "non specifico", e quindi non identico a quelli di marca. Sarebbe stato auspicabile chiamarli con il loro vero nome, cioè "farmaci senza brevetto".**
Dalla lettura del brano e dalla sua interpretazione si può dedurre che un farmaco generico:

A è indicato con un nome commerciale, spesso di fantasia, scelto dalla ditta che lo produce
B in Italia la ditta che lo produce ne ha l'esclusiva nella commercializzazione
C è definito "generico" in quanto non è specifico per una precisa indicazione terapeutica
D contiene lo stesso principio attivo del farmaco di marca
E ha un effetto farmacologico e una posologia che varia secondo la ditta che lo produce

7 **Lo schema rappresenta lo scambio di ossigeno e anidride carbonica attraverso l'endotelio dei capillari sanguigni.**
Più in particolare, lo schema rappresenta:

A lo scambio dei gas tra capillari e alveoli polmonari
B lo scambio dei gas tra capillari e cellule dei tessuti
C lo scambio dei gas tra capillari e villi intestinali
D lo scambio dei gas tra capillari e muscoli
E lo scambio dei gas tra capillari e cavità del cuore

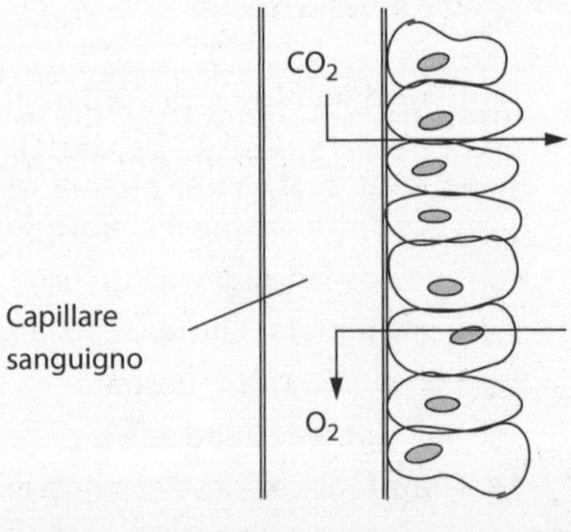

8 **In quale dei processi sotto elencati NON si verifica un flusso di informazioni?**

A Un girasole volge la corolla in direzione del sole
B Un gatto scatta alla vista di un topo
C Una cellula del pancreas produce enzimi digestivi (proteine)
D Un ormone interagisce con il proprio recettore
E Una molecola di acqua penetra per osmosi in una cellula

9 **Il seguente albero genealogico riguarda la trasmissione di una malattia a carattere non dominante legata al sesso. Si può sicuramente dedurre che:**

● = femmina ammalata
○ = femmina normale
■ = maschio ammalato
□ = maschio normale

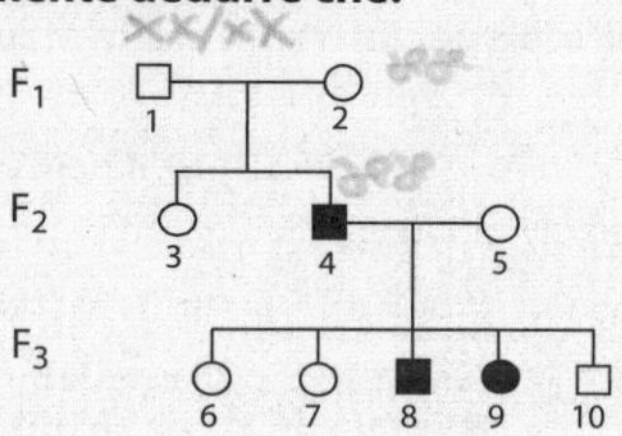

A la donna 2 di F_1 è omozigote per il carattere considerato
B tutti gli individui di F_3 sono eterozigoti
C l'uomo 1 di F_1 è portatore sano del carattere considerato
D la donna 5 di F_2 è eterozigote per il carattere considerato
E la figlia 3 di F_2 è sicuramente omozigote

10 **Quale dei seguenti componenti della cellula eucariota NON è delimitato da membrana?**

A Il nucleo
B Il mitocondrio
C Il lisosoma
D Le cisterne del reticolo endoplasmatico
E Il ribosoma

11 **Un sistema portale vascolare tipico dell'organismo umano è quello che:**

A unisce intestino e fegato
B unisce cuore e polmoni
C unisce fegato e reni
D unisce cuore e cervello
E circola nel cuore

12 **Gli individui eterozigoti per l'allele dell'anemia mediterranea (recessivo) presentano una forma lieve della malattia, che in genere non provoca loro grossi problemi in quanto i loro globuli rossi sono solo più piccoli. Questi individui mostrano una maggiore resistenza alla malaria, una malattia provocata da un protozoo che si sviluppa all'interno dei globuli rossi. Nelle zone malariche la selezione naturale agisce a favore degli individui:**

A affetti da malaria
B omozigoti recessivi
C sia omozigoti dominanti sia recessivi
D che non hanno globuli rossi
E eterozigoti

13 **Identificare quale dei seguenti accoppiamenti è ERRATO:**

A Ectoderma – Sistema nervoso
B Mesoderma – Gonadi
C Mesoderma – Scheletro
D Ectoderma – Sistema circolatorio
E Endoderma – Fegato e pancreas

14 **Durante le ripetute divisioni cellulari che portano uno zigote a diventare un organismo pluricelullare, le singole cellule vanno incontro al processo di "differenziamento", ossia diventano cellule specializzate nella struttura e nelle funzioni. Il differenziamento è il risultato:**

A del controllo effettuato dal sistema nervoso centrale
B della presenza solo in quelle cellule di geni specifici per una certa struttura e funzione
C dell'assenza dei geni specifici per una struttura o funzione diversa da quella cui sono destinate
D dell'espressione selettiva dei geni: alcuni vengono attivati, altri rimangono inattivi
E del controllo effettuato dal sistema nervoso autonomo

15 **Quale dei seguenti eventi è tipico della meiosi ma non della mitosi?**

A Si formano i centrioli
B Si evidenziano i cromosomi
C Si forma il fuso
D I cromatidi si separano
E I cromosomi omologhi si appaiano

16 **In cosa viene trasformato il glucosio al termine della glicolisi?**

A In una molecola a sei atomi di carbonio di citrato
B In una molecola a quattro atomi di carbonio di ossalacetato
C In CO_2 e H_2O
D In acido lattico
E In due molecole a tre atomi di carbonio di acido piruvico

17 **Il meccanismo rappresentato in figura si riferisce all'entrata di molecole dall'esterno all'interno di una cellula. Può essere considerato un fenomeno di:**

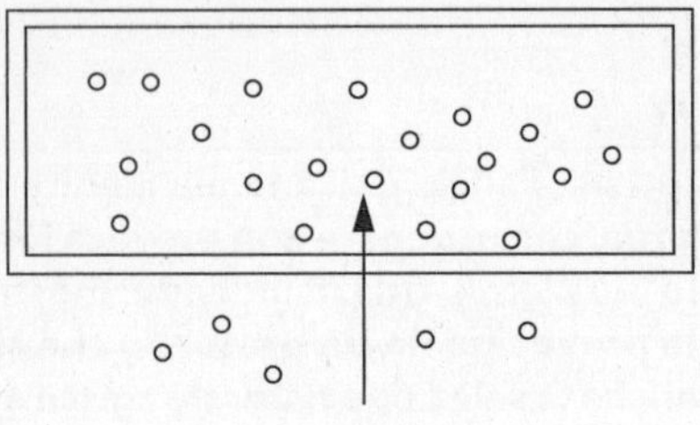

A trasporto attivo
B osmosi
C diffusione facilitata
D diffusione semplice
E pinocitosi

18 **In seguito a divisione mitotica una cellula con 16 cromosomi darà luogo a cellule con:**

- A 4 cromosomi
- B 16 cromosomi
- C 2 cromosomi
- D 32 cromosomi
- E 8 cromosomi

19 **Gli esteri derivano dalla reazione tra:**

- A un alcol e un'aldeide
- B un idracido e un alcol
- C un acido carbossilico e un alcol
- D due molecole di alcol
- E un ossiacido e un'aldeide

20 **Un grammo equivalente di $Al(OH)_3$ è uguale a:**

- A una mole
- B un terzo di mole
- C tre moli
- D un sesto di mole
- E sei moli

21 **Nella molecola H_2, i due atomi sono uniti da un legame:**

- A ionico
- B a ponte di idrogeno
- C covalente polare
- D dativo
- E covalente puro

22 **Gli elementi con configurazione elettronica s^2p^5 sono:**

- A gas nobili
- B alogeni
- C metalli alcalino-terrosi
- D metalli di transizione
- E metalli alcalini

23 **Quale delle seguenti sostanze, se aggiunta a una soluzione di 10 ml di acido cloridrico, non ne cambia il pH?**

- A 5 ml di acqua distillata
- B 10 ml di soluzione di sale da cucina
- C 10 ml di acido cloridrico concentrato
- D 20 ml di una soluzione di acido cloridrico della stessa concentrazione
- E 10 ml di acqua demineralizzata

24 **La reazione di decomposizione del carbonato di calcio è la seguente:**

$$CaCO_{3(s)} \rightarrow CaO_{(s)} + CO_{2(g)}$$

Partendo da 3 moli di $CaCO_3$, quale volume di CO_2 a 0° C e 1 atm, si ottiene?

- A 67,2 litri
- B 3 litri
- C 12,2 litri
- D 22,4 litri
- E 1 litro

SECONDA PROVA

25 **In seguito a combustione completa, un alcano forma:**

- **A** CO_2 e H_2O
- **B** CO e H_2
- **C** CH_4 e H_2O
- **D** CO_2 e CO
- **E** alcol e acqua

26 **Dati l'anione cloro (Cl^-) (numero atomico 17) e l'atomo di argon (Ar) (numero atomico 18), indicare l'affermazione corretta:**

- **A** Cl^- possiede un elettrone in più rispetto a Ar
- **B** Cl^- ha lo stesso numero atomico di Ar
- **C** Cl^- possiede lo stesso numero di protoni di Ar
- **D** Ar e Cl^- hanno la stessa configurazione elettronica esterna
- **E** Sia Ar che Cl^- possiedono 17 elettroni

27 **In una reazione in cui $PbCl_2$ si trasforma in $PbCl_4$, si può affermare che:**

- **A** il piombo si è ridotto
- **B** entrambi gli elementi si sono ossidati
- **C** il piombo si è ossidato
- **D** il cloro si è ossidato
- **E** il cloro si è ridotto

28 **La formula R-CO-O-CO-R' è caratteristica di:**

- **A** una anidride
- **B** un dichetone
- **C** un acido carbossilico
- **D** un estere
- **E** un etere

29 **Se un composto contiene due atomi di carbonio asimmetrici:**

- **A** può esistere solo in due stereoisomeri
- **B** non contiene atomi ibridati sp^3
- **C** contiene un doppio legame tra i due C asimmetrici
- **D** è estremamente instabile
- **E** può esistere in più di due stereoisomeri

30 **Quando un elettrolita si dissocia in soluzione:**

- **A** abbiamo tutti cationi perché gli anioni si legano all'acqua
- **B** abbiamo cationi e anioni
- **C** abbiamo tutti anioni
- **D** un elettrolita non si dissocia per definizione
- **E** abbiamo sempre più cationi che anioni

31 **Una potenza perfetta è un numero intero che si può scrivere nella forma a^b, con a e b interi maggiori o uguali a 2. Determinare quale dei seguenti interi NON è una potenza perfetta.**

A 125 **B** 216 **C** 500 **D** 1000 **E** 2500

32 **Quale delle seguenti condizioni deve verificarsi affinché la retta di equazione $y = mx + n$ non passi per il quarto quadrante?**

A $m > 0, n < 0$
B $m > 0, n = 0$
C $m < 0, n < 0$
D $m > 0, n > 0$
E $m < 0, n > 0$

33 **Il rettangolo BCDE, inscritto nella circonferenza di raggio *r*, ha la base DC doppia dell'altezza $\overline{BC} = a$ e il triangolo ABE è isoscele.**

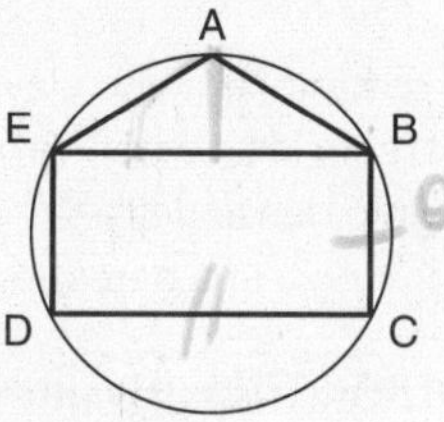

Quanto misura l'area del pentagono ABCDE?

A $\frac{1}{2}a(3a + 2r)$
B $\frac{1}{2}a(3r + 2a)$
C $\frac{1}{2}a(3a - 2r)$
D $\frac{3a - 2r}{2}$
E $3a^2 + 2ar$

34 **Uno studente ha percorso la strada casa-università in *x* minuti. Nel ritorno, lungo lo stesso percorso, la sua velocità media è aumentata di un terzo. Quale delle seguenti espressioni indica il tempo complessivo in minuti impiegato per andata e ritorno?**

A $(3 / 4)\,x$
B $(4 / 3)\,x$
C $(5 / 3)\,x$
D $(7 / 4)\,x$
E $3x$

35 **In un libro di fisiologia leggiamo che mediamente nei mammiferi la circolazione polmonare ha una pressione più bassa della circolazione sistemica. Quale tra le seguenti motivazioni potrebbe essere una plausibile giustificazione fisica?**

A Il sangue povero di ossigeno ha una pressione inferiore
B Data la posizione relativa, la differenza di pressione idrostatica tra gli organi coinvolti nella circolazione polmonare è minore dell'analoga differenza di pressione nella circolazione sistemica
C Il volume del sangue immesso nella circolazione polmonare ogni secondo è assai minore di quello immesso nella circolazione sistemica
D Il sangue che scorre nei polmoni si muove lentamente, in modo da bene ossigenarsi
E Il sangue della circolazione sistemica, ricco di nutrienti, ha una pressione osmotica più alta

36 Un litro di liquido a 10 °C viene mescolato con mezzo litro dello stesso liquido a 40 °C; la temperatura di equilibrio è:

- A 30 °C
- B 10 °C
- C 1/2 °C
- D 25 °C
- E 20 °C

37 Perché esiste il fenomeno della dispersione della luce bianca quando questa attraversa un prisma di vetro?

- A Perché l'indice di rifrazione del mezzo dipende dalla frequenza delle radiazioni elementari incidenti
- B Perché la luce ha velocità costante e molto elevata sia nel vuoto sia nei mezzi
- C Perché in un mezzo trasparente la luce non va in linea retta
- D Perché il vetro è un mezzo più denso dell'aria
- E In realtà è un fenomeno dovuto a una percezione distorta dell'occhio

38 Quando due resistenze elettriche (rispettivamente uguali a *R* e 4*R*) sono collegate in serie, la resistenza equivalente della combinazione è pari a 50 Ω. Se le medesime resistenze fossero collegate in parallelo, quale sarebbe la resistenza equivalente?

- A 8 Ω
- B 10 Ω
- C 12 Ω
- D 32 Ω
- E 50 Ω

$R_1 = 10 \quad R_2 = 40$

$\frac{1}{10} + \frac{1}{40} = \frac{4+1}{40} = \frac{5}{40} = 8$

39 **È cosa comune immaginare che nel diciottesimo secolo le grandi residenze aristocratiche di campagna avessero prati a erba corta. In realtà, invece, in quel tempo non era possibile estirpare erbacce e piante selvatiche e, non esistendo ancora il tagliaerba elettrico, il compito di tagliare l'erba del prato veniva affidato a una squadra di giardinieri con le falci a mano; il taglio perfettamente rasato di oggigiorno era allora semplicemente inimmaginabile. Detto questo, i prati una volta dovevano assomigliare piuttosto a pascoli fioriti.**

Quale delle seguenti affermazioni esprime il messaggio principale del brano precedente?

- A I prati odierni apparirebbero alquanto noiosi agli occhi di una persona del diciottesimo secolo
- B Nel diciottesimo secolo i prati non erano a erba corta bensì assomigliavano a pascoli fioriti
- C È di gran lunga più naturale avere un prato simile a un pascolo fiorito che uno mantenuto ad erba corta
- D Al giorno d'oggi i prati sono mantenuti a erba corta grazie all'uso costante di prodotti estirpanti e di tagliaerba elettrici
- E Nel diciottesimo secolo la manutenzione dei prati richiedeva un ampio numero di giardinieri

40 **Le spese pubblicitarie incidono fortemente sui costi di produzione e quindi sui costi finali dei prodotti quando questi vengono venduti al pubblico. Le associazioni di consumatori detestano le campagne pubblicitarie, specialmente quelle tra grandi marche rivali, come tra i produttori di carburante o tra i produttori di detersivi. Tali prodotti, infatti, sono talmente simili da essere praticamente indistinguibili tranne per il marchio e il confezionamento.**

La maggior parte del denaro destinato alle spese pubblicitarie potrebbe piuttosto essere investita per abbassare i prezzi dei prodotti. Detto questo, si può dedurre che le campagne pubblicitarie siano svantaggiose per i consumatori.

Se considerata vera, quale delle seguenti affermazioni rende meno forte l'argomentazione precedente?

- A L'industria pubblicitaria riesce ad assumere personale che altrimenti sarebbe disoccupato
- B I produttori non spenderebbero in campagne pubblicitarie se non ritenessero che queste fossero di beneficio per i consumatori
- C Le pubblicità spesso presentano la qualità dei prodotti in maniera fuorviante
- D La pubblicità non influenza in alcun modo la scelta dei consumatori
- E Aumentando la concorrenza, le campagne pubblicitarie migliorano la qualità generale dei prodotti sul mercato

41 **«L'imbarcazione italiana Luna Rossa nel 2002 ha perso la semifinale della Luis Vuitton Cup. Per questo motivo, e anche per fare felici i tifosi, quest'anno il suo budget è stato aumentato considerevolmente».**

L'argomentazione precedente si basa sulla premessa IMPLICITA che:

- A Luna Rossa ha sempre risparmiato sui costi di produzione
- B sono gli sponsor che dovrebbero stabilire le tattiche di gara
- C un incremento dei fondi aumenta la probabilità di vittoria della Luis Vuitton Cup
- D le altre imbarcazioni hanno budget più elevati di Luna Rossa
- E i tifosi di Luna Rossa vogliono essere pagati

SECONDA PROVA

42 **«Un altro elemento che caratterizza lo scenario formativo attuale è l'evoluzione del dibattito sulla formazione continua. Non è da oggi che si sostiene la necessità di rafforzare questo versante del sistema formativo, che fino a oggi rimane molto debole, come mostrano le ultime ricerche effettuate. In questi ultimi anni l'Unione europea, attraverso il Fondo sociale ed i programmi destinati a questa funzione, sta dando un importante impulso alla crescita di questo segmento del sistema formativo. Le risorse per il momento disponibili, 300 miliardi, costituiscono un rilevante passo in avanti rispetto al passato, ma nella prospettiva di un funzionamento a regime appaiono sicuramente scarse. Non mancano ovviamente le preoccupazioni sul peso che ha finora avuto l'utilizzazione della formazione sui lavoratori adulti come ammortizzatore di crisi industriali e conseguenti esuberi occupazionali: la formazione continua può anche interessare i soggetti che perdono lavoro, ma occorre possibilmente affrontare adeguatamente il problema della riqualificazione continua degli occupati, con finalità di manutenzione costante delle competenze professionali».**

Una sola delle seguenti affermazioni è deducibile dal testo sopra riportato. Quale?

A Recenti ricerche hanno dimostrato che la formazione continua non si è adeguatamente sviluppata a causa delle crisi industriali

B L'obiettivo primario della formazione continua è quello della riqualificazione e aggiornamento dei lavoratori

C Il settore della formazione è in crescita, anche se i finanziamenti dell'Unione europea diminuiscono di anno in anno

D La formazione permanente ha lo scopo di migliorare le attitudini a svolgere un determinato lavoro di alcune categorie di lavoratori, come per esempio gli insegnanti

E Tutti i lavoratori che non aggiornano le proprie competenze professionali attraverso una formazione continua perderanno presto il lavoro

43 **Numerose campagne mediatiche di sensibilizzazione hanno promosso il consumo di prodotti ortofrutticoli di stagione "a chilometro zero" di provenienza locale. Tuttavia i consumatori si aspettano che i supermercati offrano qualsiasi tipo di frutta e ortaggi in ogni stagione. Il fatto che il cibo sia "a chilometro zero" non sembra un fattore rilevante per orientare le scelte dei consumatori.**

Quale delle seguenti affermazioni è totalmente sostenuta dal brano precedente?

A Le casalinghe hanno avuto l'imbarazzo della scelta per troppo tempo nei supermercati

B L'economia agricola locale continua a soffrire

C Contrariamente a tutte le aspettative, le campagne mediatiche di sensibilizzazione hanno un basso impatto sui consumatori

D I consumatori sono diventati maggiormente esigenti nel richiedere gli alimenti che desiderano

E È improbabile che le emissioni di gas serra diminuiscano nell'immediato futuro

44 **Se è vero che «tutti gli intellettuali sono interlocutori noiosi», sarà necessariamente VERA anche UNA delle affermazioni seguenti:**

A tutti gli interlocutori sono intellettuali noiosi

B nessun interlocutore noioso è intellettuale

C tutti i noiosi sono intellettuali

D tutti gli interlocutori sono noiosi

E alcuni interlocutori noiosi sono intellettuali

SECONDA PROVA

45 **Luca evita sempre di sapere i risultati delle partite di calcio prima di guardare la trasmissione *90° Minuto*. Dal bar sotto casa sente provenire un forte applauso e quindi ne deduce che la squadra della sua città deve aver segnato almeno un goal. Non si sarebbe sentito un tale applauso per nessun'altra ragione. Quale delle seguenti affermazioni ha la stessa struttura logica del suddetto ragionamento?**

- A Ogni sera la famiglia Bianchi spegne tutte le luci prima di coricarsi. Laura vede che la loro luce in salotto è ancora accesa e quindi ne deduce che almeno uno dei componenti della famiglia Bianchi deve essere ancora alzato
- B Ogni sera la famiglia Bianchi spegne tutte le luci prima di coricarsi. La scorsa notte la luce dell'ingresso era accesa. Deve esserci una ragione per questo. Probabilmente la famiglia Bianchi è andata in vacanza
- C Ogni sera la famiglia Bianchi spegne tutte le luci prima di coricarsi. La scorsa notte la luce del salotto era accesa. Il signor Bianchi ha detto a Laura di aver difficoltà a dormire e questo spiegherebbe il motivo per cui la luce era rimasta accesa
- D La famiglia Bianchi non spegne mai tutte le luci prima di coricarsi e lascia sempre accesa almeno la luce dell'ingresso. Laura non vede luci accese da tre notti e quindi ne deduce che la famiglia Bianchi deve essere andata in vacanza
- E La famiglia Bianchi lascia accese le luci durante la notte quando la loro bambina ha degli incubi. La bambina ha avuto incubi la scorsa notte, quindi hanno lasciato le luci accese

46 **In Scozia ogni anno avvengono oltre 8000 infortuni sui campi da golf e, nonostante questo, si stima che meno del 5% dei golfisti si procurano una copertura assicurativa infortunistica. Se il numero di golfisti coperti da tale polizza assicurativa fosse superiore, il numero di infortuni sui campi da golf diminuirebbe drasticamente.**

Quale delle seguenti risposte costituisce il passaggio logico errato nel brano precedente?

- A Si dà per scontato che tutte le polizze assicurative coprano adeguatamente tutti i sinistri
- B Non si prende in considerazione la possibilità che alcuni infortuni non sono coperti dalle polizze assicurative
- C Si ignorano i milioni di golfisti che non hanno mai subìto un infortunio sui campi da golf
- D Non si discute del fatto che ci sono diversi tipi di polizze assicurative per diversi tipi di attività ricreative
- E Si implica un rapporto di causa-effetto tra gli infortuni sui campi da golf e la mancanza di polizza assicurativa da parte dei golfisti

47 **«La richiesta di autonomia è il nucleo fondamentale delle attuali rivendicazioni degli indios del Messico. La ricostruzione della loro identità come popolo e la definizione di un'entità territoriale corrispondente sono strettamente legate alla conquista dell'autonomia».**

Quale delle seguenti conclusioni può essere dedotta dalle informazioni riportate sopra?

- A Gli indios del Messico non potranno ricostruire la loro identità come popolo e non potranno definire un'entità territoriale se non verranno accolte le loro attuali rivendicazioni
- B L'obiettivo finale degli indios del Messico è il raggiungimento dell'autonomia
- C Per gli indios del Messico la ricostruzione della loro identità come popolo e la definizione di un'entità territoriale corrispondente sono preliminari alla conquista dell'autonomia
- D Gli indios del Messico vedranno accolte le loro attuali rivendicazioni solo quando avranno ricostruito la loro identità come popolo e avranno definito un'entità territoriale corrispondente
- E Lo scopo degli indios messicani è l'introduzione della proprietà privata della terra

48 **«I Paesi poveri – e i loro difensori nei Paesi avanzati – hanno spesso sostenuto che il benessere delle nazioni ricche si fonda sullo sfruttamento. Questa posizione era più facile da difendere quando molti dei Paesi in via di sviluppo erano sotto il dominio politico diretto dell'Europa. (In realtà, al culmine dell'imperialismo erano poche le colonie che pagavano tributi in misura sufficiente a coprire i relativi costi di amministrazione, sebbene non manchino esempi di sfruttamento brutale, specie in Africa). Nel mondo moderno la tesi dello sfruttamento deve fondarsi su un qualche elemento a sfavore del Sud nell'ambito delle transazioni tra il Nord e lo stesso Sud».**
Uno dei seguenti giudizi contraddice le affermazioni soprariportate. Quale?

A Lo sfruttamento dei Paesi poveri da parte dei ricchi ha avuto origine quando questi ultimi avevano il dominio politico dei paesi svantaggiati e, da allora, è sempre aumentato
B La tesi dello sfruttamento dei Paesi poveri da parte dei Paesi ricchi deve poter essere giustificata sulla base di un qualche elemento che evidenzi la situazione sfavorevole del Sud nelle transazioni con il Nord
C Da molti dei Paesi colonizzati dai Paesi ricchi nel secolo scorso provenivano tributi che non erano sufficienti a coprire le relative spese di amministrazione
D In Africa vi sono stati esempi di sfruttamento brutale nelle colonie, nel momento in cui il fenomeno dell'imperialismo era più rilevante
E La tesi che il benessere delle nazioni ricche si fonda sullo sfruttamento non è sostenuta solo dai Paesi poveri

---

49 **Se affermo "nessun elefante ha tre zampe", allora deduco che:**

A almeno un elefante ha tre zampe
B almeno un elefante ha un numero di zampe diverso da tre
C tutti gli elefanti hanno tre zampe
D tutti gli elefanti hanno quattro zampe
E tutti gli elefanti hanno un numero di zampe diverso da tre

---

50 **L'analisi dei risultati di un test ha evidenziato che, per ognuna delle 70 domande proposte, c'è stato almeno un candidato che ha fornito la risposta corretta. Determinare quale delle seguenti situazioni è compatibile con questa analisi.**

A Tutti hanno risposto in maniera errata alla domanda 47
B Almeno due domande hanno ricevuto risposte errate da parte di tutti i concorrenti
C Esiste un candidato che ha risposto in maniera errata a tutte le domande
D Nessuno ha fornito una risposta alla domanda 53
E Nessuno ha risposto correttamente alla domanda 70

---

51 **Quali parole vanno sostituite ai numeri per dare un senso compiuto e logico alle frasi seguenti?**
"Le province italiane sono quasi ___(1)___ sorte come comuni indipendenti nel nord e centro-nord, cioè come centri civili e ___(2)___. Anche nel sud, dove la struttura comunale era meno frequente, la distribuzione ___(3)___ delle città era piuttosto simile al nord e aveva la stessa funzione".

A (1) totalmente (2) sagaci (3) territoriale
B (1) mai (2) mercantili (3) storica
C (1) ovunque (2) portuali (3) statistica
D (1) sempre (2) marinari (3) asimmetrica
E (1) tutte (2) commerciali (3) geografica

52 **La lista degli ingredienti di una confezione di fagioli in scatola indica quanto segue (in ordine di peso decrescente):**
• Fagioli bianchi (51%)
• Acqua
• Zucchero
• Passata di pomodoro (4,5%)
• Amido di mais modificato
• Sale
• Aromi naturali
• Cipolla in polvere
• Paprika
Qual è la percentuale massima di acqua che potrebbe essere contenuta nella scatola di fagioli?

A 49,0%
B 22,2%
C 44,5%
D 17,5%
E 40,0%

53 **Tre persone controllano regolarmente un reattore nucleare. Ognuno dei tre effettua, rispettivamente, un controllo a intervalli regolari di 4 minuti, 7 minuti e 11 minuti. Se alle 9:00 di mattina si incontrano tutti e tre per il controllo, a che ora si incontreranno per la prima volta di nuovo insieme?**

A Alle 15:00
B Alle 14:08
C Alle 14:18
D Alle 15:28
E Alle 17:05

54 **Nel grafico seguente è riportato l'andamento delle nuove assunzioni di personale presso l'ospedale S. Gaudenzio negli ultimi sei mesi. Quali sono i mesi nei quali vi è stato il maggior numero di assunti?**

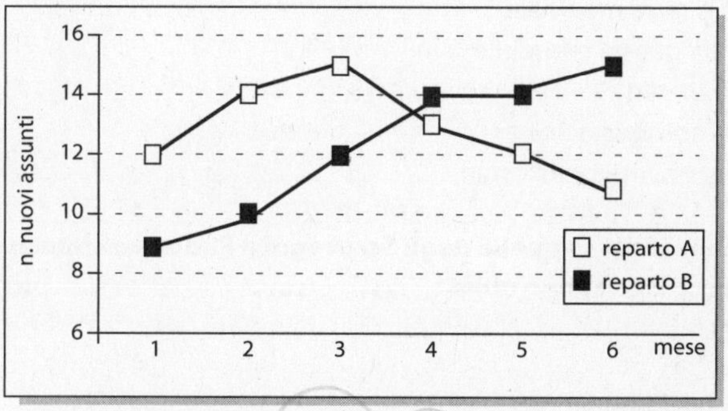

A Mesi 2 e 6
B Mesi 1 e 2
C Mesi 2 e 5
D Mesi 5 e 6
E Mesi 3 e 4

55 **Individuare la coppia di termini che completa correttamente la proporzione seguente.**
Petalo : fiore = X : Y
- A X = equipaggio, Y = marinaio
- B X = radice, Y = terra
- C X = pagina, Y = libro
- D X = tram, Y = tranviere
- E X = pistillo, Y = stame

56 **Individuare il termine la cui etimologia NON segue la stessa "logica" degli altri:**
- A ambizioso
- B ambivalente
- C ambidestro
- D ambigenere
- E ambisessuale

57 **Quale coppia di termini completa logicamente la seguente proporzione verbale?**
x : linguistica = termodinamica: y
- A x = sinologia; y = biologia
- B x = psicometria; y = meccanica
- C x = storiografia; y = chimica
- D x = morfologia; y = fisica
- E x = etnografia; y = elettrodinamica

58 **Individuare quale definizione dei seguenti acronimi NON è corretta:**
- A TAC: Tomografia Assiale Comparativa
- B RMN: Risonanza Magnetica Nucleare
- C DSA: Disturbi Specifici di Apprendimento
- D EEG: Elettroencefalografia
- E VES: Velocità di Eritrosedimentazione

59 **La Società delle Nazioni non è riuscita a scongiurare uno dei seguenti conflitti novecenteschi: quale?**
- A La prima guerra mondiale
- B La seconda guerra mondiale
- C La guerra in Iraq
- D La guerra arabo-israeliana
- E Il conflitto tra India e Pakistan

60 **La decorazione della Cappella degli Scrovegni a Padova è stata eseguita da:**
- A Tiziano Vecellio
- B Giorgione
- C Carlo Maratta
- D Gianlorenzo Bernini
- E Giotto

Soluzioni della seconda prova

Alpha Test

Risposte esatte della seconda prova

Verificare le risposte relative alle domande della seconda prova

	A	B	C	D	E		A	B	C	D	E		A	B	C	D	E
1	□	□	■	□	□	21	□	□	□	□	■	41	□	□	■	□	□
2	□	□	□	■	□	22	□	■	□	□	□	42	□	■	□	□	□
3	□	■	□	□	□	23	□	□	□	■	□	43	□	□	■	□	□
4	□	□	■	□	□	24	■	□	□	□	□	44	□	□	□	□	■
5	■	□	□	□	□	25	■	□	□	□	□	45	■	□	□	□	□
6	□	□	□	■	□	26	□	□	□	■	□	46	□	□	□	□	■
7	■	□	□	□	□	27	□	□	■	□	□	47	■	□	□	□	□
8	□	□	□	□	■	28	■	□	□	□	□	48	■	□	□	□	□
9	□	□	□	■	□	29	□	□	□	□	■	49	□	□	□	□	■
10	□	□	□	□	■	30	□	■	□	□	□	50	□	□	■	□	□
11	■	□	□	□	□	31	□	□	■	□	□	51	□	□	□	□	■
12	□	□	□	□	■	32	□	□	□	■	□	52	□	□	□	□	■
13	□	□	□	■	□	33	■	□	□	□	□	53	□	■	□	□	□
14	□	□	□	■	□	34	□	□	□	■	□	54	□	□	□	□	■
15	□	□	□	□	■	35	□	■	□	□	□	55	□	□	■	□	□
16	□	□	□	□	■	36	□	□	□	□	■	56	■	□	□	□	□
17	■	□	□	□	□	37	■	□	□	□	□	57	□	□	□	■	□
18	□	■	□	□	□	38	■	□	□	□	□	58	■	□	□	□	□
19	□	□	■	□	□	39	□	■	□	□	□	59	□	■	□	□	□
20	□	■	□	□	□	40	□	□	□	□	■	60	□	□	□	□	■

Prove di verifica

TERZA PROVA

Alpha Test

Scheda per le risposte della terza prova

Contrassegnare le risposte relative alle domande della terza prova

	A	B	C	D	E		A	B	C	D	E		A	B	C	D	E
1						21						41					
2						22						42					
3						23						43					
4						24						44					
5						25						45					
6						26						46					
7						27						47					
8						28						48					
9						29						49					
10						30						50					
11						31						51					
12						32						52					
13						33						53					
14						34						54					
15						35						55					
16						36						56					
17						37						57					
18						38						58					
19						39						59					
20						40						60					

TERZA PROVA

Tempo a disposizione: 100 minuti

Conoscenze scientifiche

1 **Per misurare la pressione arteriosa è necessario:**

A il barometro
B il podometro
C lo stetoscopio
D lo sfigmomanometro
E il caleidoscopio

2 **Da quale ormone è stimolata l'ovulazione?**

A Ossitocina
B TSH
C ACTH
D Cortisolo
E FSH

3 **Sia una cellula con 2n = 20. Considerando l'anafase della prima divisione meiotica e l'anafase della mitosi, quale delle seguenti affermazioni è CORRETTA?**

A Nell'anafase meiotica migrano ai poli 10 cromosomi per parte
B Nell'anafase mitotica migrano ai poli 10 cromosomi per parte
C Nell'anafase meiotica si separano i cromatidi
D Nell'anafase mitotica migrano ai poli 10 cromatidi per parte
E Nell'anafase meiotica migrano ai poli 20 cromosomi per parte

4 **Nella *Drosophila* il carattere "occhi a barra" è dominante legato al sesso. Si incrocia una femmina eterozigote con occhi a barra con un maschio con occhi normali. I figli, indipendentemente dal sesso saranno:**

A 50% con occhi normali, 50% con occhi a barra
B sicuramente tutti con occhi normali
C sicuramente tutti con occhi a barra
D tutti con genotipo eterozigote
E tutti con genotipo omozigote

5 **L'energia solare immagazzinata nei monosaccaridi è trasferita all'ATP mediante il processo di:**

A fermentazione
B ciclo di Calvin
C respirazione
D fotosintesi
E sintesi proteica

6 **Durante la contrazione dei sarcomeri:**

A i filamenti sottili di miosina scorrono su quelli di actina
B i filamenti sottili di actina si accorciano
C i filamenti di miosina si accorciano e quelli di actina si allungano
D le linee Z si allontanano
E i filamenti di actina scorrono su quelli spessi di miosina

7 **Una coppia ha avuto 3 figli maschi. La probabilità che un quarto figlio sia maschio sarà:**

A 100%
B 25%
C 0%
D 1/4
E 50%

8 **Quando un muscolo è dolorante per un intenso sforzo fisico, è abitudine massaggiarlo a lungo. Ciò perché:**

A aumenta la temperatura e l'acido lattico si scioglie
B arriva più sangue ricco di ossigeno che trasforma l'acido lattico in H_2O e CO_2
C si forma una maggior quantità di anidride carbonica
D il muscolo si rilassa e l'acido lattico può essere allontanato con il sangue che circola
E si favorisce la fermentazione anaerobica

9 **La figura rappresenta le condizioni elettrostatiche a livello di un tratto della membrana di un assone. Si può dedurre che la membrana:**

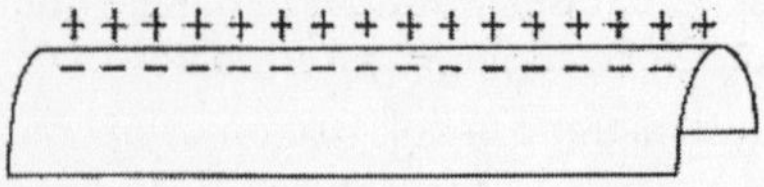

A si trova in potenziale d'azione
B si trova in potenziale di riposo
C sta trasmettendo l'impulso
D presenta un potenziale di 0mV
E presenta un potenziale di +50mV

10 **Un geranio produce CO_2 come risultato del processo di:**

A assimilazione
B glicolisi
C respirazione
D organicazione del carbonio
E fotosintesi

11 **Una molecola di DNA viene duplicata. Quanto DNA di queste nuove molecole deriva direttamente dalla molecola madre?**

- A Il 50%
- B Il 100%
- C Il 25%
- D Il 75%
- E Lo 0%

12 **In un testo scolastico si legge: «... a questo scopo si uniscono e liberano sostanze, fra cui la serotonina, che riduce il calibro dei vasi sanguigni rallentando il flusso ematico, e alcuni enzimi che permettono la formazione del coagulo».**
Il testo sta parlando di:

- A eritrociti
- B terminazioni del parasimpatico
- C piastrine
- D ormoni ipofisari
- E neurotrasmettitori

13 **Una catena di m-RNA contiene la tripletta UUU corrispondente all'informazione per l'amminoacido fenilalanina. L'anticodone di t-RNA capace di legare questo amminoacido sarà:**

- A TTT
- B AAA
- C UUU
- D CCC
- E GGG

14 **Il mammuth lanoso, o *Mammuthus primigenius*, ora estinto, visse alla fine del Pleistocene, perfettamente adattato alle basse temperature delle ere glaciali. Un gruppo di studiosi, partendo da una piccola quantità di DNA estratto dai peli della sua folta pelliccia, ha ricostruito il suo albero genealogico dimostrandone la parentela con l'elefante asiatico. In quale modo hanno potuto ottenere rapidamente una quantità sufficiente di DNA per effettuare tale analisi?**

- A Sottoponendo il DNA a elettroforesi su gel
- B Integrando un tratto di DNA in un plasmide e quindi clonando il batterio così trattato
- C Incollando il DNA a disposizione con enzimi ligasi
- D Marcando radioattivamente il campione ottenuto
- E Facendo ricorso alla tecnica della reazione a catena della polimerasi

15 **Nel liquido spermatico di una sola eiaculazione di un uomo sessualmente maturo sono presenti circa $4 \cdot 10^8$ spermatozoi. Quanti spermatociti di primo ordine hanno subito la meiosi per produrre un numero così elevato di spermatozoi?**

- A 10^8
- B $16 \cdot 10^8$
- C $4 \cdot 10^{32}$
- D 10^4
- E $4 \cdot 10^4$

16 **Il glucagone viene secreto:**

- A dall'adenoipofisi
- B dalle ghiandole salivari
- C dalla midollare surrenale
- D dal pancreas
- E dalla tiroide

17 **La rottura della membrana plasmatica e il rigonfiamento del nucleo si ottengono trattando le cellule con una soluzione:**

- A ipertonica
- B isotonica
- C isosmotica
- D di NaCl al 9 per mille
- E ipotonica

18 **Nei mammiferi, una malattia ereditaria dovuta a un difetto di un gene mitocondriale:**

- A viene ereditata soltanto dai figli maschi
- B viene ereditata soltanto per via materna
- C viene ereditata soltanto dalle figlie femmine
- D si trasmette con un salto di generazione
- E si trasmette come un gene recessivo

19 **La sostanza avente formula $HO–CH_2–CH_2–CH_2–COOH$ si chiama:**

- A acido malico
- B acido acetacetico
- C acido gamma-idrossibutirrico
- D acido beta-idrossipropionico
- E acido propionico

20 **La reazione che trasforma gli alcani in alcheni è:**

- A riduzione
- B deidratazione
- C deidrogenazione
- D idrogenazione
- E deprotonazione

21 **Nell'isotopo radioattivo ^{14}C del carbonio sono presenti:**

- A 7 protoni, 7 neutroni, 6 elettroni
- B 6 protoni, 8 neutroni, 6 elettroni
- C 7 protoni, 7 neutroni, 7 elettroni
- D 6 protoni, 7 neutroni, 7 elettroni
- E 8 protoni, 6 neutroni, 6 elettroni

22 **La formula del nitrito di ammonio è:**

A NH_4NO_3 B $NaNO_3$ C NH_4NO_2 D $NaNO_2$ E $NH_4(NO_3)_2$

23 **Il numero di atomi di idrogeno contenuti in una mole di H_2O è:**

A $18{,}069 \cdot 10^{23}$ B $6{,}023 \cdot 10^{-23}$ C $6{,}023 \cdot 10^{23}$ D 2 E $12{,}046 \cdot 10^{23}$

TERZA PROVA

24 **Nei perossidi, l'ossigeno ha numero di ossidazione:**

A −1 B − 2 C 0 D + 2 E +1

25 **Il sale $MgCl_2$ è un elettrolita forte perciò in acqua si dissocia completamente. Se aggiungiamo 2 moli di $MgCl_2$ a un litro d'acqua che cosa otteniamo?**

A 1 mole di Mg^+, 2 moli di Cl^-
B 2 moli di Mg^{2+}, 2 moli di Cl^-
C 2 moli di Mg^{2+}, 4 moli di Cl^-
D 2 moli di Mg, 2 moli di Cl_2
E 2 moli di Mg^{2-}, 4 moli di Cl^+

26 **Individuare l'affermazione errata:**

A un sistema tampone può essere formato da un acido debole e il sale contenente la base coniugata dell'acido debole
B una soluzione 0,5 M di HCl viene completamente neutralizzata da uno stesso volume di una soluzione 0,5 M di NaOH
C in una soluzione a pH = 3 la concentrazione degli ioni $H_3O^+ = 10^{-3}$ M
D una soluzione con una concentrazione degli ioni $H_3O^+ = 10^{-8}$ M è acida
E una soluzione contenente $H_3O^+ = 10^{-6}$ M è meno acida di una soluzione contenente $H_3O^+ = 10^{-4}$ M

27 **Quale delle seguenti reazioni è correttamente bilanciata stechiometricamente?**

A $Al(OH)_3 + 3\ H_2SO_4 \rightarrow Al(SO_4)_3 + 6\ H_2O$
B $2\ Al(OH)_3 + 3\ H_2SO_4 \rightarrow Al_2(SO_4)_3 + 6\ H_2O$
C $2\ Al(OH)_3 + H_2SO_4 \rightarrow Al_2(SO_4) + 6\ H_2O$
D $2\ Al(OH)_3 + 2\ H_2SO_4 \rightarrow Al_2(SO_4)_2 + 6\ H_2O$
E $2\ Al(OH)_3 + H_2SO_4 \rightarrow 2\ Al(SO_4)_3 + 6\ H_2O$

28 **Sapendo che il peso atomico del ferro è 55, dello zolfo è 32 e dell'ossigeno è 16 ne segue che facendo reagire 55 g di ferro con la quantità stechiometrica di acido solforico si ottengono:**

A 0,1 moli di solfato ferroso
B 0,5 moli di solfato ferroso
C 1,0 moli di solfato ferroso
D 2,0 moli di solfato ferroso
E 0,33 moli di solfato ferroso

29 **Quanti grammi di un soluto al 9% p/v sono sciolti in 500 ml di soluzione?**

A 45 g B 9 g C 0,9 g D 450 g E 4,5 g

30 **L'ibridazione *sp*^{3} è presente nel:**

A H_2 B butano C butene D benzene E cicloalchene

31 **Tre amici ricevono complessivamente € 36 da suddividere tra di loro nelle seguenti proporzioni 2:3:7. Qual è la differenza tra l'ammontare più grande e quello più piccolo ricevuto dai tre amici?**

A € 3 B € 6 C € 9 D € 12 E € 15

TERZA PROVA

TERZA PROVA

32 **Un rettangolo mantiene la stessa area se si aumenta la base di 8 cm e si diminuisce di 5 cm l'altezza. Se invece si diminuisce la base di 5 cm e si aumenta l'altezza di 8 cm, la sua area aumenta di 130 cm^2. I lati sono:**

- A $x = 40; y = 30$
- B $x = 170; y = 40$
- C $x = 24; y = 20$
- D $x = 20; y = 30$
- E non esiste soluzione

33 **Se una grandezza *x* è direttamente proporzionale al quadrato di una grandezza *y*, e *y* è inversamente proporzionale a una grandezza *z*, allora:**

- A la relazione tra *x* e *y* è diversa da quelle indicate nelle altre risposte
- B *x* è inversamente proporzionale a *z*
- C *x* è direttamente proporzionale al quadrato di *z*
- D *x* è direttamente proporzionale a *z*
- E *x* è inversamente proporzionale al quadrato di *z*

34 **Nello spazio, due rette che non si incontrano:**

- A giacciono sicuramente in piani diversi
- B sono sicuramente parallele
- C non sono sicuramente parallele
- D possono essere parallele
- E giacciono sicuramente nello stesso piano

35 **Buttando sui carboni accesi di un forno per pizze una manciata di sale, si produce una fiammata gialla, caratteristica del sodio. La luce viene osservata dall'esterno, dove evidentemente la temperatura è più bassa e quindi la densità dell'aria è più alta. Poiché l'indice di rifrazione dell'aria cresce al crescere della densità, quale fra le seguenti grandezze, relative alla luce osservata, è certamente maggiore all'esterno del forno rispetto all'interno?**

- A Il periodo
- B La velocità di propagazione delle onde
- C La lunghezza d'onda
- D Il numero di onde per unità di lunghezza
- E La frequenza

36 **Sia S una superficie equipotenziale di un campo elettrico qualsiasi. In un punto P di S il vettore campo elettrico E:**

- A è nullo
- B è tangente a S
- C è perpendicolare a S
- D forma con la normale a S un angolo acuto
- E ha una direzione che dipende dalla distribuzione di cariche che genera il campo

37 **In una trasformazione ciclica reversibile, una macchina termica assorbe 450 kcal da un serbatoio di calore e cede 150 kcal a un altro serbatoio di calore a temperatura più bassa. Il rendimento del ciclo è:**

A 2/3 B 3/4 C 3/5 D 1/3 E 1/4

38 **Quando l'acqua si trasforma in ghiaccio a pressione atmosferica:**

- **A** viene assorbito calore dall'ambiente
- **B** sviluppa calore cedendolo all'ambiente
- **C** diminuisce la temperatura del miscuglio acqua-ghiaccio
- **D** aumenta la temperatura del miscuglio acqua-ghiaccio
- **E** si ha una contrazione di volume

Ragionamento logico e cultura generale

39 **Se più persone lavorassero soltanto 4 giorni alla settimana ci sarebbero meno pendolari e quindi meno ingorghi legati al traffico e meno inquinamento. Inoltre, meno persone sarebbero disoccupate perché ci sarebbe più lavoro a disposizione. È stato dimostrato, infatti, che i lavoratori part-time si assentano dal lavoro meno di quelli a tempo pieno, così una persona che lavora 4 giorni alla settimana sarebbe più produttiva. Meno lavoro implica meno pressione, che significa meno stress e le persone sarebbero più felici.**

Quale delle seguenti affermazioni esprime il messaggio principale del brano precedente?

- **A** Ci sarebbero molti vantaggi se si lavorasse 4 giorni a settimana
- **B** I lavoratori che scelgono di lavorare 4 giorni a settimana riceverebbero un taglio dello stipendio del 20%
- **C** Il governo dovrebbe sostenere una settimana lavorativa di 4 giorni
- **D** L'economia sarebbe più competitiva se i lavoratori fossero più produttivi
- **E** Ci sarebbe meno pressione sul servizio sanitario se la maggior parte dei lavoratori lavorasse 4 giorni a settimana

40 **Un'indagine statistica ha rilevato che nel Paese Gamma circa 5 milioni di individui sono proprietari della casa in cui abitano e si stima che solo il 15% dei proprietari abbia stipulato una polizza assicurativa per danni alla propria abitazione. Se il costo delle polizze sugli immobili fosse più contenuto, un numero maggiore di persone le richiederebbe e di conseguenza il numero di proprietari di immobili aumenterebbe considerevolmente.**

Quale delle seguenti risposte costituisce il passaggio logico errato nel brano precedente?

- **A** Si assume che il numero di polizze assicurative sugli immobili aumenterebbe se il loro costo venisse ridotto
- **B** Non si considera il fatto che milioni di proprietari di casa non hanno mai subito danni alla loro abitazione
- **C** Non viene presa in considerazione la possibilità che alcuni danni non siano coperti dalla polizza assicurativa
- **D** Si presuppone che il mancato acquisto di un immobile sia determinato dal costo eccessivo della polizza assicurativa sulla casa
- **E** Non si considera il fatto che vi sono diversi tipi di assicurazione per diversi tipi di immobile

41 **Se si è costanti nell'esercitarsi con uno strumento musicale, le competenze musicali miglioreranno. Non mi sono esercitato molto al pianoforte, quindi le mie competenze musicali non sono migliorate. Dovrò sostenere un esame fra due mesi. Quindi devo esercitarmi ogni giorno per suonare nel modo migliore.**

Quale delle seguenti affermazioni segue la stessa struttura logica del suddetto ragionamento?

- A Se ci si allena nella corsa si diventa più veloci. Mi sono allenato per essere più veloce, e ho cominciato a vincere le gare. Si terrà una gara la settimana prossima. Se voglio vincerla devo continuare ad allenarmi
- B Chi pratica un lavoro artigianale migliora le proprie capacità lavorative. Tutti i "mastri" artigiani hanno dedicato lunghe ore al lavoro artigianale. È impossibile diventare un esperto senza fare pratica
- C Se ci si allena nello sport, si possono migliorare le proprie prestazioni. Non mi sono allenato al tappeto elastico, quindi non ho migliorato le mie prestazioni. Si terrà una gara il mese prossimo, quindi devo allenarmi se voglio ottenere un buon risultato
- D La pratica rende perfetti. Mario si è esercitato molto con il violino quindi presto riuscirà a suonare in maniera perfetta. Si terrà presto una competizione musicale e lui è totalmente convinto di vincerla
- E Se si è costanti nell'esercitarsi con il violoncello, le competenze musicali miglioreranno. Daniela non si è esercitata molto, ma le sue competenze sono migliorate quindi deve essersi esercitata a sufficienza. Potrebbe perfino riuscire a passare l'esame il mese prossimo

42 **Un'associazione di animalisti afferma che la recente morte prematura di un orso polare in uno zoo fornisce la prova evidente che gli orsi polari non sono adatti a vivere in cattività. Fino agli anni '80 le condizioni degli orsi polari negli zoo erano inadeguate e provocavano a questi animali sofferenze estreme, ma oggi la situazione è cambiata. Molti zoo hanno gradualmente ridotto il numero di orsi polari ospitati oppure hanno creato per loro condizioni di vita migliori. Le esigenze degli orsi polari devono essere conciliate anche con la necessità di proteggere la specie dall'estinzione. Attualmente, oltre alla cattività negli zoo, esistono pochi altri modi di preservare la specie.**

Quale delle seguenti affermazioni è totalmente sostenuta dal brano precedente?

- A Tutti gli zoo sono ora in grado di creare un ambiente che riproduce l'habitat naturale degli orsi polari
- B Alcuni zoo possono e devono ospitare orsi polari
- C Gli orsi polari sono ospitati negli zoo perché la loro presenza attira i visitatori
- D Solo negli zoo è possibile proteggere gli orsi polari dal rischio di estinzione
- E Il ruolo svolto dagli zoo nella preservazione della specie non viene preso in considerazione dagli animalisti

43 **Per raggiungere casa sua in macchina dall'ufficio, Diana si dirige a ovest per 3 km su Corso Italia, poi per 2 km in direzione nord su Via Vecchia, infine per 1 km in direzione est su Via Marulli, dove si trova la sua abitazione. Dal suo appartamento all'ottavo piano Diana riesce a vedere il suo ufficio. In che direzione si trova l'ufficio di Diana rispetto al suo appartamento?**

- A Sud
- B Nord
- C Nord-ovest
- D Sud-ovest
- E Sud-est

44 **«Il futuro della società dell'informazione sembra sostanzialmente dividere in due il fronte degli studiosi: da un lato gli ottimisti, dall'altro i catastrofisti, ambedue con una propria concezione di fondo circa il futuro dell'occupazione e del lavoro. Gli ottimisti leggono i fenomeni in atto nell'economia e nel mercato come i prodromi dell'avvento di una nuova società dell'oro, capace di avverare il sogno umano della fine della fatica fisica, dell'ampliamento e soddisfacimento dei bisogni ed ambiti di vita personali, consentendo la conquista del pianeta tempo, scelto e autodeterminato, e l'avvento della società dell'ozio grazie allo sviluppo della società "digitale". I catastrofisti prospettano invece un futuro desolato, di disoccupazione di massa e di impoverimento globale, in cui si allarga la divisione tra ricchi e poveri, tra classe dominante e classe esclusa».**

Dal testo sopra riportato è possibile dedurre che:

A lo sviluppo delle telecomunicazioni digitali garantisce alle imprese che operano in questo settore grosse potenzialità di crescita

B alcuni studiosi ritengono che in futuro i ricchi saranno in numero superiore rispetto ai poveri

C gli studiosi sono concordi nel ritenere che, grazie alla tecnologia dell'informazione, le differenze tra ricchi e poveri tenderanno a ridursi

D secondo alcuni studiosi, in futuro l'uomo avrà più tempo da dedicare alla propria vita extralavorativa

E secondo i catastrofisti, la tecnologia dell'informazione non porterà alcuna ricchezza

---

45 **«Nelle pagine della *Teogonia*, un poema di 1022 esametri, è riconoscibile il primo tentativo di identificare e spiegare la forza originaria che ha prodotto l'intero universo, interpretando poeticamente, ma non irrazionalmente, l'origine del mondo e degli dèi. Il motivo ispiratore è dunque filosofico (la ricerca di un principio e il riconoscimento dell'unità), per quanto la soluzione dei problemi sia invece di carattere mitico. Nella società umana descritta da Esiodo agli dèi spetta il compito di proteggere i deboli e di indicare agli uomini i valori che consentono di sopportare il peso della triste vita: la religione, l'onestà e il lavoro».**

Uno dei giudizi seguenti CONTRADDICE le affermazioni soprariportate. Quale?

A Anche prima della *Teogonia* vi erano poemi che si proponevano di spiegare la forza che ha dato origine all'universo

B Una spiegazione poetica della nascita dell'universo non deve necessariamente basarsi su elementi irrazionali

C Alcuni valori, secondo la concezione di Esiodo, permettono all'uomo di sopportare la tristezza della propria vita

D Un'opera scritta per cercare di individuare la ricerca di un principio e il riconoscimento di un'unità si ispira a motivi filosofici

E Secondo Esiodo, gli dèi devono proteggere gli uomini deboli

---

46 **I tre supermercati situati nella stessa zona attualmente propongono tutti offerte sui cereali preferiti da Mario per la colazione. Tali offerte sono così strutturate:**

1 Acquista una confezione a prezzo pieno e prendi la seconda a metà prezzo.

2 Prezzo di una confezione ridotto di 1/3.

3 Acquista una confezione contenente il 25% di prodotto in più al prezzo della confezione normale.

Quali offerte sono equivalenti in termini di prezzo pagato per la medesima quantità di cereali?

A 1 e 2 B 1, 2 e 3 C 2 e 3 D 1 e 3 E Nessuna

TERZA PROVA

47 **«Recenti studi sugli ospedali degli Stati Uniti hanno dimostrato che i costi dei ricoveri ospedalieri sono aumentati più rapidamente di qualsiasi altro bene e servizio. Nell'indice dei prezzi degli ultimi anni le cure mediche sono state il fattore in più rapida crescita, e nell'ambito di questa voce di spesa la proporzione più grande è imputabile ai ricoveri in ospedale. (Nell'indice del costo della vita figurano in grande aumento anche le parcelle dei medici. Tuttavia, negli ultimi dieci anni, il costo delle prestazioni mediche è salito del 30 per cento mentre i costi ospedalieri sono raddoppiati)».**

Dal testo sopra riportato è possibile DEDURRE che:

- **A** negli Stati Uniti viene ricoverato in ospedale solo chi ha stipulato un'assicurazione sanitaria privata
- **B** l'aumento dei prezzi delle cure mediche negli ultimi anni è imputabile per la maggior parte a un aumento delle parcelle dei medici
- **C** negli ultimi dieci anni i costi ospedalieri sono aumentati in misura superiore al 50%
- **D** il ricovero in ospedale è più costoso negli Stati Uniti che in Italia
- **E** nel costo della vita, le parcelle dei medici sono la voce di spesa che incide di più

48 **Recenti studi hanno riportato che nel 2006 il numero di donne sottoposte all'esame per la diagnosi del tumore al seno risultate positive è aumentato del 13% rispetto al 2005. Nello stesso lasso di tempo, il numero di esami effettuati è aumentato del 10%. Se le donne sottoposte a tale esame fossero rappresentative dell'intera popolazione, quale tra le seguenti affermazioni sarebbe vera?**

- **A** La percentuale di donne risultate positive all'esame per la diagnosi del tumore al seno nel 2006 è aumentata poco meno del 3% rispetto al 2005
- **B** Se una percentuale maggiore di popolazione venisse sottoposta a tale esame, il tasso di positività aumenterebbe sicuramente
- **C** L'aumento dell'incidenza del tumore al seno non può essere calcolato se non si conosce il numero effettivo di esami eseguiti
- **D** Il 13% delle donne sottoposte all'esame per la diagnosi del tumore al seno nel 2006 è risultato positivo
- **E** La percentuale dell'intera popolazione femminile risultata positiva all'esame per la diagnosi del tumore al seno nel 2006 è aumentata del 13% rispetto al 2005

49 **Un editore pubblica delle riviste che hanno tutte un numero di pagine che è un multiplo di 32. Pertanto, una rivista può avere 32 pagine, 64, 96 e così via. La copertina viene sempre contata come la pagina numero 1. Le pagine centrali della rivista possono essere numerate:**

- **A** 30 e 31
- **B** 50 e 51
- **C** 63 e 64
- **D** 96 e 97
- **E** 15 e 16

50 **Marianna dice a Simona: "Se mi dai 5 euro, avrò il doppio dei tuoi soldi". Simona risponde: "Se mi dai tu 5 euro, avremo gli stessi soldi". Quanti euro hanno rispettivamente Marianna e Simona?**

- **A** 40 e 35
- **B** 15 e 10
- **C** 35 e 25
- **D** 25 e 20
- **E** 20 e 30

51 **È noto che quando a Lisbona sono le 12.00 a Islamabad sono le 18.00 e a Canberra sono le 23.00. Se Mosca è due ore indietro rispetto a Islamabad, che ore saranno nella città Russa quando a Londra, che è un'ora avanti rispetto a Lisbona sono le 11.00?**

- A 12.20
- B 13.00
- C 16.00
- D 15.00
- E 14.00

52 **Due traghetti appartenenti a compagnie di navigazione rivali partono dalle due sponde opposte di un fiume e iniziano il servizio di collegamento alle ore 9:00 ogni mattina. Il traghetto *Velox* impiega 15 minuti ad attraversare il fiume, mentre il traghetto *Speedy* ne impiega 10. Ognuno dei due traghetti effettua una fermata di 5 minuti su ciascuna sponda. Nell'arco di 4 ore, quanti viaggi DI RITORNO effettua ciascun traghetto?**

- A *Velox*: 12 *Speedy*: 16
- B *Velox*: 6 *Speedy*: 6
- C *Velox*: 16 *Speedy*: 24
- D *Velox*: 8 *Speedy*: 12
- E *Velox*: 6 *Speedy*: 8

53 **Giovanna è più vecchia di Carla, Carla è più vecchia di Silvia, Silvia è più giovane di Giovanna e di Roberta, Roberta è più vecchia di Carla e più giovane di Giovanna. Qual è l'ordine dalla più giovane alla più vecchia?**

- A Carla, Silvia, Roberta, Giovanna
- B Silvia, Roberta, Giovanna, Carla
- C Roberta, Carla, Silvia, Giovanna
- D Carla, Giovanna, Roberta, Silvia
- E Silvia, Carla, Roberta, Giovanna

54 **Individuare la coppia di termini che completa correttamente la proporzione seguente.**
Dentro : fuori = X : Y

- A X = lampione, Y = lampada
- B X = pavido, Y = pallido
- C X = sopra, Y = sotto
- D X = giardino, Y = casa
- E X = vicino, Y = limitrofo

55 **Indicare il verbo che completa in maniera corretta la seguente frase: "A partire da questa raccolta il romanziere manifesta un deciso impegno politico, il che .... l'adozione di un linguaggio più realistico"**

- A commette
- B comporta
- C compila
- D compete
- E compiace

TERZA PROVA

56 **Indicare il contrario di *disadorno*.**

A Decorato
B Deciso
C Dinamico
D Dedito
E Spartano

57 **Quale tra le coppie di termini proposti completa logicamente la seguente proporzione verbale:**

x* : provvisorio = stabile : *y

A x = futile; y = improrogabile
B x = frettoloso; y = prorogato
C x = accidentale; y = posticipato
D x = fugace; y = prolungato
E x = inessenziale; y = procrastinabile

58 **Individuare la parola o i gruppi di parole che completano correttamente la frase seguente.**
Con il termine ____________ si intende la scienza che studia le modalità di insorgenza e di diffusione delle malattie, in rapporto alle condizioni dell'organismo, dell'ambiente e della popolazione.

A epidemiologia
B profilassi
C prevenzione
D epidemia
E microbiologia

59 **Palazzo Te, residenza dei Gonzaga, si trova nella città di:**

A Cremona
B Mantova
C Parma
D Bologna
E Piacenza

60 **Gandhi è ancor oggi ricordato per la sua lotta per l'indipendenza dell'India, caratterizzata dalla "non violenza", paradossale, perchè morì nel 1948 a causa:**

A di un incidente aereo mentre stava andando alle Nazioni Unite
B dell'attentato di un fanatico indù
C di un avvelenamento
D dell'attentato di un fondamentalista islamico
E d'infarto al cospetto della regina d'Inghilterra

Soluzioni della terza prova

Alpha Test

Risposte esatte della terza prova

Verificare le risposte relative alle domande della terza prova

	A B C D E		A B C D E		A B C D E
1	D	21	B	41	C
2	E	22	C	42	B
3	A	23	E	43	E
4	A	24	A	44	D
5	C	25	C	45	A
6	E	26	D	46	E
7	E	27	B	47	C
8	D	28	C	48	A
9	B	29	A	49	D
10	C	30	B	50	C
11	A	31	E	51	E
12	C	32	A	52	E
13	B	33	E	53	E
14	E	34	D	54	C
15	A	35	D	55	B
16	D	36	C	56	A
17	E	37	A	57	D
18	B	38	B	58	A
19	C	39	A	59	B
20	C	40	D	60	B

Prove di verifica

QUARTA PROVA

Alpha Test

Scheda per le risposte della quarta prova

Contrassegnare le risposte relative alle domande della quarta prova

	A	B	C	D	E		A	B	C	D	E		A	B	C	D	E
1						21						41					
2						22						42					
3						23						43					
4						24						44					
5						25						45					
6						26						46					
7						27						47					
8						28						48					
9						29						49					
10						30						50					
11						31						51					
12						32						52					
13						33						53					
14						34						54					
15						35						55					
16						36						56					
17						37						57					
18						38						58					
19						39						59					
20						40						60					

QUARTA PROVA

Tempo a disposizione: 100 minuti

Conoscenze scientifiche

1 **Individuare l'unica affermazione del tutto corretta:**

- A tutte le cellule traggono origine da altre cellule
- B tutte le cellule contengono i mitocondri
- C tutte le cellule presentano la parete cellulare
- D tutte le cellule utilizzano ossigeno per le proprie attività metaboliche
- E tutte le cellule presentano compartimenti interni

2 **Il prodotto finale del catabolismo degli amminoacidi nei mammiferi è:**

- A l'acido ippurico
- B l'acido urico
- C l'ammoniaca
- D acqua, anidride carbonica, azoto
- E l'urea

3 **Nei gatti domestici i geni per il colore nero (X^N) e giallo (X^G) sono situati ciascuno su un cromosoma X. I gatti di sesso femminile possono avere il pelo di colore nero o giallo, o a macchie nere e gialle, detto "a corazza di tartaruga". I gatti di sesso maschile hanno normalmente il pelo di colore nero o di colore giallo, ma occasionalmente – se pur raramente – nascono gatti maschi con pelo "a corazza di tartaruga".**
In tale caso il loro genotipo sarà:

- A X^GY^N
- B X^NX^G
- C X^NX^GY
- D $X^NX^GY^G$
- E X^NY^G

4 **I cromosomi sessuali presenti in uno spermatozoo umano sono:**

- A 2
- B 23
- C 46
- D 1
- E 22

5 **Le allergie costituiscono una reazione spropositata del sistema immunitario nei confronti di un agente estraneo scarsamente pericoloso, con produzione di un'eccessiva quantità di anticorpi specifici della classe IgE. Responsabili di questa eccessiva risposta sono:**

A i linfociti T
B i linfociti B
C i linfociti killer
D le piastrine
E le mucose del naso e della bocca

6 **La gabbia toracica dell'uomo è formata:**

A da 12 costole, dallo sterno, dalla scapola
B da 24 costole, dallo sterno, da 12 vertebre
C dallo sterno, 24 vertebre, 12 costole di cui due fluttuanti
D dalla clavicola e dalla colonna vertebrale
E da 12 costole, di cui 2 fluttuanti, 3 false, 7 vere

7 **I parameci sono organismi che vivono in acqua dolce, dotati di un vacuolo pulsante specializzato nell'espellere l'acqua in eccesso. Ponendoli per esempio in acqua distillata si nota la contrazione ritmica del vacuolo pulsante che espelle l'acqua. Ponendoli in acqua salata la contrazione del vacuolo cessa: il fatto può essere spiegato perché:**

A il sale inibisce il meccanismo di espulsione dell'acqua del vacuolo
B nell'acqua salata i parameci bloccano tutte le proprie attività metaboliche
C nell'acqua salata i parameci muoiono
D nell'acqua salata l'acqua entra liberamente nella cellula del paramecio
E in acqua salata non è necessario espellere attivamente l'acqua perché essa tende a uscire spontaneamente

8 **Due organismi appartengono alla stessa specie se:**

A sono in grado di accoppiarsi tra loro dando una prole fertile
B vivono negli stessi territori e possono incrociarsi tra loro
C presentano identiche caratteristiche di comportamento nei periodi riproduttivi
D sono difficilmente distinguibili per l'aspetto
E nel loro patrimonio genetico non vi è alcun gene in comune

9 **Il grafico rappresenta il processo della digestione chimica di zuccheri, proteine e grassi lungo il tubo digerente, qui suddiviso in cinque settori uguali.**

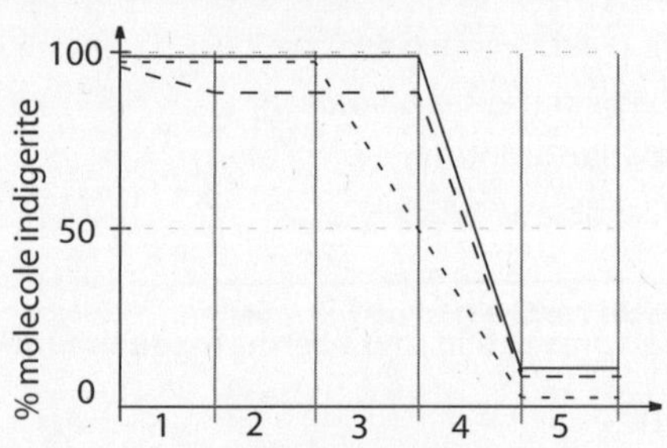

Le proteine vengono digerite nei settori:

A 3 e 4
B 4 e 5
C 2 e 4
D 1 e 2
E 2 e 3

10 **Nella tecnologia del DNA ricombinante, il termine vettore si riferisce:**

- A all'enzima che taglia il DNA in frammenti di restrizione
- B all'estremità coesiva di un frammento di DNA
- C a una molecola di DNA usata per veicolare altro DNA in opportune cellule ospiti
- D alla cellula ospite in cui è stato inserito il DNA estraneo
- E a un insieme di cellule, in genere batteriche, ricombinanti

11 **È stato possibile iniziare a costruire una mappa cromosomica:**

- A esaminando il numero di cromosomi di un cariotipo
- B associando la frequenza del crossing-over alla distanza relativa dei geni sui cromosomi
- C esaminando i gameti di più generazioni
- D verificando l'andamento della meiosi nei gameti maschili
- E esaminando il tipo di cromosomi presenti nel maschio e nella femmina

12 **Le cellule rappresentate in figura sono definite:**

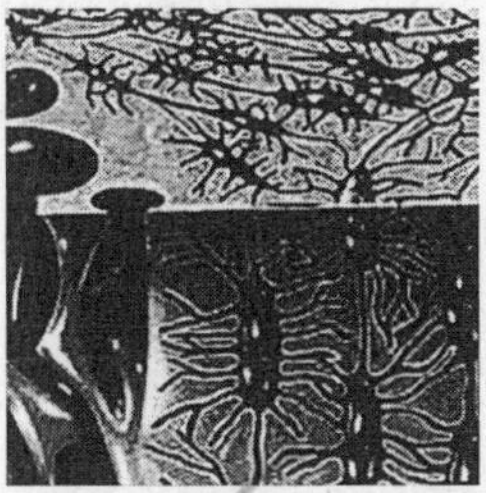

A condrociti B neuroni C epatociti D leucociti E osteociti

13 **Gli enzimi di restrizione:**

- A introducono geni estranei nel DNA
- B tagliano il DNA a livello di sequenze nucleotidiche specifiche
- C copiano una porzione ristretta di DNA
- D separano la doppia elica di DNA in due eliche semplici
- E permettono la sintesi dell'RNA

14 **L'immunità attiva artificiale per una determinata malattia si ottiene:**

- A isolando l'individuo dal contatto con i portatori della malattia
- B sottoponendo l'individuo a vaccinazione
- C sottoponendo l'individuo a sieroprofilassi
- D esponendo l'individuo all'infezione
- E somministrando antibiotici all'individuo

15 **Il diametro dei globuli rossi è dell'ordine di:**

- A pochi nanometri
- B pochi micrometri
- C un millimetro
- D pochi millimetri
- E 1 centimetro

16 **L'elettroforesi su gel è una tecnica comunemente utilizzata per l'analisi del DNA. Quale delle seguenti affermazioni relative a questa tecnica è corretta?**

- **A** Permette di separare frammenti di DNA in base alle loro dimensioni
- **B** Permette di identificare le sequenze dei frammenti di DNA analizzati
- **C** Richiede l'utilizzo di nucleotidi marcati con fluorocromi
- **D** Permette di amplificare frammenti di DNA
- **E** Fa migrare i frammenti di dimensioni maggiori più velocemente

17 **Molti geni umani hanno sequenze molto simili a quelle dei geni corrispondenti nello scimpanzé. La spiegazione più verosimile è che:**

- **A** uomo e scimpanzé appartengono allo stesso genere
- **B** lo scimpanzé deriva dall'uomo
- **C** l'uomo deriva dallo scimpanzé
- **D** uomo e scimpanzé sono il risultato di una convergenza evolutiva
- **E** uomo e scimpanzé condividono un progenitore evolutivamente recente

18 **Una mutazione che converte un proto-oncogene in oncogene è causa diretta di:**

- **A** diabete
- **B** fibrosi cistica
- **C** cancro
- **D** influenza
- **E** resistenza agli antibiotici

19 **«Quando si aggiunge gradualmente una base a una soluzione di un acido, il pH della soluzione aumenta gradualmente; se si riportano su di un grafico i valori del pH (ordinate) in funzione della quantità di base aggiunta (ascisse), la pendenza della curva così ottenuta risulta massima in corrispondenza del punto di equivalenza, dove l'acido è completamente neutralizzato. Questa parte del grafico in cui la pendenza è maggiore è chiamata punto di fine neutralizzazione, e l'intera operazione di aggiunta della base e di determinazione del punto di fine neutralizzazione è detta titolazione».**

Quale delle seguenti affermazioni PUÒ essere dedotta dalla lettura del brano precedente?

- **A** In corrispondenza del punto di fine neutralizzazione la curva descritta nel brano è quasi orizzontale
- **B** Al punto di fine neutralizzazione il pH raggiunge il valore massimo
- **C** La curva descritta nel brano è crescente
- **D** La curva descritta nel brano è un'iperbole
- **E** La curva descritta nel brano cresce solo in corrispondenza del punto di fine neutralizzazione

20 **Qual è il numero di ossidazione del cromo nel composto $Al_2(CrO_4)_3$?**

A +2 **B** +4 **C** −4 **D** +6 **E** −6

21 **Quali dei seguenti composti non può formare legami a idrogeno?**

A H_2O **B** KCl **C** NH_3 **D** CH_3OH **E** CH_3COOH

22 **Quale tra le seguenti formule di composti organici rappresenta un generico estere?**

A RCOR′ **B** RCOOR′ **C** RCOOH **D** ROR′ **E** ROH

23 **Gli orbitali sp^2 formano angoli di ampiezza:**

(A) 109,5° (B) 45° (C) 90° (D) 180° (E) 120°

24 **Secondo la definizione di Brønsted-Lowry, quale dei seguenti ioni può comportarsi solo come acido?**

(A) HPO_3^{2-} (B) HPO_4^{2-} (C) NH_4^+ (D) PO_3^{3-} (E) HSO_4^-

25 **Quanti elettroni, protoni e neutroni ha, nell'ordine, lo ione H^-?**

(A) 1 – 1 – 0 (B) 2 – 1 – 0 (C) 0 – 1 – 1 (D) 2 – 1 – 1 (E) 1 – 1 – 2

26 **Una soluzione 1 M di HCl contiene:**

(A) 1 mole di acido per 1 litro di soluzione
(B) 1 mole di acido per 1 ml di soluzione
(C) 1 mole di acido per 1 kg di solvente puro
(D) 1 molecola di soluto per 1000 g di solvente
(E) 1 mole di acido per 10.000 g di solvente

27 **Una semireazione di riduzione è sempre caratterizzata da:**

(A) perdita di elettroni
(B) diminuzione degli atomi di ossigeno
(C) acquisto di atomi di idrogeno
(D) perdita di protoni
(E) diminuzione del numero di ossidazione dell'elemento che si riduce

28 **Il legame che caratterizza la struttura secondaria di una proteina è quello:**

(A) disolfuro
(B) covalente omopolare
(C) a ponte di idrogeno
(D) ionico
(E) peptidico

29 **Mediante una reazione di idrogenazione, da un chetone si ottiene:**

(A) una aldeide
(B) un alcol primario
(C) un alcol terziario
(D) un alchene
(E) un alcol secondario

30 **Date le seguente soluzioni: glucosio 0,1 M, acido acetico 0,1 M, acido acetico 0,2 M e NaCl 0,1 M; quale ha la pressione osmotica maggiore a parità di temperatura?**

(A) Nessuna delle soluzioni elencate è osmoticamente attiva
(B) Glucosio 0,1 M
(C) Acido acetico 0,1 M
(D) Acido acetico 0,2 M
(E) NaCl 0,1 M

31 **Il ln $(a^b)^c$ è uguale a:**

(A) $c \ln a + c \ln b$ (B) $ac \ln b$ (C) $bc \ln a$ (D) $ab \ln c$ (E) $c \ln a - c \ln b$

QUARTA PROVA

32 **Indicare tutti e soli i valori del parametro reale *a* per i quali il seguente sistema ammette soluzioni reali nelle incognite *x* e *y*.**

$$\begin{cases} 2^x + 3^y = a \\ 2^x - 3^y = 1 \end{cases}$$

A $a > -1$
B $a \geq -1$
C $a \geq 1$
D $a > 1$
E ogni valore di a

33 **Consideriamo la funzione $f(x) = \sin(x) + \cos(2x)$, definita per ogni *x* reale. Determinare quale delle seguenti affermazioni relative alla funzione $f(x)$ è FALSA.**

A Non si annulla mai
B Non assume valori maggiori di $\sqrt{5}$
C Non assume valori minori di -3
D È periodica
E $f(\pi) = 1$

34 **Dato un rettangolo di base doppia dell'altezza *h*, il raggio del cerchio equivalente misura:**

A $h\frac{2}{\sqrt{\pi}}$
B $h\frac{\sqrt{2}}{\pi}$
C $h\sqrt{\frac{2}{\pi}}$
D $\frac{2}{\pi}\sqrt{h}$
E $h\sqrt{\frac{3}{\pi}}$

35 **La temperatura di ebollizione di un liquido a una data pressione dipende:**

A dalla superficie libera del liquido
B dalla massa del liquido
C sia dal tipo di liquido sia dalla quantità di calore assorbito
D esclusivamente dal tipo di liquido che si considera
E dalla quantità di calore assorbito

36 **In un moto circolare uniforme il periodo *T* è il tempo impiegato per percorrere l'intera circonferenza. Il numero di giri compiuti nell'unità di tempo è:**

A $\frac{1}{2\pi T}$
B $\frac{1}{T}$
C $\frac{2\pi}{T}$
D $\frac{T}{2\pi}$
E $2\pi T$

37 **Il *Titanic* aveva una massa di 6×10^7 chilogrammi. Quale forza applicata era necessaria per imprimere un'accelerazione di 0,1 metri al secondo per secondo (senza tener conto degli attriti a cui poteva essere sottoposto)?**

A $6 \times 10^7/0{,}1 = 6 \times 10^8$ newton
B $6 \times 10^7 \times 9{,}8 = 5{,}9 \times 10^8$ newton
C $6 \times 10^7 \times 9{,}8 \times 0{,}1 = 5{,}9 \times 10^7$ newton
D Una forza pari al suo peso
E $6 \times 10^7 \times 0{,}1 = 6 \times 10^6$ newton

38 **Un sasso lasciato cadere da 20 cm di altezza produce sulla sabbia una buca di profondità 3 mm. Se lo stesso sasso viene lasciato da un'altezza doppia produrrà una buca profonda (circa):**

A 2 mm
B 6 mm
C 12 mm
D 1 cm
E dipende dalla massa del sasso

Ragionamento logico e cultura generale

39 **L'avvento del digitale ha cambiato molti aspetti e dinamiche all'interno del mondo della fotografia. Nonostante alcuni critichino questa rivoluzione e ne mettano in evidenza i limiti, è innegabile che molte più persone si sono improvvisamente affacciate a un universo prima di allora piuttosto elitario. Si assiste così a un numero sempre maggiore di fotografi amatoriali che acquistano attrezzature costose, questo perché è ormai assodato che si possono fare belle foto solo utilizzando apparecchiature costose.**

Quale delle seguenti affermazioni, se considerata vera, rafforza quanto sostenuto dal brano precedente?

- **A** Se non si è capaci di utilizzarle, anche con apparecchiature costose le foto possono essere di bassa qualità
- **B** Con l'avvento del digitale si possono fare molte più foto di prima ma la qualità media si è abbassata
- **C** La vera differenza, nel campo della fotografia digitale, la fanno la postproduzione e il fotoritocco
- **D** I fotografi professionisti, per i quali fare belle foto è fondamentale, utilizzano apparecchiature costose
- **E** Il digitale non ha rivoluzionato solo la fotografia, ma anche la fruizione della musica

40 **Bere acqua vuol dire aiutare il nostro organismo a vivere meglio, ma non tutti gli elementi contenuti nell'acqua sono realmente utili, anzi. Il sodio, per esempio, è uno dei principali imputati della ritenzione idrica. Per chi deve seguire una dieta povera di sodio è quindi consigliabile bere acqua in bottiglia e non acqua del rubinetto.**

Qual è l'ipotesi implicita su cui si basa il ragionamento?

- **A** Il sodio è l'unico responsabile della ritenzione idrica
- **B** Ridurre il sodio consente di ridurre la ritenzione idrica
- **C** Bere acqua non sempre fa bene
- **D** Non tutti gli elementi contenuti nell'acqua sono utili al nostro organismo
- **E** L'acqua in bottiglia contiene meno sodio di quella del rubinetto

41 **Secondo un'indagine statistica, nel 1990 il 40% della popolazione adulta fumava. Sempre secondo tale indagine, nel 1991, a seguito di una campagna anti-fumo, solo il 30% della popolazione adulta continuava a fumare. L'indagine evidenziava quindi una diminuzione del 10% nel numero dei fumatori. Tuttavia, gli organizzatori della campagna anti-fumo, nella loro pubblicità, riportavano una diminuzione nel numero dei fumatori pari al 25%. La pubblicità degli organizzatori della campagna riflette:**

- **A** la variazione nel numero di fumatori espressa come percentuale dei fumatori nel 1990
- **B** la variazione nel numero di fumatori espressa come percentuale dei fumatori nel 1991
- **C** la variazione nel numero di fumatori espressa come percentuale della popolazione nel 1990
- **D** la variazione nella dimensione della popolazione espressa come percentuale della popolazione nel 1990
- **E** la variazione nel numero di fumatori espressa come percentuale della popolazione nel 1991

42 **Secondo i dati forniti dall'Organizzazione mondiale della sanità, sono quasi due miliardi nel mondo i consumatori di bevande alcoliche. Tra questi 76 milioni presentano una patologia alcol-correlata. Ogni anno 2,5 milioni di morti sono attribuibili all'alcol, tra questi 320.000 giovani di età compresa tra 15 e 29 anni. La ricerca medica ha provato come il consumo eccessivo di alcol abbia conseguenze nocive sulla salute: esiste infatti una correlazione con più di 60 malattie (come per esempio tumori della cavità orale o tumore del fegato).**

Proibire alle persone di consumare l'alcol avrebbe quindi come conseguenza quella di debellare finalmente e in modo definitivo i tumori alla cavità orale e al fegato.

Quale delle seguenti risposte costituisce il passaggio logico errato nel brano precedente?

- A La statistica prende in considerazione solo le persone in giovane età
- B Il consumo di alcol è anche una risorsa economica per un Paese come l'Italia in cui la produzione dì vino è molto diffusa
- C Il consumo di alcol non è l'unica causa dell'insorgere dei tumori al fegato o alla cavità orale
- D I dati forniti dall'Organizzazione mondiale della sanità non sono attendibili
- E Nella storia il proibizionismo ha avuto come effetto quello di incoraggiare l'assunzione illegale di alcol

43 **Per riuscire a pescare domani un pesce spada Vincenzo deve avere una canna da pesca molto resistente e dotata di un mulinello. Inoltre deve alzarsi presto per poter essere sul luogo di pesca non oltre il sorgere del sole. Vincenzo si alza alle nove e quindi non potrà pescare un pesce spada.**

Quale delle seguenti affermazioni segue la stessa struttura logica del suddetto ragionamento?

- A I mammiferi sono animali dotati di polmoni. Alcuni mammiferi vivono in ambiente acquatico, quindi questi mammiferi devono emergere in superficie per respirare
- B Se non si è abbastanza ricchi non è possibile fare un viaggio di un mese a New York. Luca non ha uno stipendio fisso e non è ricco quindi non potrà andare a New York per tutto il mese di agosto
- C Il basilico è una pianta tipica della Liguria. Per farlo crescere bene c'è bisogno di luce e di acqua pulita e una buona qualità dell'aria. Pertanto Alessandra non potrà allevare delle piantine di basilico sul suo balcone in penombra situato nel centro di Bologna
- D Per vincere una partita di tennis Stefano deve allenarsi molto. Ha bisogno inoltre di una racchetta nuova per poter essere competitivo. Stefano non si è allenato molto in questo periodo quindi non potrà vincere la partita
- E Marco non può andare a fare la spesa al supermercato senza macchina. Paolo presterà molto volentieri la sua macchina a Marco, il quale potrà così andare a fare la spesa

44 **Gianna parte dalla propria abitazione in automobile, in direzione di Rimini, per passare un fine settimana con gli amici. Per i primi 10 minuti di tragitto, prima di prendere l'autostrada, viaggia a una velocità costante di 30 km orari. Una volta entrata in autostrada viaggia a una velocità media di 123 km orari, impiegando 330 minuti per arrivare al casello di Rimini. Uscita dal casello impiega 0,2 ore per giungere a destinazione, viaggiando a una velocità media di 40 km orari. Quanti km ha percorso in tutto Gianna?**

- A 712 km
- B 623, 8 km
- C 689,5 km
- D 347 km
- E 714 km

45 **«Il vuoto che consegue alla pratica meditativa [taoista] fondata sulla respirazione profonda, provocando calma e adattamento, produce anche le condizioni favorevoli per esperire la realtà fisica e psichica in modi diversi da quelli consueti [...]: fenomeni e eventi non entrano più in un corpo intasato da stimoli e da sforzi o in una mente stipata di figure e di concetti [...]. Come in un organismo a digiuno con maggiore intensità si avvertono i sapori, come nell'aria silenziosa i suoni trasmettono meglio la loro qualità, come su uno specchio d'acqua tranquilla le cose riflettono meglio la loro forma, così nel vuoto procurato dalla respirazione profonda ogni cosa e ogni parola, ogni fatto e ogni pensiero non scompaiono ma, anzi, esaltano la loro presenza, manifestano pienamente le loro qualità. [...] Si rende evidente la natura dialettica del vuoto taoista: lo svuotamento non è fine a sé stesso [...] ma avviene in funzione di un riempimento qualitativamente migliore che, peraltro, deve sapersi destinato a cedere il passo a un ulteriore svuotamento».**
Alla luce di quanto riportato, solo UNA delle seguenti conclusioni risulta CORRETTA. La si individui.

- **A** L'affollarsi di una molteplicità di stimoli sensibili e cognitivi non è condizione ideale per apprezzarne le rispettive qualità
- **B** La pratica meditativa taoista è volta non solo a snellire il corpo ma anche a rendere molto più torbida la mente
- **C** I taoisti sottolineano l'importanza preminente dell'inspirazione, lenta e profonda, rispetto alla più rapida espirazione
- **D** Solo trattenendo a oltranza il respiro si può realizzare, secondo il taoismo, il perfetto vuoto interiore
- **E** Più che a uno svuotamento conclusivo, la meditazione taoista mira a un definitivo riempimento della mente

46 **L'amministrazione americana sta promuovendo una campagna di sensibilizzazione sull'importanza di mangiare in modo sano ed equilibrato. In particolare l'attenzione si sta concentrando sui bambini, fra i quali l'obesità è sempre più frequente, causata da un'alimentazione scorretta e da una mancanza di educazione alimentare. La chiave del successo di tali iniziative sta nel sensibilizzare i genitori, poiché se non imparano a mangiare bene almeno loro nemmeno i figli si abitueranno mai a una dieta sana.**
Quale delle seguenti affermazioni, se considerata vera, indebolisce quanto sostenuto dal brano precedente?

- **A** Sono i genitori a fare la spesa, quindi se comprano cibi sani i bambini mangeranno quelli
- **B** I bambini spesso hanno gusti diversi da quelli degli adulti e non accettano volentieri di mangiare le stesse cose dei genitori
- **C** Genitori obesi hanno maggiore probabilità di avere figli obesi rispetto a genitori normopeso
- **D** Campagne analoghe, per esempio di sensibilizzazione sui rischi legati al fumo, in passato hanno ottenuto buoni risultati
- **E** Nelle scuole i cibi proposti agli alunni sono scelti più in base al costo che non alla qualità

47 **Una latta di vernice da 14 litri consente di verniciare, secondo quanto dichiarato dal produttore, un'area di 154 metri quadrati. Quante latte saranno necessarie per essere sicuri di riuscire a verniciare le pareti laterali e il soffitto di 5 stanze rettangolari con i lati di 4 e 2 metri e un'altezza pari a 3 metri?**

- **A** 1
- **B** 2
- **C** 3
- **D** 4
- **E** 5

14 l → 154 m²
8·2 + 12·4 = 16 + 48 = 64·5 = 320

QUARTA PROVA

48 **Quattro amici (Paolo, Marco, Carlo e Francesco) si sfidano a un torneo di tennis. Ognuno dei quattro gioca due partite con ognuno degli altri tre. Per ogni vittoria sono assegnati 2 punti e per ogni sconfitta 0 punti (non esiste il pareggio). Se alla fine del torneo si hanno le seguenti informazioni:**

	Punti ottenuti	Numero di sconfitte subite
Paolo	6	
Marco		2
Carlo		
Francesco		3

Chi ha vinto il torneo?

- A Carlo
- B Marco
- C Paolo
- D Francesco
- E È impossibile stabilirlo con i dati in possesso

49 **Per l'analisi dei dati provenienti da un satellite, l'Agenzia Spaziale utilizza un computer che per effettuare tutte le elaborazioni necessarie impiega tre giorni. Quanti computer (con la stessa velocità di elaborazione) occorrerebbe aggiungere per completare lo stesso lavoro in mezza giornata?**

- A 8
- B 5
- C 3
- D 6
- E 4

50 **Giacomo deve spedire un sottile listello di legno intarsiato lungo 90 cm. Lo spedizioniere incaricato del trasporto ha però posto il seguente vincolo: "I pacchi che trasportiamo devono avere forma di parallelepipedo rettangolo e ciascuna delle tre dimensioni non deve superare la lunghezza di 60 cm".**

Quale dei seguenti involucri può utilizzare Giacomo per effettuare la spedizione?

- A Una scatola cubica con spigolo pari a 60 cm
- B Un contenitore cilindrico lungo 1 metro
- C Una scatola di dimensioni 30 cm x 60 cm x 90 cm
- D Un contenitore di forma piramidale con altezza pari a 92 cm
- E Una scatola di dimensioni 30 cm x 25 cm x 50 cm

51 **Per quanto riguarda l'allevamento dei suini in Italia, l'ISTAT ha censito nel 1990 circa 8 milioni 400 mila capi e poco meno di 360 mila aziende, e nel 2000 circa 8 milioni 600 mila capi e poco più di 195 mila aziende. Quale delle seguenti affermazioni è possibile dedurre da questa frase?**

- A Tra il 1990 e il 2000 i suini allevati sono diminuiti
- B Il consumo di carne in Italia tra il 1990 e il 2000 è diminuito
- C L'allevamento dei suini ha registrato una contrazione tra il 1990 e il 2000
- D In media, i suini per azienda attiva sono quasi raddoppiati in 10 anni
- E Il numero delle aziende è più che dimezzato tra il 1990 e il 2000

52 **Alberto, Carlo, Roberto, Paolo e Sergio sono nati in cinque città diverse: Amsterdam, Cagliari, Roma, Pavia, Siracusa. Alberto e Sergio mentono sempre mentre Paolo non mente mai. Alberto afferma di essere nato ad Amsterdam e che Sergio è nato a Siracusa. Paolo afferma di essere nato a Pavia e riferisce che Alberto gli ha detto di essere nato a Cagliari. Dove può essere nato Alberto?**

A a Siracusa o a Pavia
B a Roma o a Pavia
C a Roma o a Cagliari
D a Roma o ad Amsterdam
E a Roma o a Siracusa

53 **Individuare la parola o i gruppi di parole che completano correttamente la frase seguente. Il modello atomico di ________ prevede un nucleo centrale costituito da cariche elementari ________ dette protoni e particelle neutre dette neutroni; intorno al nucleo ruotano gli ________.**

A Heisenberg / sferiche / isotopi
B Bohr / negative / orbitali
C Pauli / positive / elettrodi
D Einstein / neutre / elettroni
E Rutherford / positive / elettroni

54 **«L'uomo è in fondo un animale ________. Noi lo conosciamo solo in quello stato di ammansimento e di domesticità che è detto civiltà: perciò ci spaventano le rare esplosioni della sua vera natura. Ma fate che vengano tolte le catene dell'ordine legale, e nell'anarchia l'uomo si mostrerà quale esso è». In base al senso generale di questa affermazione di A. Schopenhauer, reintegra nello spazio vuoto l'unica coppia di aggettivi corretta:**

A buono e altruista
B coerente e prevedibile
C incauto e sprovveduto
D selvaggio e feroce
E prevedibile e abitudinario

55 **«Vittorio ha 50 CD di musica rock e 41 CD di musica jazz suddivisi in 10 ripiani di un mobile porta-CD». Quale delle seguenti affermazioni è sicuramente vera?**

A In ogni ripiano ci sono almeno 8 CD
B In tutti i ripiani, il numero di CD di musica jazz è minore a quello dei CD di musica rock
C Esiste almeno un ripiano in cui ci sono più di 9 CD
D Esiste almeno un ripiano in cui ci sono almeno 6 CD di musica rock
E Esiste almeno un ripiano in cui ci sono esattamente 5 CD di musica jazz

56 **Individuare la coppia nella quale i termini NON rimandano al medesimo prefisso:**

A neofilia – neogene
B misofobia – misogamia
C filantropia – filologia
D paramedico – paranormale
E paleomagnetismo – paleozoico

QUARTA PROVA

57 **In quale di queste frasi c'è un verbo di forma passiva?**

A Oggi i miei figli sono usciti da soli
B Luigi si era vestito da pagliaccio
C I miei nonni sono arrivati da Milano
D Quella sera Renzo era stato a cena da Lucia
E Prima della disgrazia quel medico era molto stimato

58 **Individuare la coppia di termini che completa correttamente la proporzione seguente.**

Carota : radice = X : Y

A X = frutto; Y = tubero
B X = rosa; Y = tea
C X = colore; Y = sapore
D X = rosa ; Y = fiore
E X = profumo; Y = minestra

59 **Il principio "libera Chiesa in libero Stato" fu enunciato da:**

A D'Azeglio
B Cavour
C Mazzini
D Machiavelli
E Dante

60 **La pensione, forma di remunerazione post lavorativa delle società contemporanee, NON presenta una sola delle seguenti tipologie: quale?**

A Pensione di invalidità
B Pensione di reversibilità
C Pensione di anzianità
D Pensione sociale
E Pensione di validità

Soluzioni della quarta prova

Alpha Test

Risposte esatte della quarta prova

VERIFICARE LE RISPOSTE RELATIVE ALLE DOMANDE DELLA QUARTA PROVA

	A	B	C	D	E		A	B	C	D	E		A	B	C	D	E
1	●	○	○	○	○	21	○	●	○	○	○	41	●	○	○	○	○
2	○	○	○	○	●	22	○	●	○	○	○	42	○	○	●	○	○
3	○	○	●	○	○	23	○	○	○	○	●	43	○	○	○	●	○
4	○	○	○	●	○	24	○	○	●	○	○	44	○	○	●	○	○
5	○	●	○	○	○	25	○	●	○	○	○	45	●	○	○	○	○
6	○	●	○	○	○	26	●	○	○	○	○	46	○	●	○	○	○
7	○	○	○	○	●	27	○	○	○	○	●	47	○	●	○	○	○
8	●	○	○	○	○	28	○	○	●	○	○	48	○	●	○	○	○
9	●	○	○	○	○	29	○	○	○	○	●	49	○	●	○	○	○
10	○	○	●	○	○	30	○	○	○	○	●	50	●	○	○	○	○
11	○	●	○	○	○	31	○	○	●	○	○	51	○	○	○	●	○
12	○	○	○	○	●	32	○	○	○	●	○	52	○	○	○	○	●
13	○	●	○	○	○	33	●	○	○	○	○	53	○	○	○	○	●
14	○	●	○	○	○	34	○	○	●	○	○	54	○	○	○	●	○
15	○	●	○	○	○	35	○	○	○	●	○	55	○	○	●	○	○
16	●	○	○	○	○	36	○	●	○	○	○	56	○	●	○	○	○
17	○	○	○	○	●	37	○	○	○	○	●	57	○	○	○	○	●
18	○	○	●	○	○	38	○	●	○	○	○	58	○	○	○	●	○
19	○	○	●	○	○	39	○	○	○	●	○	59	○	●	○	○	○
20	○	○	○	●	○	40	○	○	○	○	●	60	○	○	○	○	●

Prove di verifica

QUINTA PROVA

Alpha Test

Scheda per le risposte della quinta prova

Contrassegnare le risposte relative alle domande della quinta prova

	A	B	C	D	E		A	B	C	D	E		A	B	C	D	E
1						21						41					
2						22						42					
3						23						43					
4						24						44					
5						25						45					
6						26						46					
7						27						47					
8						28						48					
9						29						49					
10						30						50					
11						31						51					
12						32						52					
13						33						53					
14						34						54					
15						35						55					
16						36						56					
17						37						57					
18						38						58					
19						39						59					
20						40						60					

QUINTA PROVA

Tempo a disposizione: 100 minuti

Conoscenze scientifiche

1 **L'antibiotico penicillina è prodotto da:**

- **A** una muffa appartenente alla classe dei funghi imperfetti o *Deuteromiceti*
- **B** un'alga verde di tipo coloniale
- **C** ife fungine di un lichene
- **D** un batterio simbiontico che vive nell'intestino dei vertebrati
- **E** cellule specifiche del sistema immunitario

2 **«Il cane e il gatto hanno la febbre quando la loro temperatura è superiore a 39°-39,5°C, e questo rilievo si può effettuare solo con un termometro. La temperatura si considera normale quando è attorno ai 38°-38,5°C, ma per i cani di grossa taglia può anche essere leggermente inferiore. Quando si riscontra che la temperatura è tra 39°-40°C bisogna prendere precauzioni, ma se è addirittura intorno ai 40°- 40,5°C la visita dal veterinario è essenziale». Dal testo si può dedurre che:**

- **A** quando la temperatura di un cane è uguale a quella dell'uomo il cane ha la febbre
- **B** la temperatura normale dei gatti è superiore a quella dell'uomo
- **C** i cani di grossa taglia hanno una temperatura normale sui 39°-40°C
- **D** i gatti di grossa taglia hanno una temperatura normale di 39,5°C
- **E** se il naso del cane è caldo, il cane ha sicuramente la febbre

3 **Quale sostanza necessaria alla fotosintesi di una pianta è ricavata direttamente dall'atmosfera?**

- **A** Diossido di carbonio
- **B** Ossigeno
- **C** Azoto
- **D** Idrogeno
- **E** Acqua

4 **Quale dei seguenti organi è di natura muscolare?**

- **A** Polmoni
- **B** Fegato
- **C** Milza
- **D** Utero
- **E** Pene

5 **Il dotto pancreatico sbocca:**

A nello stomaco
B nel duodeno
C nel colon
D nell'arteria pancreatica
E nel coledoco

6 **La figura rappresenta:**

A un glomerulo renale
B un alveolo polmonare
C una fossetta gastrica
D un lobulo epatico
E una ghiandola esocrina

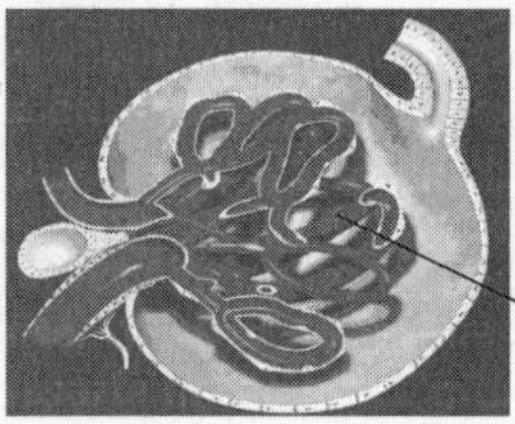

7 **La carenza di ossigeno stimola la produzione di eritropoietina che a sua volta stimola la produzione di globuli rossi che ripristinano un livello adeguato di ossigeno nel sangue. Ciò inibisce un'ulteriore produzione di eritropoietina. È questo un caso di:**

A feedback positivo
B risposta che rende nullo lo stimolo originario
C impossibilità di autoregolazione
D feedback negativo
E inutilità dell'autoregolazione

8 **Possiamo affermare che durante la diastole ventricolare:**

A la pressione ematica all'interno dei ventricoli aumenta
B la pressione ematica negli atri diminuisce
C la pressione ematica all'interno del sistema arterioso cade
D il sangue fluisce dai ventricoli al circolo ematico
E la pressione sanguigna raggiunge i valori più elevati

9 **Il cinto pelvico:**

A permette il collegamento tra scapola e clavicola
B contiene i polmoni e il fegato
C serve all'articolazione degli arti inferiori
D è formato da femore, tibia e perone
E permette l'articolazione del cranio alla colonna vertebrale

10 **Dall'interpretazione della figura si può dedurre che il triangolo indicato con la lettera S corrisponde a:**

A ioni calcio
B un mitocondrio
C un neurotrasmettitore
D ioni sodio
E molecole di acqua

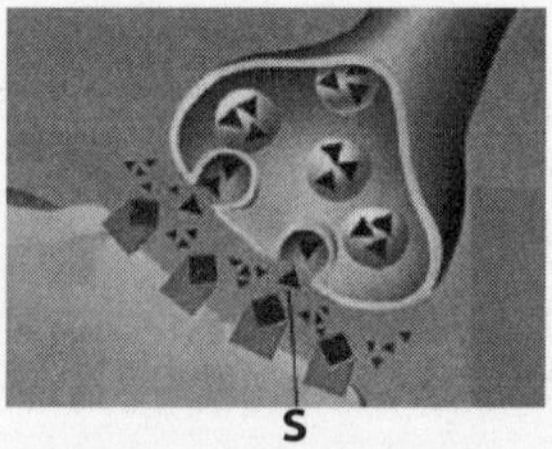

11 **Vengono confrontate una molecola di DNA umano e una di DNA del gatto domestico. Ci si può aspettare che le due molecole siano diverse tra loro per:**

- A tipo di basi azotate
- B sequenza di basi azotate
- C tipo di legame tra i nucleotidi
- D sequenza di amminoacidi
- E tipo di nucleotidi

12 **In un tipo di pianta il carattere "fiore rosso" (R) è dominante rispetto al carattere "fiore giallo" (r). Una pianta a fiori rossi, selezionata per molte generazioni, viene incrociata con una pianta a fiori gialli, pure selezionata per molte generazioni. Quali saranno i possibili risultati di tale incrocio?**

- A Tutte piante a fiori gialli
- B 50% di piante a fiori gialli e 50% di piante a fiori rossi
- C 75% di piante a fiori rossi e 25% di piante a fiori gialli
- D 75% di piante a fiori gialli e 25% di piante a fiori rossi
- E Tutte piante a fiori rossi

13 **I cheratinociti sono cellule particolari che si trovano, insieme ai melanociti:**

- A nel rivestimento dei batteri
- B nel derma
- C nella mucosa intestinale
- D nell'epidermide
- E nel tegumento degli insetti

14 **Nella coagulazione del sangue intervengono svariate proteine, tra cui:**

- A la fibrina
- B la pepsina
- C l'emoglobina
- D gli anticorpi
- E l'anidrasi carbonica

15 **Se in una popolazione 40 persone su 100 hanno gruppo 0 (zero) e 10 su 100 hanno fattore Rh negativo, quale sarà la probabilità di trovare un donatore universale (0, Rh negativo)?**

A 50% B 4% C 25% D 10% E 0,4%

16 **Il daltonismo è una malattia ereditaria recessiva legata al cromosoma X; i figli maschi di una coppia di genitori in cui la madre è portatrice sana e il padre è sano hanno una probabilità di essere ammalati pari a:**

A 100% B 75% C 25% D 50% E 0%

17 **La pellagra è causata da una carenza di:**

- A acido nicotinico
- B vitamina K
- C acido folico
- D vitamina A
- E vitamina C

18 **Individuare l'unica affermazione del tutto CORRETTA:**

A tutte le cellule utilizzano ossigeno per le proprie attività metaboliche
B tutte le cellule posseggono più cromosomi
C tutte le cellule presentano mitocondri
D tutte le cellule possono riprodursi
E tutte le cellule traggono origine da altre cellule

19 **Qual'è il corretto bilanciamento per $Cl_2 + KOH \rightarrow KCl + KClO + H_2O$?**

A $Cl_2 + KOH \rightarrow 2\,KCl + 4\,KClO + H_2O$
B $3\,Cl_2 + 2\,KOH \rightarrow KCl + 2\,KClO + 2\,H_2O$
C $Cl_2 + 2\,KOH \rightarrow KCl + KClO + H_2O$
D $Cl_2 + 3\,KOH \rightarrow 2\,KCl + KClO + 2\,H_2O$
E $2\,Cl_2 + KOH \rightarrow KCl + 3\,KClO + H_2O$

20 **Qual è la concentrazione molare di un litro di soluzione acquosa contenente 3,6 g di fruttosio ($C_6H_{12}O_6$)?**

A 0,5 N
B 0,05 M
C 0,05 m
D 0,02 M
E 0,2 m

21 **Si definiscono isotopi atomi con:**

A uguale numero atomico e diverso numero di massa
B diverso numero atomico e uguale numero di massa
C diverso numero atomico e diverso numero di massa
D uguale numero atomico e diverso numero di elettroni
E diverso numero atomico e uguale numero di elettroni

22 **In un periodo del sistema periodico, dal I al VII gruppo, le proprietà metalliche degli elementi:**

A aumentano
B aumentano nei periodi dal secondo al quarto, diminuiscono negli altri periodi
C diminuiscono nei periodi dal secondo al quarto, aumentano negli altri periodi
D diminuiscono, salvo che nel II periodo, dove restano praticamente costanti
E diminuiscono

23 **Indicare il composto in cui l'atomo di cloro ha numero di ossidazione maggiore:**

A HCl B $HClO_4$ C NaCl D CCl_4 E $HClO_2$

24 **Indicare il solo composto che sciolto in acqua la rende acida:**

A BaO B KBr C CO_2 D NaOH E NaCl

25 **Indicare la configurazione elettronica possibile per l'elemento M che dà facilmente lo ione M^+:**

A $1s^2\,2s^2\,2p^6\,3s^1$ B $1s^2\,2s^2\,2p^5$ C $1s^2\,2s^2\,2p^6\,3s^2$ D $1s^2\,2s^2\,2p^6$ E $2s^2$

26 **Nell'equilibrio $NH_3 + H_2O \rightarrow NH_4^+ + OH^-$, le specie chimiche che si comportano da basi secondo Brønsted-Lowry sono:**

A NH_3, NH_4^+
B H_2O, NH_4^+, OH^-
C H_2O, OH^-
D H_2O, NH_4^+
E NH_3, OH^-

27 **Che cosa sono gli enantiomeri?**

A Isomeri geometrici
B Isomeri ottici che non sono l'uno l'immagine speculare dell'altro
C Isomeri ottici che sono l'uno l'immagine speculare dell'altro
D Isomeri conformazionali
E Isomeri strutturali senza particolari proprietà

28 **Soltanto una delle seguenti affermazioni a proposito della molecola del metano è ERRATA. Quale?**

A La molecola non è planare
B La molecola è polare
C L'atomo di C è ibridato sp^3
D I quattro atomi di idrogeno si trovano ai vertici di un tetraedro regolare
E Gli angoli di legame sono circa di 109 gradi

29 **Tra i seguenti legami, quale è il più lungo?**

A Legame semplice tra due atomi di C
B Legame doppio tra due atomi di C
C Legame triplo tra due atomi di C
D Legame doppio tra un atomo di C e uno di O
E Legame triplo tra un atomo di C e uno di N

30 **Una nmole corrisponde a:**

A 10^9 moli
B 10^{-3} fmoli
C 10^{-4} micromoli
D 10^{-3} micromoli
E 10^2 pmoli

31 **4893 moltiplicato per 8754896 è uguale a:**

A 42837706124
B 42837706128
C 42837706125
D 42837706129
E 42837706126

32 **In una successione ereditaria nella quale gli eredi sono 4 fratelli, al maggiore di essi la defunta madre ha riservato la quota disponibile, cioè 1/3 dell'eredità. Supponendo che i quattro fratelli divideranno fra loro in parti uguali la rimanente quota dei 2/3, quale frazione dell'eredità spetterà al fratello maggiore?**

A 1/2 B 1/3 C 1/4 D 1/5 E 1/6

QUINTA PROVA

$\frac{1}{3} + \frac{1}{4} \cdot \frac{2}{3} = \frac{1}{3} + \frac{1}{6} = \frac{2+1}{6} = \frac{1}{2}$

33 **Il 4% del 20% di un numero è 1; qual è il numero?**

A 24 B 16 C 80 D 125 E 20

34 **Siano *a, b, c* tre numeri reali positivi, tali che sia *ab* > *c*. Quale delle seguenti disuguaglianze risulta FALSA?**

A $-a < -c/b$

B $abc > c^2$

C $-b < -c/a$

D $a/c < 1/b$

E $b^2/c > b/a$

35 **In una manovra ferroviaria un vagone viene lanciato verso un altro, al quale si aggancia; dopo l'urto ambedue procedono uniti, con moto uniforme. Confrontando gli stati del sistema prima e dopo l'urto, quale affermazione è CORRETTA?**

A L'energia cinetica diminuisce e la quantità di moto non varia

B L'energia cinetica non varia e la quantità di moto diminuisce

C Non si può dire niente circa il segno delle variazioni dell'energia cinetica e della quantità di moto se non si conosce la massa dei vagoni

D Tanto l'energia cinetica quanto la quantità di moto totale diminuiscono

E L'energia cinetica e la quantità di moto totali non variano

36 **In un circuito elettrico alimentato da una batteria sono inserite due resistenze in parallelo. Perché la corrente erogata dalla batteria è la somma delle correnti che attraversano le singole resistenze?**

A Perché gli elettroni hanno carica negativa

B Per il principio di conservazione della carica elettrica

C Perché si conserva l'energia cinetica degli elettroni

D Perché l'effetto Joule nel circuito è nullo

E Perché la differenza di potenziale erogata dalla batteria è costante nel tempo

37 **Qual è l'unità di misura della costante G usata nella legge di gravitazione universale $F = G \cdot \frac{m_1 m_2}{r^2}$?**

A $m^2\,kg^{-1}$ B $N\,m^2\,kg^{-2}$ C $kg\,m^{-2}$ D $N\,m^{-2}\,kg^2$ E $kg^3\,m^{-2}$

38 **Un grave viene lasciato cadere nel vuoto all'istante $t = 0$ da una altezza h_0. Quale dei seguenti diagrammi rappresenta la relazione corretta tra *h* e *t*?**

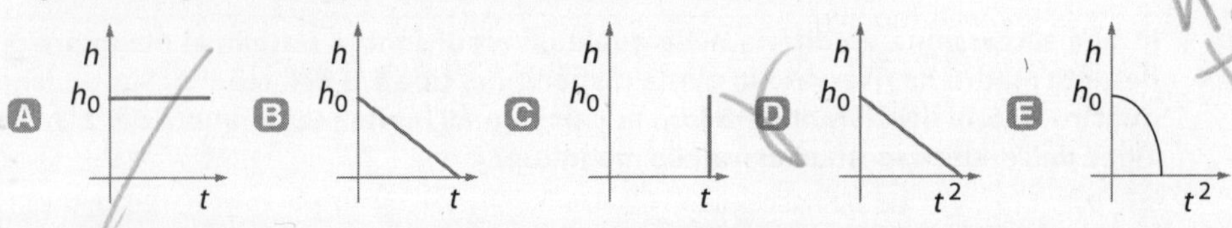

Ragionamento logico e cultura generale

39 **In alcuni edifici si registrano molti furti a causa della presenza di piante sul retro dell'immobile; i ladri riescono infatti ad arrampicarsi agevolmente sugli alberi fino a raggiungere l'appartamento scelto come obiettivo. Molto spesso il problema viene risolto grazie all'installazione di telecamere a circuito chiuso opportunamente posizionate. Pertanto, per ridurre il numero di furti è necessario che in tutti gli edifici venga installato un sistema di video sorveglianza.**

Quale delle seguenti risposte costituisce il passaggio logico errato nel brano precedente?

- **A** L'installazione di telecamere in tutti gli edifici risulterebbe estremamente costosa
- **B** Le piante in prossimità degli edifici dovrebbero essere abbattute
- **C** Alcuni edifici possono risultare sicuri anche senza un sistema di video sorveglianza
- **D** È irragionevole pensare che i furti negli edifici possano essere ridotti
- **E** Tutti gli edifici dovrebbero essere sicuri e quindi dotati di un sistema di video sorveglianza

40 **È stato dimostrato da recenti studi che molte specie di cetacei del Mar Mediterraneo sono sensibili ai rumori prodotti in mare dai sonar durante le esercitazioni militari. Si è difatti notata una correlazione diretta tra tali esercitazioni e il verificarsi di spiaggiamenti di animali nelle zone in cui queste venivano effettuate. Tutti gli animali presentavano segni evidenti di ferite da embolia, causate probabilmente da una rapida risalita verso la superficie in seguito allo spavento procurato dal rumore dei sonar. È pertanto necessaria una regolamentazione di tali attività per mitigare gli effetti negativi sulle popolazioni di cetacei residenti.**

Quale delle seguenti affermazioni, se ritenuta vera, rafforza l'argomentazione precedente?

- **A** Le popolazioni di cetacei del Mar Mediterraneo sono già a rischio a causa dell'inquinamento chimico, del traffico navale e della pesca con reti derivanti
- **B** Le esercitazioni militari sono essenziali per le ricerche di giacimenti petroliferi
- **C** Non è detto che le popolazioni di cetacei vivano stabilmente nel Mar Mediterraneo; è probabile che talvolta vi entrino attraverso lo stretto di Gibilterra
- **D** Gli studi sui cetacei non consideravano l'effetto dei sonar su altri organismi animali
- **E** Le reali cause degli spiaggiamenti sono ancora poco note ai ricercatori

41 **10 squadre si sono iscritte a un torneo di beach volley che inizierà con la prima partita alle ore 14.30 del sabato pomeriggio. Ogni squadra incontrerà le altre una sola volta e non si giocheranno partite in contemporanea. Ogni incontro durerà 20 minuti e tra una partita e l'altra sarà rispettato un intervallo di 7 minuti. Al termine dell'ultimo incontro, ci sarà un intervallo di 22 minuti e subito dopo le migliori due squadre si affronteranno in una finale unica della durata di 30 minuti. A che ora avrà termine il torneo?**

- **A** Alle 9.40 della domenica
- **B** Dopo 48 ore esatte
- **C** Alle 18.15 del giorno successivo
- **D** Alle 8.15 del lunedì successivo
- **E** Alle 11.30 del giorno successivo

42 **Nonostante le politiche di aiuto alla famiglia adottate nel nostro Paese e pur aumentando le aspettative di vita, gli italiani sono destinati all'estinzione. Secondo una recente indagine, infatti, in Italia si nasce sempre meno e da mamme più in là con l'età: negli ultimi quattro anni vi sono stati oltre 40.000 nati in meno. I dati confermano inoltre che la tendenza delle donne italiane è di diventare mamme in età sempre più avanzata: di media intorno ai 33-34 anni, con un aumento del numero di quelle che partoriscono a più di 40 anni e una diminuzione di nati tra donne sotto i 25 anni di età. Alla base della diminuzione delle nascite vi sono anche problematiche di natura socio-economica come per esempio l'attuale crisi economica e la mancanza di fiducia nel futuro.**

Su quale/i supposizione/i implicita/e si basa il brano precedente?

1 Al termine della crisi economica probabilmente gli italiani riacquisteranno fiducia nel futuro e le nascite aumenteranno.

2 Il calo delle nascite in Italia probabilmente nel futuro continuerà.

3 Le politiche di aiuto alla famiglia probabilmente non avranno effetti tali da modificare l'attuale trend delle nascite.

- A Sulla 1, la 2 e la 3
- B Soltanto sulla 1 e la 3
- C Soltanto sulla 1
- D Soltanto sulla 1 e la 2
- E Soltanto sulla 2 e la 3

43 **Carlo ha deciso di rivestire il pavimento della propria camera con piastrelle adesive di forma quadrata, aventi lato pari a 25 cm. Per prima cosa dispone le piastrelle lungo il perimetro della stanza e successivamente posiziona le piastrelle all'interno del perimetro. Sapendo che la stanza ha dimensioni pari a 4 x 6 metri, quante piastrelle occorrono a Carlo per completarne il perimetro?**

- A 84
- B 162
- C 80
- D 76
- E 384

44 **Per dimagrire occorre ridurre le calorie ingerite e aumentare l'attività fisica in modo da incrementare il dispendio energetico. Purtroppo Mauro non riesce a ridurre la quantità di calorie che assume giornalmente e quindi, pur avendo aumentato l'attività fisica, non dimagrisce.**

Quale delle seguenti affermazioni segue la stessa struttura logica del suddetto ragionamento?

- A Se Lorenzo torna a casa tardi significa che ha fatto gli straordinari. Oggi Lorenzo non ha fatto gli straordinari quindi non arriverà a casa tardi
- B Solo se ha fatto il pieno di benzina all'auto Elena potrà arrivare a Roma. Prima di partire Elena ha fatto il pieno di benzina, dunque arriverà a Roma
- C Se l'allenatore vuole vincere la prossima partita deve far giocare Aldo o Mauro. Aldo è infortunato, quindi giocherà Mauro
- D Alessandro indossa l'impermeabile solo se è inverno e piove. Domani è il primo giorno di primavera e quindi anche se piove Alessandro non indosserà l'impermeabile
- E Per cena Luisa preferisce una minestra o un piatto di verdure. Purtroppo oggi non c'è la minestra e Silvia ha appena mangiato le ultime verdure disponibili. Pertanto, Luisa non potrà cenare

45 **Arrivare in vetta, toccare il cielo con un dito, guardare il mondo dall'alto, mettere sé stessi alla prova, provare sensazioni estreme, sono tante le motivazioni che spingono a salire sulla cima del monte Everest. Gli scalatori esperti però lo sanno bene, l'avventura è molto rischiosa e necessita di competenze tecniche particolari: scalare il monte Everest in solitudine è possibile solo se si è professionisti della scalata, se si conoscono perfettamente tutti i rischi e si sa come comportarsi a altitudini dove il corpo potrebbe non avere le capacità di sopravvivere. Molte persone sono morte cercando di arrivare sulla vetta. Nonostante questo, negli ultimi 20 anni sono centinaia le persone che ogni anno raggiungono la vetta dell'Everest. Questo è stato reso possibile dalla nascita di vere e proprie spedizioni commerciali, soprattutto in Nepal, formate da professionisti che forniscono ai clienti le attrezzature e che li accompagnano fino in vetta. Le spedizioni commerciali si sono moltiplicate negli ultimi anni e sono diventate un posto di lavoro ambito per le guide sherpa del Nepal. Detto questo, la maggior parte delle persone che decide di arrivare sulla cima dell'Everest deve farlo affidandosi a una spedizione commerciale.**

Qual è l'ipotesi implicita su cui si basa il ragionamento?

- **A** Le spedizioni commerciali pagano bene le guide
- **B** Molte persone non hanno le competenze tecniche per scalare in solitudine l'Everest
- **C** Gli scalatori esperti non si affiderebbero mai a una spedizione commerciale
- **D** Arrivare sulla vetta dell'Everest è il sogno di ogni scalatore
- **E** Il business legato all'ascesa dell'Everest fa guadagnare molti soldi

46 **A gennaio Luca ha acquistato un computer portatile in un negozio del centro. Lo ha pagato 1.255,5 euro, usufruendo di uno sconto del 7% rispetto al costo indicato sul cartellino. Dopo quattro mesi, non soddisfatto del suo acquisto, ha deciso di rivenderlo a Elena per un importo pari al 48% del costo indicato sul cartellino. Quanti soldi ha perso Luca in tutto?**

- **A** 814 euro
- **B** 607,5 euro
- **C** 722,5 euro
- **D** 770,5 euro
- **E** 567,5 euro

47 **Dopo la disastrosa stagione balneare di due anni fa, in cui vi sono state ben 15.000 richieste di aiuto da parte di bagnanti più o meno esperti e quindi altrettanti interventi da parte dei bagnini, lo scorso anno si è deciso di dotare tutti gli stabilimenti della costa di un numero maggiore di salvagenti a disposizione dei bagnini stessi, da utilizzarsi in caso di richiesta di aiuto. Lo scorso anno le richieste di aiuto sono diminuite del 20%. È quindi necessario aumentare ancora la dotazione di salvagenti a disposizione dei bagnini per ottenere una ulteriore diminuzione delle richieste di aiuto.**

Quale delle seguenti risposte costituisce il passaggio logico errato nel brano precedente?

- **A** I salvagenti non sono sempre utili per far fronte a una richiesta di aiuto da parte di un bagnante
- **B** Le richieste di aiuto non dipendono dal numero di salvagenti a disposizione dei bagnini
- **C** Ci sono troppe spiagge e troppi stabilimenti e dotarli tutti di salvagenti ha un costo troppo elevato
- **D** Una riduzione del 20% è una riduzione esigua del numero di richieste di aiuto
- **E** Un bagnante esperto non dovrebbe essere costretto a richiedere aiuto a un bagnino

QUINTA PROVA

48 **A un concorso di fotografia erano in palio 15 premi in denaro di entità differente. Il concorso è stato scarsamente pubblicizzato e di conseguenza ha avuto poca risonanza. I concorrenti erano in tutto 13 e i loro scatti sono stati sottoposti al giudizio di una giuria qualificata, che aveva il compito di assegnare i premi. Dal momento che il numero dei concorrenti è stato inferiore al numero dei premi messi in palio, è certo che ognuno dei partecipanti abbia ricevuto un premio dalla giuria.**

Quale delle seguenti affermazioni, se considerata vera, indebolisce quanto sostenuto dal brano precedente?

- A Un premio in denaro è meno appetibile della pubblicazione su una famosa rivista
- B La giuria non era tenuta ad assegnare obbligatoriamente tutti i premi in palio
- C L'anno prossimo il concorso sarà maggiormente pubblicizzato in modo da avere un numero di concorrenti almeno pari al numero di premi
- D È necessario ridurre il numero di premi messi in palio
- E La giuria era composta da professionisti del mondo della fotografia

49 **Alla finale di Coppa dei Campioni tra l'Atletico Real e lo United Super Team hanno assistito 82.340 spettatori che hanno trovato posto sulle tribune dello splendido stadio Football Arena. I 17.340 tifosi dell'Atletico Real hanno pagato il biglietto 23 euro a testa più 2 euro per i diritti di prevendita. I tifosi dello United Super Team erano 22.200: quelli sopra i 18 anni, che erano il 70%, hanno pagato 32 euro; quelli sotto i 18 anni sono invece entrati pagando una cifra simbolica di 1 euro. 900 posti erano riservati ai giornalisti delle testate internazionali, 700 erano omaggio e riservati alle autorità pubbliche e i rimanenti biglietti erano per gli sponsor della manifestazione che hanno versato per ogni ospite 19 euro. A quanto ammonta circa l'incasso complessivo della finale?**

- A 1,53 milioni di euro
- B 1,73 milioni di euro
- C Non è possibile stabilirlo
- D 2,1 milioni di euro
- E 890 mila euro

50 **Luca partecipa a una gara podistica. Se a metà percorso supera il concorrente in quarta posizione, in quale posizione si trova?**

- A Quinta
- B Seconda
- C Terza
- D Quarta
- E Ultima

51 **Quattro amici, Stefano, Alessandro, Mauro e Diego, decidono di correre un percorso di 32 km dividendolo tra loro in quattro frazioni della medesima lunghezza. Stefano, primo frazionista, corre la sua porzione di strada a una velocità costante di 4 km/h, la stessa fatta registrare dall'ultimo dei quattro, Diego. Alessandro e Mauro, dal canto loro, riescono a mantenere una velocità costante che è pari al doppio di quella mantenuta da Stefano e Diego. Quanto tempo impiegano complessivamente i quattro amici a coprire l'intera distanza?**

- A 420 minuti
- B 240 minuti
- C 360 minuti
- D 300 minuti
- E 480 minuti

52 **Due auto ripartono dallo stesso casello autostradale in direzioni opposte nello stesso momento. Se una viaggia a 90 km/h e l'altra a 110 km/h quanto tempo deve trascorrere prima che le due auto si trovino distanti 150 km l'una dall'altra?**

- A 35 minuti
- B 55 minuti
- C 1 ora e 15 minuti
- D 1 ora
- E 45 minuti

53 **Da un'indagine condotta in un certo quartiere, è risultato che su 100 famiglie, 60 posseggono un gatto, 40 un cane e 20 non hanno né un cane né un gatto. Quante famiglie hanno un gatto ma non un cane?**

- A 30
- B 40
- C 50
- D 20
- E 10

54 **Completare correttamente la frase seguente.**
La ______________ è la parte della fisica che studia il movimento dei corpi; la ____________ studia le cause di tali movimenti.

- A dinamica / dinamometria
- B termologia / termodinamica
- C meccanica / biologia
- D cinematica / dinamica
- E statica / cinematica

55 **Individuare la coppia di termini che completa correttamente la proporzione seguente.**
Musicista : orchestra = X : Y

- A X = soldato, Y = guerra
- B X = atleta, Y = squadra
- C X = avvocato, Y = giuria
- D X = medico, Y = terapia
- E X = scultore, Y = artista

56 **Nella frase «Questo quadro è bello e ben fatto» il termine *ben* è:**

- A Aggettivo
- B Sostantivo
- C Congiunzione
- D Avverbio
- E Pronome

57 **Completare la seguente frase che si potrebbe leggere in un referto medico: *Si è provveduto ____________ di un basalioma nella regione temporale sinistra*.**

- A all'accessione
- B all'accezione
- C all'eccezione
- D all'esecrazione
- E all'escissione

QUINTA PROVA

58 **Indicare l'unica parola specifica dell'ambito biomedico:**

- A anamnesi
- B anatema
- C anelito
- D aneto
- E anfibio

59 **Qual è l'accostamento scorretto?**

- A Kant – Criticismo
- B Cartesio – Razionalismo
- C Heidegger – Esistenzialismo
- D Hegel – Idealismo
- E Bentham – Empirismo

60 **Che cos'era il Patto di Varsavia?**

- A Un'alleanza militare tra Stati dell'Est Europa
- B L'accordo siglato dalla Fiat con le autorità polacche per l'installazione di stabilimenti in Polonia
- C L'accordo che sancì la quarta spartizione della Polonia, tra Germania e URSS
- D L'accordo che ripristinò, nell'età moderna, le Olimpiadi
- E Una società segreta che si batteva per l'indipendenza della Polonia dalla Russia

Soluzioni della quinta prova

Alpha Test — **Risposte esatte della quinta prova**

Verificare le risposte relative alle domande della quinta prova

	A	B	C	D	E		A	B	C	D	E		A	B	C	D	E
1	■	□	□	□	□	21	■	□	□	□	□	41	□	□	□	□	■
2	□	■	□	□	□	22	□	□	□	□	■	42	□	□	□	□	■
3	■	□	□	□	□	23	□	■	□	□	□	43	□	□	□	■	□
4	□	□	□	■	□	24	□	□	■	□	□	44	□	□	□	■	□
5	□	■	□	□	□	25	■	□	□	□	□	45	□	■	□	□	□
6	■	□	□	□	□	26	□	□	□	□	■	46	□	■	□	□	□
7	□	□	□	■	□	27	□	□	■	□	□	47	□	■	□	□	□
8	□	□	■	□	□	28	□	■	□	□	□	48	□	■	□	□	□
9	□	□	■	□	□	29	■	□	□	□	□	49	□	■	□	□	□
10	□	□	■	□	□	30	□	□	□	■	□	50	□	□	□	■	□
11	□	■	□	□	□	31	□	■	□	□	□	51	□	□	■	□	□
12	□	□	□	□	■	32	■	□	□	□	□	52	□	□	□	□	■
13	□	□	□	■	□	33	□	□	□	■	□	53	□	■	□	□	□
14	■	□	□	□	□	34	□	□	□	■	□	54	□	□	□	■	□
15	□	■	□	□	□	35	■	□	□	□	□	55	□	■	□	□	□
16	□	□	□	■	□	36	□	■	□	□	□	56	□	□	□	■	□
17	■	□	□	□	□	37	□	■	□	□	□	57	□	□	□	□	■
18	□	□	□	□	■	38	□	□	□	□	■	58	■	□	□	□	□
19	□	□	■	□	□	39	□	□	■	□	□	59	□	□	□	□	■
20	□	□	□	■	□	40	■	□	□	□	□	60	■	□	□	□	□

Prove di verifica

SESTA PROVA

Alpha Test

Scheda per le risposte della sesta prova

Contrassegnare le risposte relative alle domande della sesta prova

	A	B	C	D	E		A	B	C	D	E		A	B	C	D	E
1						21						41					
2						22						42					
3						23						43					
4						24						44					
5						25						45					
6						26						46					
7						27						47					
8						28						48					
9						29						49					
10						30						50					
11						31						51					
12						32						52					
13						33						53					
14						34						54					
15						35						55					
16						36						56					
17						37						57					
18						38						58					
19						39						59					
20						40						60					

SESTA PROVA

Tempo a disposizione: 100 minuti

Conoscenze scientifiche

1 Il più abbondante sale organico presente nelle ossa è:

- A $NaNO_3$
- B $CaCl_2$
- C $CaSO_4$
- D Na_2CO_3
- E $Ca_3(PO_4)_2$

2 Individuare l'affermazione ERRATA tra le seguenti:

- A il codice genetico è basato su un sistema di triplette di nucleotidi
- B i cromosomi omologhi sono identici; infatti, uno è l'esatta copia dell'altro
- C il codice genetico è detto ridondante perché a ogni amminoacido corrispondono più triplette
- D la "traduzione" del codice genetico è operata mediante l'RNA transfer o tRNA
- E il DNA contiene le informazioni per la sintesi delle proteine che avviene sui ribosomi

3 L'inizio della contrazione a livello della placca motrice di un muscolo scheletrico è permesso da:

- A liberazione di ioni Fe^{2+} da parte della mioglobina
- B riassorbimento di ioni calcio da parte dell'actina
- C liberazione di ossigeno da parte dei numerosi mitocondri
- D liberazione di ioni calcio dal reticolo sarcoplasmatico
- E accorciamento della miosina

4 Quanti tipi di mRNA esistono in una cellula eucariote?

- A Tanti quante sono le proteine da produrre
- B 20
- C Tanti quanti sono i tRNA
- D 64
- E Tanti quanti sono i ribosomi

5 **Dall'osservazione della figura si può dedurre che essa rappresenta:**

A una cellula eucariotica
B una cellula procariotica
C una cellula fungina
D un lievito
E una muffa

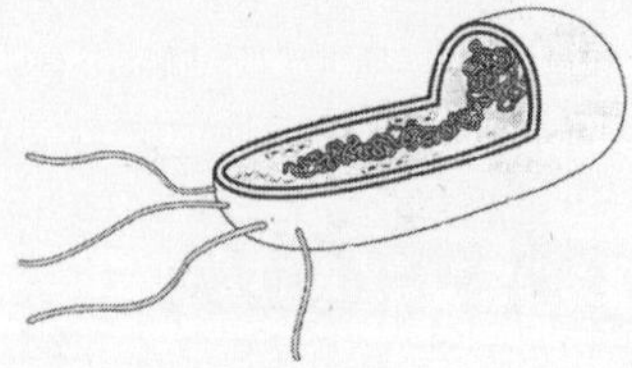

6 **Lo schema rappresenta:**

A la ricombinazione degli alleli dei genitori nei figli
B la mitosi
C il crossing-over dei cromatidi
D la comparsa del fenotipo dominante
E la prima legge di Mendel

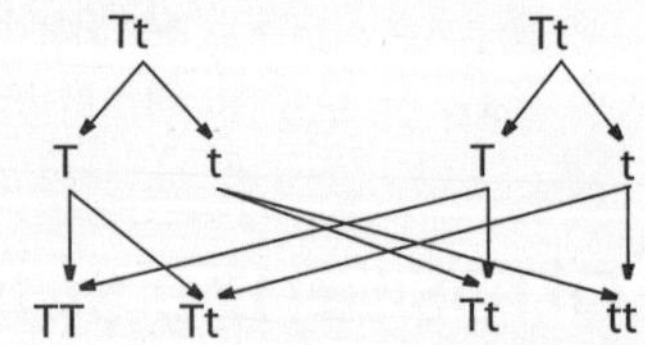

7 **L'Organizzazione Mondiale della Sanità definisce normale una densità ossea fino al 10% circa inferiore alla norma, *osteopenia* una riduzione della densità ossea tra il 10 e il 25% ed *osteoporosi* una densità ossea abbassata di oltre il 25% rispetto ai valori medi della persona giovane (densità = 100%). Il rischio di frattura del femore è funzione della densità ossea: per esempio, per ogni diminuzione della densità ossea del 10% circa il rischio di frattura aumenta, come mostra il diagramma.**

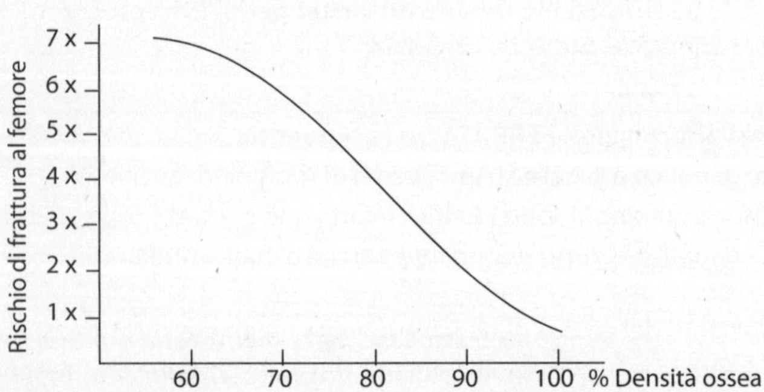

Nel caso di osteoporosi corrispondente al 70% di densità ossea, il rischio di una frattura al femore aumenta:

A 70 volte B del 70% C 6 volte D 2 volte E del 30%

8 **Il grafico riportato nella figura rappresenta le variazioni del potenziale di membrana di un neurone all'arrivo di uno stimolo. Il periodo refrattario è rappresentato dal segmento:**

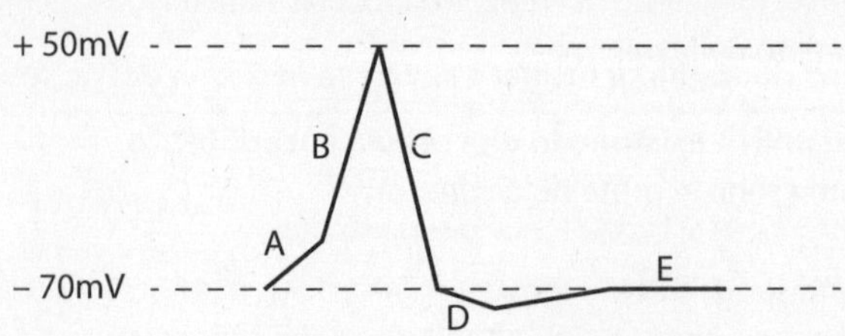

A C B D C A D B E E

9 **Nel processo di "replicazione", secondo la biologia molecolare:**

- A viene copiata la doppia elica del DNA
- B avviene la traduzione del messaggio genetico
- C avviene la trascrizione del messaggio genetico
- D l'mRNA copia la successione dei nucleotidi del DNA
- E un'elica del DNA viene copiata

10 **Il seguente albero genealogico riguarda la trasmissione di un carattere legato al sesso. Si può sicuramente dedurre che:**

● = femmina ammalata

■ = maschio ammalato

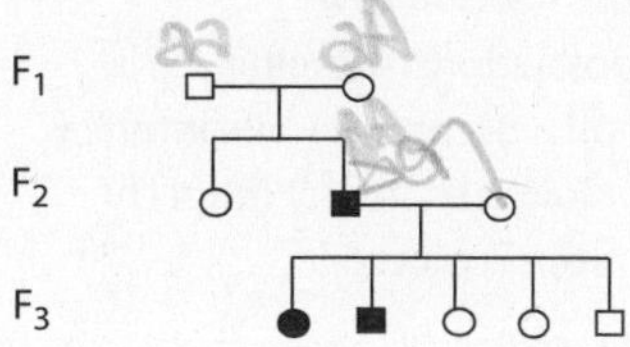

- A la moglie di F_2 è omozigote
- B tutti gli individui di F_3 sono eterozigoti
- C la figlia di F_2 è sicuramente omozigote
- D l'uomo di F_1 è eterozigote
- E la donna di F_1 è eterozigote per il carattere considerato

11 **L'endometrite è un'infezione dovuta ad alcuni germi (Streptococchi, Stafilococchi, *Escherichia coli*, Enterococchi ecc.) che riguarda:**

- A gli alveoli polmonari
- B la mucosa boccale
- C l'endotelio dei capillari sanguigni
- D la cavità gastrica
- E la mucosa uterina

12 **Le vibrazioni sonore vengono trasmesse dalla membrana del timpano all'orecchio medio quindi, tramite la catena di tre ossicini, passano all'orecchio interno. A contatto con la membrana del timpano troviamo:**

- A l'incudine
- B il martello
- C la staffa
- D la chiocciola
- E i canali semicircolari

13 **Immergendo una foglia di insalata avvizzita in acqua dolce, subito avviene che le sue cellule:**

- A si gonfiano perché l'acqua entra per osmosi
- B si sgonfiano perché l'acqua esce per plasmolisi
- C non variano di dimensioni perché l'acqua entra ed esce in ugual misura
- D scoppiano con fuoriuscita del citoplasma e dei cloroplasti
- E perdono i sali minerali contenuti nel citoplasma

14 **La brachidattilia (dita corte e tozze) è una mutazione dominante di un gene normale. Un uomo brachidattilo sposa una donna normale. I figli che nasceranno potranno essere:**

A tutti normali
B 25% normali
C tutti brachidattili
D 50% brachidattili
E 75% brachidattili

15 **I virus possono moltiplicarsi solo all'interno di una cellula ospite perché:**

A non possiedono DNA
B non possiedono proteine
C sono privi di capacità biosintetica
D sono molto sensibili ai raggi UV
E sono troppo piccoli

16 **Quale tra le seguenti malattie dell'uomo NON è una malattia ereditaria?**

A Anemia falciforme
B Fibrosi cistica
C Distrofia muscolare
D Sindrome di Tay-Sachs
E Sindrome di Turner

17 **Quale tra i seguenti composti è un amminoacido?**

A Alanina
B Anilina
C Atropina
D Formalina
E Mielina

18 **Dalle analisi del sangue di un individuo risulta che il tasso di trigliceridi è particolarmente alto. Ciò significa che:**

A c'è una parziale alterazione del metabolismo epatico
B i villi intestinali non riescono ad assorbire l'eccesso di trigliceridi
C la pressione del sangue è bassa
D è in atto una patologia renale
E l'individuo è diabetico

19 **Per ottenere 0,5 moli di ossigeno, quante moli di acqua ossigenata si devono decomporre? (La reazione non bilanciata è: $H_2O_2 = O_2 + H_2O$)**

A 0,1 moli
B 0,5 moli
C 1 mole
D 0,125 moli
E 0,75 moli

20 **Quante moli di soluto sono contenute in 5 litri di soluzione 0,2 M di acido fluoridrico HF (PM = 20)?**

A 1 mole B 0,2 moli C 5 moli D 10 moli E 2 moli

SESTA PROVA

21 **L'acido propanoico si può preparare per:**

- A ossidazione dell'acetone
- B ossidazione di $CH_3CH_2CH_2OH$
- C riduzione di propanale
- D semplice addizione di acqua al propino
- E reazione di acido etanoico con metanolo

22 **Che tipo di ibridazione degli orbitali presentano gli atomi di C nell'etere dimetilico?**

- A *sp*
- B sp^2
- C sp^3
- D sp^3d^2
- E Nessuna ibridazione

23 **Quando si scioglie in acqua un sale che si può considerare derivato da un acido forte e da una base forte, la soluzione che si ottiene ha pH neutro. I sali formati da basi forti e acidi deboli danno luogo a soluzioni basiche, mentre i sali formati da acidi forti e basi deboli danno luogo a soluzioni acide. Una certa soluzione di cloruro di ammonio ha pH = 6,2; una certa soluzione di cianuro di cesio ha pH = 8,4. Pertanto si può affermare che:**

- A l'idrossido di cesio è una base forte, l'ammoniaca è una base debole
- B l'idrossido di cesio e l'ammoniaca sono basi forti
- C l'idrossido di cesio e l'ammoniaca sono basi deboli
- D l'idrossido di cesio è una base debole, l'ammoniaca è una base forte
- E l'acido cianidrico è forte

24 **Nell'amminoacido $CH_2NH_3^+–COO^–$:**

- A il gruppo acido è $–NH_3^+$
- B entrambi i gruppi hanno carattere acido
- C il gruppo acido è $–COO^–$
- D entrambi i gruppi hanno carattere basico
- E il gruppo basico è $–NH_3^+$

25 **Indicare quale delle seguenti reazioni NON è corretta.**

- A $NH_3 + H_2SO_4 \rightarrow NH_4SO_4$
- B $NH_3 + HCl \rightarrow NH_4Cl$
- C $NH_4HCO_3 + HCl \rightarrow NH_4Cl + CO_2 + H_2O$
- D $CaO + 2HCl \rightarrow CaCl_2 + H_2O$
- E $K_2CO_3 + H_2SO_4 \rightarrow K_2SO_4 + H_2O + CO_2$

26 **Un agente ossidante è una sostanza che:**

- A perde elettroni
- B acquista elettroni
- C sviluppa ossigeno
- D origina un ossido
- E acquista protoni

27 **Il peso molecolare del glucosio $C_6H_{12}O_6$ è 180 u.m.a. Quante molecole sono presenti in 18 g di glucosio?**

- A 342
- B 3420
- C $6{,}02 \cdot 10^{22}$
- D $6{,}02 \cdot 10^{23}$
- E $3{,}42 \cdot 10^{10}$

28 **Una soluzione è ipertonica rispetto al sangue quando:**

- A la pressione osmotica è uguale a quella del sangue
- B la pressione osmotica è superiore a quella del sangue
- C la concentrazione dello ione idrogeno è superiore a quella del sangue
- D la concentrazione dello ione idrogeno è uguale a quella del sangue
- E la pressione osmotica è inferiore a quella del sangue

29 **Quale fra le seguenti sostanze ha il punto di ebollizione più alto, alla stessa pressione esterna?**

- A Acqua
- B Etere etilico
- C Alcol etilico
- D Cloruro di idrogeno
- E Metano

30 **L'elettronegatività è:**

- A maggiore nel fosforo che nell'azoto
- B maggiore nel potassio che nel litio
- C minore nel carbonio che nel litio
- D maggiore nel fluoro che nell'ossigeno
- E minore nell'ossigeno che nello zolfo

31 **Un triangolo isoscele ha base lunga 12 e *x* rappresenta la lunghezza di ciascuno dei due lati uguali. Quale delle seguenti formule esprime l'area *S* del triangolo in funzione di *x*?**

- A $S = 12 \cdot (x^2 - 6)^{1/2}$
- B $S = 6 \cdot (x^2 - 6)^{1/2}$
- C $S = 3 \cdot (x^2 - 36)^{1/2}$
- D $S = 6 \cdot (x^2 - 36)^{1/2}$
- E $S = 12 \cdot (x^2 - 36)^{1/2}$

32 **Quale fra gli insiemi seguenti rappresenta il dominio della funzione $y = \dfrac{\sqrt{1 - e^x}}{\ln x}$?**

- A Insieme dei numeri reali
- B Insieme dei numeri razionali
- C $(0, 1) \cup (1, +\infty)$
- D $(-\infty, 0)$
- E Insieme vuoto

33 **Una retta inclinata di 45 gradi incontra l'asse delle ordinate nel punto di ordinata 3; l'equazione della retta è:**

A $y = 3x + 1$
B $y = x + 3$
C $y = x$
D $y = x - 3$
E $y = 45x + 3$

34 **Il rapporto tra i volumi di due cubi è 4. Qual è il rapporto tra le loro superfici?**

A 2
B 4
C $4^{1/3}$
D $4^{2/3}$
E $2^{3/2}$

35 **Il "micro" è un prefisso che indica un sottomultiplo dell'unità uguale a:**

A un miliardesimo
B un decimo
C un centimilionesimo
D un milionesimo
E un millesimo

36 **Il peso di un corpo sulla Luna è minore del peso dello stesso corpo sulla Terra perché:**

A la massa della Luna è minore della massa della Terra
B il rapporto tra la massa e il quadrato del raggio è maggiore per la Luna che per la Terra
C l'accelerazione di gravità diminuisce con l'aumentare della distanza dalla Terra
D il raggio della Luna è minore della massa della Terra
E la Luna è priva di atmosfera

37 **Se un subacqueo scende alla profondità di 40 m sotto il livello del mare, la pressione subacquea è aumentata, rispetto al valore presente alla superficie, di circa:**

A 5 atm
B 4 atm
C 1 atm
D 3 atm
E 2 atm

38 **Gli squali sono dotati di organi in grado di rilevare debolissimi campi elettrici, sino a valori di 1 μV/m. A che distanza dovremmo porre due piani conduttori paralleli a cui applichiamo una differenza di potenziale di 1,5 mV per avere campi elettrici dell'ordine di quelli rilevati da uno squalo?**

A 1,5 km
B 1,5 m
C 1,5 mm
D 15 μm
E 1,5 μm

SESTA PROVA

Ragionamento logico e cultura generale

39 **Un ispettore ministeriale ha visitato una scuola primaria. Secondo l'ispettore, per massimizzare l'efficienza della scuola, gli insegnanti dovrebbero essere consapevoli delle loro capacità di insegnamento e di quelle dei propri colleghi. Nella scuola lavorano 20 insegnanti. Ad ogni docente è stato chiesto di classificare le proprie capacità di insegnamento, paragonandole a quelle dei colleghi, e di elencare quindi in ordine di bravura tutti i docenti della scuola, compresi se stessi, in una classifica discendente con posizioni da 1 a 20. Tutti gli insegnanti della scuola hanno inserito il proprio nome in una delle prime 10 posizioni in classifica.**

Quale delle seguenti affermazioni è totalmente sostenuta dal brano precedente?

- **A** Nella scuola lavorano insegnanti le cui abilità sono al di sopra della media nazionale
- **B** Non si è riusciti a stilare una classifica delle capacità di insegnamento dei docenti nella scuola
- **C** Non dovrebbe essere permesso agli insegnanti di valutare le proprie capacità di insegnamento
- **D** Non tutti gli insegnanti sono stati in grado di valutare le proprie capacità di insegnamento in maniera accurata
- **E** La metà degli insegnanti ha saputo valutare i colleghi in maniera accurata

---

40 **Alla scuola elementare se i bambini in un'aula sono seduti ai loro banchi disposti per file singole, la maestra riesce facilmente a guardarli tutti negli occhi mentre spiega alla lavagna. Cosa che, invece, non è sempre possibile se i bambini sono seduti attorno a tavoli rotondi in gruppi separati. Inoltre, i bambini seduti ai loro banchi disposti per file singole, quando alzano lo sguardo invece di avere contatto visivo con il bambino di fronte e voler chiacchierare, vedono la maestra. Quindi, essere seduti ai propri banchi disposti per file singole aiuta i bambini a rimanere concentrati meglio sul proprio lavoro e questa dovrebbe dunque essere la disposizione standard dei banchi in ogni aula elementare.**

Se considerata vera, quale delle seguenti affermazioni rende più forte l'argomentazione precedente?

- **A** Se i banchi sono disposti in file singole, i bambini riescono a vedere meglio la lavagna
- **B** Essere seduti in gruppi di 4-7 bambini rende più facile la discussione in classe
- **C** I banchi disposti in fila non occupano più spazio dei tavoli rotondi
- **D** Alcuni bambini si distraggono facilmente sia che siano seduti in banchi disposti per file singole sia che siano seduti in gruppi
- **E** I fautori dei metodi tradizionalisti reputano la disposizione in banchi in file singole come la migliore per insegnare

---

41 **Oggigiorno i mass media sono la principale fonte di informazione, pur non fornendo necessariamente un resoconto imparziale dei fatti e delle notizie basato su punti di vista diversi. Da ciò si può dedurre che le opinioni dei cittadini sugli eventi nazionali e internazionali non sono in effetti così obiettive come invece si tende a credere che siano. Su quale supposizione implicita si basa il brano precedente?**

- **A** L'opinione pubblica non è in grado di riconoscere che i fatti presentati dai mass media sono distorti
- **B** I mass media presentano i fatti sempre in modo distorto
- **C** I mass media cercano di distorcere la realtà
- **D** Tutti i mass media tendono a presentare i fatti dallo stesso punto di vista distorto
- **E** All'opinione pubblica non importa che i mass media non siano imparziali

42 **Giulia non si può permettere di acquistare la versione "advanced" di un determinato software. La versione "professional" è addirittura più costosa, ne consegue quindi che Giulia non potrà permettersi di acquistare nemmeno questa versione.**

Quale delle seguenti affermazioni SEGUE la stessa struttura logica del suddetto ragionamento?

- **A** I capelli di Giulia sono più corti di quelli di Barbara e quelli di Carla sono più lunghi di quelli di Barbara. Ne consegue quindi che i capelli di Giulia sono più corti di quelli di Carla
- **B** Giulia non riesce a prendere sonno se beve il tè dopo le ore 21.00, perché contiene caffeina. Il caffè contiene più caffeina del tè, ne consegue quindi che Giulia non berrà nemmeno il caffè dopo le ore 21.00
- **C** Per Giulia il centro commerciale è troppo distante per essere raggiunto a piedi. Il mercato dietro l'angolo è meno distante, ne consegue quindi che Giulia andrà piuttosto al mercato a piedi
- **D** Giulia non era sufficientemente paziente per completare un puzzle da 1000 pezzi ricevuto per il suo compleanno. Le parole crociate richiedono altrettanta pazienza, ne consegue che Giulia non completerà nemmeno le parole crociate
- **E** A Giulia non piace l'aglio. Questa pizza è all'aglio e alle acciughe, ne consegue quindi che a Giulia non piacerà nemmeno questa pizza

43 **«Paolo è così amico di Giuseppe e di Claudio che quando lui va alle feste ci vanno anche i suoi due amici».**

Data la frase precedente, quale delle seguenti affermazioni è certamente vera?

- **A** Ieri Claudio è andato a una festa, quindi c'è andato anche Paolo
- **B** Giuseppe e Claudio ieri erano a una festa, quindi c'era anche Paolo
- **C** Ieri c'era una festa alla quale Paolo non è andato, quindi anche Giuseppe e Claudio non c'erano
- **D** Paolo ieri è andato a una festa, quindi sicuramente c'erano anche Giuseppe e Claudio
- **E** Giuseppe ieri era a una festa, quindi sicuramente c'è andato anche Claudio

44 **«Da lungo tempo i governi europei hanno tentato di sviluppare industrie aeronautiche in grado di competere con quelle statunitensi. Negli anni Cinquanta e Sessanta tentativi di questo tipo furono effettuati a livello nazionale, ma con poco successo. A partire dalla fine degli anni Sessanta, tuttavia, in Europa si sono avuti due significativi sforzi di cooperazione per sviluppare il settore. Uno di questi sforzi si concretizzò nella promozione congiunta, da parte di Gran Bretagna e Francia, della produzione di un aereo supersonico, il *Concorde*. In termini commerciali i risultati si sono rivelati disastrosi. I Concorde sono estremamente costosi da gestire e il risparmio di poche ore di volo non è sufficiente a coprire la differenza di costi. Solamente pochi Concorde sono stati venduti e quei pochi sono stati acquistati dalle aviolinee nazionali (pubbliche) britanniche e francesi. La valutazione più generosa che può essere fatta sul Concorde è che esso generò esternalità tecnologiche sfruttate nel successivo tentativo europeo di ingresso nella produzione aeronautica, realizzatosi con l'Airbus».**

Dal brano si deduce che il Concorde avrebbe potuto avere un maggior successo commerciale se:

- **A** l'aeroplano fosse stato più veloce
- **B** i costi di produzione fossero stati inferiori a quelli sostenuti per produrre un aeroplano analogo da parte delle industrie statunitensi
- **C** fosse stata fatta una significativa campagna pubblicitaria sul nuovo aeroplano
- **D** i costi di gestione fossero stati inferiori
- **E** il tentativo di sviluppare industrie aeronautiche in grado di competere con quelle statunitensi non fosse stato effettuato a livello nazionale

45 **Data per vera l'affermazione che «tutti i cani che abbaiano non mordono», sarà necessariamente vera anche UNA delle affermazioni seguenti:**

A alcuni cani che abbaiano mordono
B i cani che mordono non abbaiano
C tutti gli animali che mordono non sono cani
D se i cani non mordono, abbaiano
E tutti i cani non mordono

46 **Per partecipare alle scommesse calcistiche in Gran Bretagna (note come "football pool") gli scommettitori devono selezionare quattro partite dalle cinquanta presenti sulla schedina. Il punteggio finale viene assegnato a seconda del risultato di ogni partita come segue:**
- se vince la squadra in casa, lo scommettitore ottiene 1,0 punti;
- se vince la squadra fuori casa, lo scommettitore ottiene 1,5 punti;
- se le squadre pareggiano, lo scommettitore ottiene 3,0 punti.
Quale dei seguenti punteggi cumulativi per quattro partite non è mai possibile?

A 10,0 punti B 9,0 punti C 9,5 punti D 8,5 punti E 10,5 punti

47 **In un giorno di traffico intenso, una coda di automobili aumenta del 50% ogni ora. Dopo quante ore la lunghezza della coda è raddoppiata rispetto alla lunghezza iniziale?**

A 2
B 1,5
C 1
D 3
E Non è possibile determinarlo con i dati a disposizione

48 **Mario è il secondogenito di una coppia con due figli, e sua moglie è figlia unica. Uno dei nonni del figlio di Mario ha una figlia che si chiama Francesca, la quale ha due anni meno di Mario.**
Date queste premesse, chi è la Francesca di cui si parla nel testo?

A Una zia di Mario
B Una figlia di Mario
C La moglie di Mario
D La sorella di Mario
E La madre di Mario

49 **In un esame il punteggio finale può essere un qualunque numero intero compreso tra 0 e 180 (estremi compresi). Per essere promossi bisogna ottenere almeno il 45% del punteggio massimo ammissibile. Qual è il punteggio massimo che può aver ottenuto un alunno bocciato?**

A 40 B 90 C 80 D 100 E 70

50 **Rosini editore ha appena pubblicato un cofanetto contenente due volumi, revisionati uno Doriana e l'altro da Ilaria. Il volume revisionato da Ilaria contiene 60 di pagine in più rispetto a quello revisionato da Doriana. Se il totale delle pagine dei due volumi è complessivamente di 340, e se per ogni pagina revisionata il compenso è stato di 0,50 euro, quanti euro ha guadagnato Doriana?**

A 200 B 70 C 140 D 100 E 120

51 **Nel grafico seguente sono riportati i valori medi della pressione arteriosa massima (o sistolica) di tutti gli abitanti di età compresa tra 10 e 70 anni della città Beta. Rispetto alla popolazione esaminata, si individui l'unica alternativa, tra le cinque proposte, che contiene un'interpretazione corretta delle informazioni presentate nel grafico.**

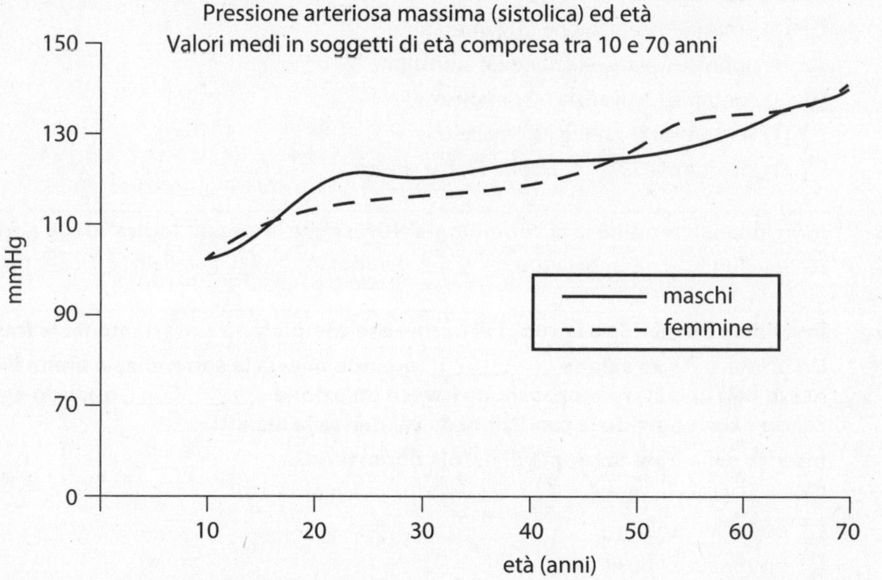

- **A** La pressione arteriosa massima aumenta in maniera costante nel corso degli anni
- **B** La pressione arteriosa massima è mediamente più elevata nell'anziano rispetto al giovane
- **C** La pressione arteriosa massima presenta un aumento direttamente proporzionale all'età
- **D** Mediamente i maschi tendono a presentare a ogni età valori più elevati di pressione arteriosa massima che le femmine
- **E** I soggetti anziani di sesso femminile hanno una pressione arteriosa massima inferiore rispetto ai soggetti di sesso maschile

52 **Apollonio filtra il materiale omerico con la sensibilità dello specialista che cerca il termine raro o crea il nesso rivelatore di un preziosismo che sa di lucerna: unisce parole omeriche che in Omero non sono mai accostate, innesta parole nuove in un verso riplasmato su un esametro omerico, a un termine antico dà una nuova accezione _________________, adotta tutti gli espedienti di quella che si chiama la tecnica allusiva.**

- **A** semantica
- **B** innovativa
- **C** etimologica
- **D** impropria
- **E** onomatopeica

53 **Prendere in castagna significa:**

- **A** cogliere in flagrante
- **B** prendere in giro
- **C** cogliere la palla al balzo
- **D** capirsi al volo
- **E** cogliere di sorpresa

SESTA PROVA

54 **Quali parole vanno sostituite ai numeri per dare un senso compiuto e logico alla seguente frase?**

«Le passioni generano spesso altre passioni a loro ____(1)____. L'avarizia produce talvolta la prodigalità; e la prodigalità l'____(2)____; si è spesso irremovibili per ____(3)_____, e audaci per timidità».

A (1) simili (2) ostentazione (3) temerarietà
B (1) opposte (2) assuefazione (3) ambizione
C (1) contrarie (2) avarizia (3) debolezza
D (1) verosimili (2) avidità (3) avversione
E (1) inverosimili (2) ostinazione (3) fiacchezza

55 **Individuare il termine la cui etimologia NON segue la stessa "logica" degli altri:**

A paraffina B paragone C paradosso D parallelo E parallasse

56 **Individuare la parola o i gruppi di parole che completano correttamente la frase seguente.**
Un farmaco ha un'azione ___________ quando allevia la sofferenza o limita il disagio connesso con uno stato morboso; ha invece un'azione ___________ quando agisce modificando e correggendo le condizioni da cui deriva la malattia.
Inserire nella frase la coppia di parole opportune.

A negativa / curativa
B positiva / risolutiva
C sintomatica / positiva
D palliativa / sintomatica
E sintomatica / terapeutica

SESTA PROVA

57 **Individuare la coppia di termini che completa correttamente la proporzione seguente.**
Sicuro : plausibile = X : Y

A X = colpevolezza, Y = innocenza
B X = predeterminazione, Y = onniscienza
C X = congettura, Y = scienza
D X = certezza, Y = possibilità
E X = comprensione, Y = azione

58 **Indicare il sinonimo di *impudente*:**

A sfacciato B incauto C sconsiderato D incurante E assiduo

59 **Individuate il personaggio "fuori secolo".**

A Voltaire B Rousseau C Beccaria D Campanella E Robespierre

60 **Uno dei titoli proposti NON appartiene all'autore al quale viene qui attribuito: individuatelo.**

A *La Storia* – Elsa Morante
B *Uomini e no* – Dacia Maraini
C *La cognizione del dolore* – Carlo Emilio Gadda
D *Le vergini delle rocce* – Gabriele D'Annunzio
E *Il giorno della civetta* – Leonardo Sciascia

Soluzioni della sesta prova

Alpha Test

Risposte esatte della sesta prova

Verificare le risposte relative alle domande della sesta prova

	A	B	C	D	E		A	B	C	D	E		A	B	C	D	E
1	□	□	□	□	■	21	□	■	□	□	□	41	■	□	□	□	□
2	□	■	□	□	□	22	□	□	■	□	□	42	□	■	□	□	□
3	□	□	□	■	□	23	■	□	□	□	□	43	□	□	□	■	□
4	■	□	□	□	□	24	■	□	□	□	□	44	□	□	□	■	□
5	□	■	□	□	□	25	■	□	□	□	□	45	□	■	□	□	□
6	■	□	□	□	□	26	□	■	□	□	□	46	□	□	■	□	□
7	□	□	■	□	□	27	□	□	■	□	□	47	■	□	□	□	□
8	□	■	□	□	□	28	□	■	□	□	□	48	□	□	■	□	□
9	■	□	□	□	□	29	■	□	□	□	□	49	□	□	■	□	□
10	□	□	□	□	■	30	□	□	□	■	□	50	□	■	□	□	□
11	□	□	□	□	■	31	□	□	□	■	□	51	□	■	□	□	□
12	□	■	□	□	□	32	□	□	□	□	■	52	■	□	□	□	□
13	■	□	□	□	□	33	□	■	□	□	□	53	■	□	□	□	□
14	□	□	□	■	□	34	□	□	□	■	□	54	□	□	■	□	□
15	□	□	■	□	□	35	□	□	□	■	□	55	■	□	□	□	□
16	□	□	□	□	■	36	■	□	□	□	□	56	□	□	□	□	■
17	■	□	□	□	□	37	□	■	□	□	□	57	□	□	□	■	□
18	■	□	□	□	□	38	■	□	□	□	□	58	■	□	□	□	□
19	□	□	■	□	□	39	□	□	□	■	□	59	□	□	□	■	□
20	■	□	□	□	□	40	■	□	□	□	□	60	□	■	□	□	□

Prove di verifica

SETTIMA PROVA

Alpha Test

Scheda per le risposte della settima prova

Contrassegnare le risposte relative alle domande della settima prova

	A	B	C	D	E		A	B	C	D	E		A	B	C	D	E
1						21						41					
2						22						42					
3						23						43					
4						24						44					
5						25						45					
6						26						46					
7						27						47					
8						28						48					
9						29						49					
10						30						50					
11						31						51					
12						32						52					
13						33						53					
14						34						54					
15						35						55					
16						36						56					
17						37						57					
18						38						58					
19						39						59					
20						40						60					

SETTIMA PROVA

Tempo a disposizione: 100 minuti

Conoscenze scientifiche

1 Quale delle seguenti affermazioni è CORRETTA?

- A La riproduzione sessuata è più semplice e risulta più vantaggiosa, in caso di variazioni ambientali, di quella asessuata
- B La riproduzione sessuata è più complessa e risulta più svantaggiosa, in caso di variazioni ambientali, rispetto a quella asessuata
- C La riproduzione asessuata è più semplice e risulta più vantaggiosa, in caso di variazioni ambientali, rispetto a quella sessuata
- D La riproduzione asessuata è più semplice e risulta più vantaggiosa, in caso di stabilità ambientale, rispetto a quella sessuata
- E La riproduzione asessuata e quella sessuata sono ugualmente vantaggiose perché sono semplici, rapide e danno una figliolanza molto numerosa

2 L'ischio si trova:

- A nella cintura pelvica
- B nella gabbia toracica
- C nel piede
- D nel cranio
- E nel polso

3 L'aumento della ventilazione polmonare dipende:

- A dall'aumento della concentrazione degli ioni H^+ nel sangue
- B dall'aumento dell'ossigeno nei tessuti
- C dalla diminuzione della quantità di CO_2 nei polmoni
- D dall'aumento della quantità di ossigeno nell'aria
- E dall'aumento della concentrazione di ioni OH^- nel sangue

4 Nell'attività digestiva dell'uomo un pH acido:

- A favorisce l'attivazione degli enzimi pancreatici
- B favorisce l'attività della flora batterica
- C favorisce l'attivazione del pepsinogeno
- D blocca l'attività gastrica
- E permette l'emulsionamento dei grassi

5 **In una razza di cani il carattere "assenza di pelo" è dovuto al genotipo eterozigote Hh. I cani con pelo normale sono omozigoti recessivi (hh); il genotipo omozigote dominante (HH) è letale e gli individui nascono morti. Dall'incrocio tra due cani mancanti di pelo, con quale frequenza si hanno cuccioli mancanti di pelo, sul totale dei cuccioli nati vivi?**

A Nessuno mancante di pelo
B 2/3
C 1/3
D Tutti a pelo normale
E Tutti mancanti di pelo

6 **Esistono molteplici forme di memoria che hanno sede in zone diverse del cervello: la memoria procedurale che riguarda le nostre abilità percettive e motorie, e la memoria dichiarativa o esplicita, distinta in memoria semantica, cioè la capacità di ricordare quanto sappiamo, e memoria episodica, la capacità di ricordare gli eventi. Si deve poi distinguere tra memoria a breve termine e memoria a lungo termine. Quest'ultima trattiene le informazioni per un lungo lasso di tempo, grazie anche a meccanismi emotivi di consolidamento.**

La capacità di andare in bicicletta anche dopo molti anni che non la si usa più può essere attribuita a:

A memoria episodica
B memoria esplicita
C memoria semantica
D memoria visiva
E memoria procedurale

7 **Endocardio e pericardio sono:**

A rivestimenti delle arterie
B rivestimenti delle articolazioni
C legamenti di inserzione dei muscoli sulle ossa
D membrane protettive dell'encefalo
E membrane di rivestimento del cuore

8 **Nel 1977 K. Itakura ha ottenuto batteri modificati capaci di produrre somatostatina, una proteina umana di soli 14 amminoacidi implicata nella regolazione del metabolismo dei carboidrati. La tecnica da lui usata venne in seguito utilizzata per produrre molti altri prodotti, come ormoni, enzimi, anticorpi, vaccini. Questa tecnologia è oggi nota come:**

A clonazione
B ricombinazione genica nei cromosomi
C PCR o reazione a catena della polimerasi
D tecnologia del DNA ricombinante
E produzione di nuove specie

9 **La figura rappresenta una tipica vertebra toracica.**
Si può asserire che il corpo vertebrale:

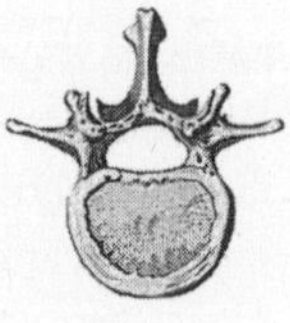

A è rivolto verso l'interno del nostro corpo
B si articola con le costole
C è rivolto verso l'esterno del nostro corpo
D si articola con lo sterno
E racchiude il midollo spinale

10 **Si consideri l'albero genealogico di una famiglia in cui è presente un gene recessivo legato al sesso che determina una malattia genetica.**

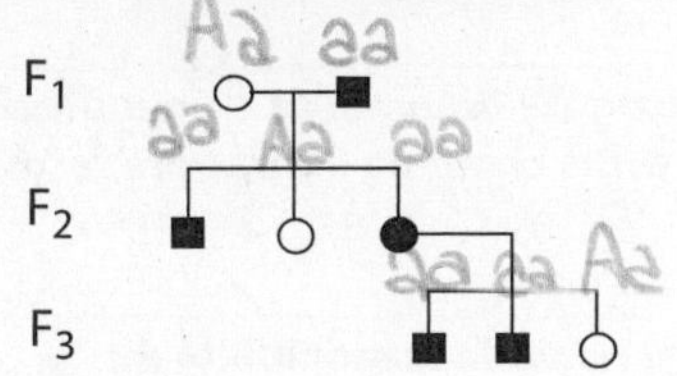

○ = individuo sano
■ ●= individui malati

Possiamo dire con certezza che:

- **A** la femmina sana di F_2 è omozigote
- **B** la femmina malata di F_2 è eterozigote
- **C** la femmina sana di F_3 è sicuramente omozigote
- **D** la femmina di F_1 è eterozigote
- **E** uno dei maschi di F_3 avrà sicuramente un figlio maschio malato

11 **Il lattosio è un disaccaride presente in grande quantità nel latte, ma non da tutti è digerito e per questo in commercio è presente il latte delattosato H.D. (*High Digestibility*). Dal latte deriva lo yogurt, un alimento di consistenza cremosa e di sapore acidulo. Lo yogurt si ottiene grazie all'azione dei così detti "fermenti lattici", tra cui per esempio il *Lactobacillus bulgaricus, Acidophilus* o il *Bacillus bifidus* che inducono la trasformazione del lattosio in acido lattico. I fermenti lattici svolgono importanti funzioni nel nostro organismo, infatti prevengono le infezioni intestinali, permettono la ricostituzione di una adeguata flora batterica dopo cure con assunzione di antibiotici e rafforzano le difese immunitarie.**

Dalla lettura del brano si può dedurre che:

- **A** lo yogurt deriva dalla fermentazione del lattosio contenuto nel latte
- **B** lo yogurt è latte delattosato
- **C** i fermenti lattici provocano infezioni intestinali
- **D** il latte H.D. rafforza le difese immunitarie
- **E** il *Bacillus bifidus* è usato per produrre industrialmente il latte H.D.

12 **Quale tra i grafici meglio rappresenta la produzione dell'ormone FSH durante il ciclo ovarico?**

- **A** 5
- **B** 3
- **C** 1
- **D** 4
- **E** 2

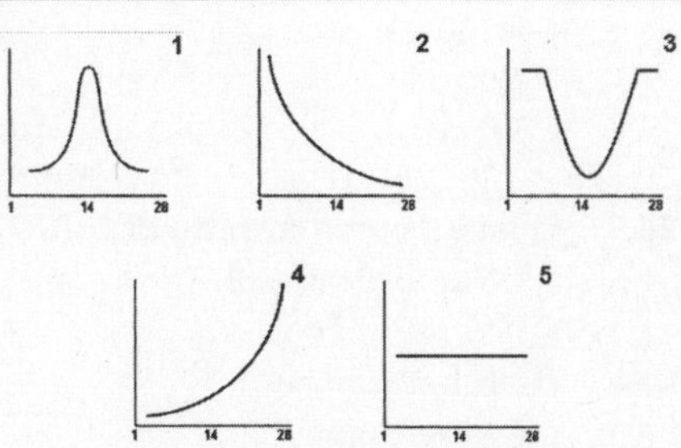

13 **Quali sono i tre componenti di un acido nucleico?**

- **A** Base azotata, esoso e fosfato
- **B** Base azotata, pentoso e fosfato
- **C** Base azotata, esoso e solfato
- **D** Base azotata, pentoso e solfato
- **E** Amminoacido, pentoso e fosfato

14 **Il diametro di una cellula della mucosa boccale è circa 50 μm, corrispondente a:**

A 0,5 nm B 0,5 mm C 0,05 mm D 5 nm E 0,05 cm

15 **Nell'incrocio tra un individuo omozigote dominante e un individuo eterozigote, qual è la probabilità che nel fenotipo della prole compaia il carattere recessivo?**

A 1/2 B 1/16 C 0 D 100% E 1/4

16 **La reazione oscura della fotosintesi richiede disponibilità di:**

A luce
B anidride carbonica
C ribosio
D fosforo
E ossigeno

17 **In quale processo biochimico cellulare sono implicati l'acido citrico, l'acido succinico e l'acido ossalacetico?**

A La fermentazione lattica
B Il ciclo di Krebs
C L'ossidazione dell'acido piruvico
D La fotosintesi
E La glicolisi anaerobia

18 **Il significato del termine "analgesia" è:**

A suturazione di vasi sanguigni
B intolleranza al lattosio
C sensibilità al dolore
D assenza della sensazione del dolore
E perdita di liquidi biologici

19 **A quale volume è necessario portare 30 ml di HCl 3 M per ottenere HCl 0,5 M?**

A 60 ml
B 180 ml
C 360 ml
D 90 ml
E 5 ml

20 **Qual è il nome corretto di $Cu(NO_2)_2$?**

A Nitrito di rame (I)
B Nitrito rameoso
C Nitrato rameoso
D Nitrato rameico
E Nitrito rameico

21 **Una mole di un dato composto contiene:**

A un numero di molecole pari al numero di Avogadro
B un grammo del composto
C un numero di molecole pari alla costante di Boltzmann
D un numero di molecole pari al numero di Avogadro moltiplicato per il peso molecolare
E non si può dire senza ulteriori dati

SETTIMA PROVA

22 **Quale dei seguenti liquidi è miscibile con un egual volume di acqua?**

A Alcol metilico
B Etere etilico
C Olio di paraffina
D Cloroformio
E Etere di petrolio

23 **Identificare l'acido (secondo la definizione di Brønsted e Lowry):**

A NaOH
B C_6H_6
C NH_4^+
D OH^-
E $C_6H_{12}O_6$

24 **Un valore positivo della variazione di energia libera indica che la reazione è:**

A spontanea
B endotermica
C esotermica
D molto veloce
E non spontanea

25 **Il legame covalente necessita di:**

A trasferimento di elettroni tra atomi
B cessione di almeno due elettroni
C condivisione degli elettroni tra atomi
D acquisizione di almeno tre elettroni
E un metallo e un non metallo

26 **Il ciclopentano:**

A presenta carattere aromatico
B può andare incontro a reazioni di sostituzione
C è costituito da 5 atomi di C e 5 atomi di H
D possiede atomi di C ibridati *sp*
E dà facilmente reazioni di addizione

27 **Aumentando la pressione esterna su di un liquido, il punto di ebollizione di quest'ultimo:**

A si abbassa
B resta invariato
C si innalza
D varia con il quadrato della variazione della pressione
E si dimezza

28 **Secondo la legge di Lavoiser in una trasformazione chimica rimane costante:**

A la massa del sistema
B la densità del sistema
C il volume delle sostanze
D lo stato di aggregazione delle sostanze
E il contenuto energetico

29 Nella reazione $2\,HBr + I_2 \rightarrow 2\,HI + Br_2$:

- **A** il bromo si riduce e lo iodio si ossida
- **B** il bromo si ossida e lo iodio si riduce
- **C** il bromo e lo iodio si ossidano e il potassio si riduce
- **D** il potassio si riduce e lo iodio si ossida
- **E** il potassio e il bromo si ossidano e lo iodio si riduce

30 La densità di un liquido è 1,08 kg/l. Ciò significa che:

- **A** 10 ml pesano 10,8 g
- **B** 1 ml pesa 1,08 kg
- **C** 1 l pesa 10,8 g
- **D** 10 ml pesano 108 mg
- **E** 1 l pesa 1080 mg

31 La funzione cartesiana $3 \cdot (x^2 + y^2) = 4$ rappresenta:

- **A** un'iperbole
- **B** un'ellisse
- **C** una retta
- **D** una circonferenza
- **E** una parabola

32 Nel settore circolare AOB l'area della porzione di piano S delimitata dai due archi di circonferenza e dal raggio OA di lunghezza *r* vale:

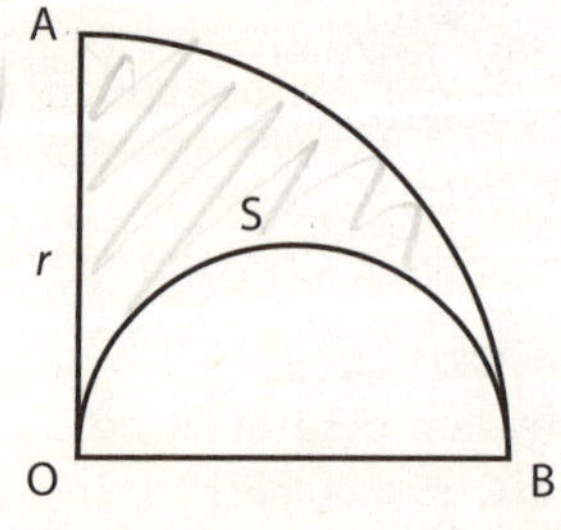

A $\frac{\pi r^2}{6}$ **B** $\frac{\pi r^2}{10}$ **C** $\frac{\pi r^2}{8}$ **D** $\frac{r^2}{2}$ **E** $\frac{r^2}{3}$

33 Quanti sono i numeri di due cifre in cui la somma delle cifre è 12?

A 36 **B** 7 **C** 6 **D** 45 **E** 4

34 Il pavimento di un locale a forma rettangolare, di lati rispettivamente 4 e 6 metri, è stato ricoperto con piastrelle di forma simile al rettangolo del pavimento. Il costo di ogni piastrella è stato di € 4 e quello di tutte le piastrelle di € 1.600. Quali sono le dimensioni di ogni piastrella?

- **A** 20 cm e 30 cm
- **B** 25 cm e 50 cm
- **C** 18 cm e 27 cm
- **D** 12 cm e 18 cm
- **E** 10 cm e 15 cm

35 **Un circuito elettrico è costituito da tre resistenze collegate in parallelo. Le prime due hanno un valore di 20 e 40 ohm rispettivamente, mentre il valore resistivo della terza è ignoto. Misurando la resistenza totale del circuito si ricava un valore di 12 ohm. Qual è il valore più probabile della terza resistenza?**

- A 32 ohm
- B 48 ohm
- C 72 ohm
- D 120 ohm
- E 240 ohm

36 **Una forza di 10 newton applicata a una massa di 20 chilogrammi inizialmente ferma e appoggiata su di un piano orizzontale, da ritenersi ad attrito trascurabile, produce:**

- A una velocità costante di 0,5 metri al secondo
- B un'accelerazione costante di 0,5 metri al secondo per secondo
- C una velocità costante di 2 metri al secondo
- D un'accelerazione costante di 2 metri al secondo per secondo
- E un aumento di massa del 10%

37 **Una carica libera di muoversi, posta in un campo elettrico:**

- A resta ferma
- B si sposta spontaneamente verso l'infinito
- C si sposta spontaneamente verso i punti a energia potenziale più bassa
- D si sposta spontaneamente verso i punti a energia potenziale più alta
- E si sposta spontaneamente lungo una direzione che dipende dal segno della sua carica

38 **Acqua scorre entro un tubo lungo circa 10 metri e posto verticalmente. Alla sommità, lo alimenta un grande serbatoio. L'acqua in uscita dal tubo cade sulle pale di una ruota da mulino che è così indotta a ruotare facendo muovere i meccanismi della macina. Quale delle affermazioni seguenti è più adatta per identificare la conservazione dell'energia nel sistema descritto?**

- A Energia potenziale viene trasformata in energia cinetica e quindi in lavoro
- B La massa d'acqua si conserva e quindi si conserva la sua energia potenziale
- C L'energia cinetica dell'acqua rimane costante e quindi trasformata in lavoro
- D L'acqua acquista energia potenziale cadendo
- E Si conserva l'energia perché la temperatura dell'acqua resta costante

SETTIMA PROVA

Ragionamento logico e cultura generale

39 ***Sempre più frequentemente, nell'ambito dei processi, viene permesso ai bambini di testimoniare, a condizione che ciò avvenga in videoconferenza e alla presenza di un adulto. Il comportamento dei bambini è stato oggetto di numerosi studi psicologici e, in un particolare esperimento, alcuni bambini venivano condotti in una stanza al cui interno vi era il loro giocattolo preferito. L'adulto, dopo aver chiesto al bambino di non guardare il giocattolo in sua assenza, usciva poi dalla stanza. Durante l'assenza dell'adulto il bambino veniva osservato di nascosto. Quando l'adulto rientrava, chiedeva al bambino se avesse guardato il giocattolo o meno. Quasi tutti i bambini, indipendentemente dalla loro età, pur avendo guardato il giocattolo, negavano di averlo fatto. Ciò dimostra che i bambini non sono idonei a testimoniare nei processi.***

Su quale supposizione implicita si basa il brano precedente?

- **A** La reazione dei bambini in tribunale è diversa da quella degli adulti
- **B** I processi sono complicati e difficili da gestire per i bambini
- **C** La maggior parte degli esperimenti ha riguardato esclusivamente il comportamento dei bambini stessi
- **D** Dato che i bambini mentono riguardo al proprio comportamento, possono mentire anche riguardo al comportamento altrui durante i processi
- **E** I bambini, quando vengono interrogati riguardo al proprio comportamento, mentono per evitare problemi

40 **Indicare quali parole, tra le cinque sequenze proposte, vanno sostituite ai numeri per dare un senso compiuto e logico alle frasi seguenti.**

«I cervello aveva ___(1)___ uguali alle nostre già negli uomini di 300.000 anni fa; anzi, sembra quasi avesse addirittura un ___(2)___ un po' superiore a quello odierno. Questo non implica che fosse di ___(3)___ interna uguale alla nostra».

- **A** (1) funzioni, (2) peso, (3) specie
- **B** (1) condizioni, (2) formato, (3) tipologia
- **C** (1) dimensioni, (2) volume, (3) struttura
- **D** (1) grandezze, (2) rilievo, (3) durezza
- **E** (1) misure, (2) valore, (3) peculiarità

41 **Le statistiche delle forze dell'ordine confermano che mai come prima nella storia del nostro paese il numero di agenti di pubblica sicurezza è stato più elevato. Sul campo ci sono sia un maggior numero di agenti di polizia che di carabinieri. Questa è la ragione per la quale, la settimana scorsa, il livello di criminalità si è abbassato del 30%.**

Quale delle seguenti risposte costituisce il passaggio logico errato nel brano precedente?

- **A** I carabinieri non hanno gli stessi poteri degli agenti di polizia
- **B** I livelli di criminalità possono essere rilevati in maniere diverse
- **C** La criminalità potrebbe anche essere diminuita se non ci fosse stato un aumento del numero di forze dell'ordine
- **D** Il fatto che la criminalità sia diminuita la settimana scorsa non significa affatto che rimarrà a livelli bassi
- **E** Avere più agenti di polizia potrebbe significare che più criminalità viene segnalata

42 **Medici e infermieri non ricevono alcun compenso extra quando salvano la vita di un paziente, poiché ciò fa parte del loro lavoro. Allo stesso modo, gli insegnanti non ricevono un compenso supplementare quando i loro studenti superano gli esami in modo brillante. Tuttavia, nel Regno Unito è stato recentemente proposto di dare un compenso extra agli agenti di polizia, fino a un massimo di £1.000 annuali, in base al loro contributo nella lotta contro la criminalità. Tale proposta di incentivare gli agenti di polizia deve essere respinta poiché i dipendenti pubblici dovrebbero semplicemente svolgere bene il loro lavoro.**

Quale delle seguenti affermazioni, se considerata vera, indebolisce l'argomentazione contro gli incentivi agli agenti di polizia?

- A Nel Regno Unito c'è una forte carenza di organico tra gli agenti di polizia
- B Il compenso extra proposto per gli insegnanti sarebbe legato all'impegno dei loro studenti
- C Il Servizio Sanitario nazionale non sarebbe più sostenibile dalle finanze pubbliche qualora i dipendenti ricevessero compensi extra
- D L'opinione pubblica è generalmente molto critica nei confronti degli agenti di polizia
- E Nel settore privato i datori di lavoro, a loro discrezione, possono elargire compensi extra ai dipendenti

---

43 **Mentre i benefici dell'esercizio fisico cardio-vascolare sono ben noti, studi medici recenti hanno dimostrato che un esercizio fisico eccessivo può provocare in realtà danni al sistema immunitario. È stato riscontrato che gli atleti, ritenuti chiaramente in perfetta forma fisica, sono notevolmente più predisposti a contrarre raffreddori e influenze. Inoltre, molti atleti sono vittime dei tumori in giovane età, nonostante seguano una dieta equilibrata e svolgano alti livelli di esercizio fisico. I medici hanno dichiarato che il miglior modo per prevenire i tumori è quello di mantenere un sistema immunitario sano. Si deduce quindi che, per aumentare le possibilità di una vita longeva, non è consigliabile svolgere alti livelli di esercizio fisico.**

Quale delle seguenti risposte costituisce il passaggio logico errato nel brano precedente?

- A Ci sono scarse prove a favore di una qualsivoglia correlazione tra l'esercizio fisico eccessivo e il sistema immunitario
- B Esistono molti altri fattori di gran lunga più dannosi per il sistema immunitario che non un eccessivo esercizio fisico
- C Non c'è alcuna garanzia che un sano sistema immunitario possa prevenire i tumori
- D È più probabile che più vite vengano prolungate per merito di alti livelli di esercizio fisico, piuttosto che accorciate da tumori in giovane età
- E Esistono probabilmente altre ragioni per le incidenze di tumori tra i giovani sportivi - ad esempio l'uso di sostanze per il miglioramento delle prestazioni, quale l'uso di steroidi

---

44 **Sette squadre si sono iscritte a un torneo di calcio a cinque che si svolgerà in un'unica giornata. Ogni squadra incontrerà tutte le altre solo una volta, per un totale di 21 partite; ogni partita avrà una durata di 15 minuti, senza alcuna interruzione, e ci sarà un intervallo di esattamente 5 minuti tra una partita e l'altra. Per lo svolgimento di tutte le partite di tale torneo è disponibile un unico campo. Se il torneo avrà inizio alle ore 9:00 del mattino, a che ora terminerà?**

- A 14:15
- B 13:15
- C 16:00
- D 15:55
- E 22:55

SETTIMA PROVA

45 **Quale di questi ragionamenti è corretto da un punto di vista deduttivo?**

- **A** Carlo frequenta la prima elementare. La maggioranza dei bambini che frequentano la prima elementare ha sei anni, quindi Carlo ha sei anni
- **B** Carlo ha 4 anni. I bambini sopra 4 anni sono biondi. Quindi Carlo non è biondo
- **C** Carlo ha 4 anni. I bambini sopra 4 anni non sono biondi. Quindi Carlo è biondo
- **D** Carlo ha 4 anni. I bambini di 4 anni sono tutti biondi. Quindi Carlo è biondo
- **E** Se Carlo avesse sei anni e frequentasse la prima elementare, e se tutti gli altri bambini di quella classe fossero biondi, Carlo sarebbe biondo

46 **Se Luigi lavorasse di più stasera guadagnerebbe più soldi. Tuttavia, se andasse a fare un giro in bicicletta si manterrebbe più in forma. Luigi ha più bisogno di mantenersi in forma che di guadagnare più soldi, quindi andrà a fare un giro in bicicletta.**

Quale delle seguenti affermazioni segue la stessa struttura logica del suddetto ragionamento?

- **A** Se Maria facesse le faccende domestiche la casa sarebbe pulita ed ordinata. Se uscisse con gli amici, invece, sarebbe rilassata e di buon umore. Maria preferisce essere di buon umore piuttosto che avere una casa ordinata quindi uscirà con gli amici
- **B** Se uscissi adesso andrei a divertirmi con i miei amici. Tuttavia, se uscissi non farei i compiti e se non faccio i miei compiti l'insegnante mi rimprovererà di fronte ai miei amici, quindi è meglio che non esca
- **C** Se Pietro imparasse a guidare la macchina acquisirebbe una capacità utile. Se mettesse da parte dei soldi potrebbe viaggiare in giro per il mondo. È necessario che Pietro impari a guidare, ma può farlo anche in futuro, quindi viaggerà in giro per il mondo finché è giovane
- **D** Solo se Antonio lavorasse di più potrebbe avere un aumento di stipendio. Se facesse un part-time, invece, avrebbe più tempo a disposizione. Antonio vorrebbe avere un aumento di stipendio quindi non chiederà il part-time
- **E** Se Mario mangiasse la torta di sicuro sentirebbe che è molto buona, ma se non la mangiasse perderebbe peso. A Mario non interessa più perdere peso, quindi mangerà la torta

47 **«In una certa regione esistono alcuni centri specializzati nel trattamento di una malattia che esige terapie complesse di alta specializzazione. I pazienti sono ammessi, su richiesta loro o più spesso dei medici di famiglia, a uno di questi centri che operano tutti secondo schemi condivisi, regolarmente aggiornati e controllati. Negli ultimi cinque anni i progressi ottenuti nella terapia hanno consentito di allargarne le indicazioni anche a soggetti anziani e a casi complicati, in precedenza non considerati idonei ai trattamenti, che non avevano ancora raggiunto gli attuali livelli di sicurezza e di efficacia. Questo allargamento delle accettazioni al trattamento si è accompagnato a un notevole incremento del numero dei soggetti anziani e/o più compromessi nel centro maggiore, situato in una grande area urbana. Questo fenomeno si è invece verificato in misura molto ridotta in due altri centri collocati in aree prevalentemente rurali».**

Tra le seguenti ipotesi esplicative del fenomeno, una sola deve essere scartata a priori in quanto in contraddizione con ciò che è affermato nel testo:

- **A** nell'area urbana ci si ammala di più
- **B** nell'area rurale i medici di famiglia hanno un miglior rapporto con i loro assistiti e li curano meglio
- **C** il centro "cittadino" è preferito dai medici e dai pazienti più anziani
- **D** nell'area urbana i criteri di accettazione nel programma terapeutico sono più ampi
- **E** il centro cittadino applica terapie più efficaci e moderne

SETTIMA PROVA

48 **Per avere del latte è necessario ma non sufficiente avere o una mucca o una capra. Determinare quale delle seguenti situazioni è NON compatibile con questa affermazione.**

A Riccardo ha del latte, ma non ha né capre né mucche
B Riccardo ha una mucca, ma non ha del latte
C Riccardo non ha una capra, ma ha del latte
D Riccardo ha del latte ma non ha una mucca
E Riccardo ha una capra e una mucca, ma non ha del latte

49 **Negli ultimi vent'anni la popolazione della città A è aumentata di circa il 5%, arrivando a 340.000 abitanti; la città B ha visto invece una leggera riduzione, scendendo sotto i 700.000, mentre la città C ha triplicato i suoi abitanti, arrivando a 42.000.**
Sulla base di questi dati qual era la popolazione delle tre città vent'anni prima?

A A 323.000; B 702.000; C 14.000
B A 300.000; B 702.000; C 22.000
C A 323.000; B 695.000; C 44.000
D A 255.000; B 695.000; C 22.000
E A 357.000; B 715.000; C 14.000

50 **Il giardino di Villa Bella è decorato da tre tipi di fiori: gelsomini, gardenie e viole. Sapendo che il numero di gelsomini sta a quello delle gardenie come 3 sta a 4, che il numero di viole sta a quello dei gelsomini come 5 sta a 3 e che nel giardino ci sono in tutto 36 gardenie, qual è il numero totale di fiori a Villa Bella?**

A 100
B 123
C 117
D 82
E 108

51 **Un insegnante di una scuola frequentata da alunni dagli 11 ai 16 anni di età ha impostato un codice numerico per aprire la porta della sua classe. Per ricordarsi il codice utilizza il seguente metodo:**

- **le 2 cifre del suo mese di nascita invertite (ad esempio, febbraio, ovvero 02, invertito diventa 20);**
- **poi l'età, all'inizio dell'anno scolastico, dei ragazzi della sua classe con le cifre invertite;**
- **e, infine, il giorno del mese del suo compleanno, anch'esso con le cifre invertite.**

Quale dei seguenti non può essere il codice per aprire la porta della sua classe?

A 115191
B 701131
C 602124
D 903121
E 215150

52 **Ogni volta che Mattia inizia a comporre un nuovo puzzle, per prima cosa cerca i pezzi del bordo e con questi ne compone il perimetro; poi cerca i pezzi che servono per il centro del puzzle. Mattia intende iniziare un puzzle rettangolare di 1000 pezzi che, secondo quanto indicato sulla confezione, dovrebbe avere, una volta ultimato, 25 file di pezzi e 40 pezzi in ogni fila. Quanti pezzi del bordo servono a Mattia per comporre il perimetro del puzzle?**

A 130 B 182 C 126 D 230 E 234

SETTIMA PROVA

53 **La seguente tabella riporta le tariffe settimanali con formula "tutto compreso" (affitto + spese viaggio) di una casa vacanza in Francia.**

Numero di persone	1	2	3	4
Prezzo per persona	EURO 800	EURO 450	EURO 333	EURO 275

Quale delle seguenti spiegazioni giustifica i prezzi riportati nella tabella di cui sopra?

- A Il prezzo totale della casa si ottiene sommando una tariffa fissa per l'affitto e un importo fisso a persona per le spese di viaggio
- B Il prezzo include una caparra che viene interamente rimborsata in assenza di danni
- C L'agenzia turistica aggiunge una percentuale alla tariffa totale versata
- D Viene applicato uno sconto per ogni persona in più, in aggiunta al costo base della casa
- E La tariffa per l'affitto della casa è fissa e viene divisa secondo il numero delle persone

54 **Due guardie addette alla sicurezza, Davide e Giovanni, fanno la ronda in una base aerea. Davide passa davanti all'ingresso principale ogni 8 minuti. Giovanni passa davanti all'ingresso principale ogni 15 minuti. Ciascuno ha iniziato il proprio giro all'inizio del turno.**

Quanto tempo passerà prima che si incontrino nuovamente davanti al cancello principale?

- A 1 ora e 0 minuti
- B 2 ore e 0 minuti
- C 2 ore e 30 minuti
- D 1 ora e 30 minuti
- E 3 ore e 0 minuti

55 **Tutte le amiche di Alessandra sono veliste, e tutte le veliste sono abbronzate. Determinare, sulla base di queste sole informazioni, quale delle seguenti deduzioni è corretta.**

- A Lisa è abbronzata quindi è una amica di Alessandra
- B Lisa non è velista, quindi non è abbronzata
- C Lisa non è amica di Alessandra, quindi non è abbronzata
- D Lisa non è abbronzata, quindi non è una delle amiche di Alessandra
- E Lisa è una velista abbronzata, quindi è amica di Alessandra

56 **Individuare la parola o i gruppi di parole che completano correttamente la frase seguente.**

Con il termine ____________________ si intende l'insieme di misure e interventi volti a eliminare o ridurre i fattori responsabili dell'insorgenza di una malattia nella popolazione sana.

- A diagnosi precoce
- B prevenzione primaria
- C prevenzione terziaria
- D profilassi
- E vaccinazione

57 **Trovare l'intruso.**

A Giocare B Piantare C Fare D Dire E Sognare

SETTIMA PROVA

58 **Individuare la coppia di termini che completa correttamente la proporzione seguente.**

Ragno : X = gatto : Y

A X = insetto, Y = vertebrato
B X = quadrupede, Y = invertebrato
C X = bagno, Y = patto
D X = aracnide, Y = mammifero
E X = topo, Y = insetto

59 **Nel corso del secondo conflitto mondiale, quando fu annunciato l'armistizio tra il Regno d'Italia e gli anglo-americani?**

A 25 aprile 1945
B 6 giugno 1944
C 4 novembre 1940
D 8 settembre 1943
E 25 luglio 1943

60 **Qual è la caratteristica preminente della tundra?**

A La presenza di stagni
B Un paesaggio arido e brullo
C La presenza di mangrovie
D L'assenza di vita
E L'assenza di vegetazione arborea

SETTIMA PROVA

Soluzioni della settima prova

Alpha Test

Risposte esatte della settima prova

VERIFICARE LE RISPOSTE RELATIVE ALLE DOMANDE DELLA SETTIMA PROVA

	A	B	C	D	E
1				■	
2	■				
3	■				
4			■		
5		■			
6					■
7					■
8				■	
9	■				
10				■	
11	■				
12			■		
13		■			
14			■		
15			■		
16		■			
17		■			
18				■	
19		■			
20					■

	A	B	C	D	E
21	■				
22	■				
23			■		
24					■
25			■		
26		■			
27			■		
28	■				
29		■			
30	■				
31				■	
32			■		
33		■			
34	■				
35				■	
36		■			
37					■
38	■				
39				■	
40			■		

	A	B	C	D	E
41			■		
42	■				
43				■	
44				■	
45				■	
46	■				
47					■
48	■				
49	■				
50					■
51			■		
52			■		
53	■				
54		■			
55				■	
56		■			
57				■	
58				■	
59				■	
60					■

Prove di verifica

OTTAVA PROVA

Alpha Test

Scheda per le risposte della ottava prova

Contrassegnare le risposte relative alle domande della ottava prova

	A	B	C	D	E		A	B	C	D	E		A	B	C	D	E
1						21						41					
2						22						42					
3						23						43					
4						24						44					
5						25						45					
6						26						46					
7						27						47					
8						28						48					
9						29						49					
10						30						50					
11						31						51					
12						32						52					
13						33						53					
14						34						54					
15						35						55					
16						36						56					
17						37						57					
18						38						58					
19						39						59					
20						40						60					

OTTAVA PROVA

Tempo a disposizione: 100 minuti

Conoscenze scientifiche

1 **Individuare l'affermazione corretta:**

A la produzione di progesterone favorisce l'ovulazione
B la produzione di progesterone inibisce l'ovulazione
C l'ovocita si sviluppa nel corpo luteo
D il progesterone è prodotto dal follicolo ovarico prima dell'ovulazione
E l'ovulazione avviene con l'inizio del ciclo mestruale

2 **La volpe rossa e la volpe polare sono due specie affini capaci di incrociarsi tra loro anche se l'ibrido è sterile. La volpe rossa ha 18 coppie di cromosomi omologhi mentre la volpe artica ne ha 26. Quale sarà il numero di cromosomi nelle cellule somatiche dell'ibrido?**

A 18 B 22 C 26 D 44 E 88

3 **La propagazione dell'impulso nervoso lungo un assone procede con verso obbligato perché:**

A la membrana cellulare ha modeste proprietà isolanti
B i canali del potassio sono tutti orientati in un verso ben preciso
C le zone già interessate allo stimolo sono refrattarie alla polarizzazione
D le cellule gliali che circondano l'assone consentono la propagazione in una sola direzione
E c'è continuità tra neuriti e dendriti

4 **La vaccinazione:**

A scatena una risposta immune primaria molto veloce
B fa sì che la risposta immune secondaria sia più attenuata della prima
C basa la sua azione sulla memoria e sulla specificità del sistema immunitario
D viene fatta tramite il trasferimento di linfociti T o B o di cellule della memoria
E viene fatta tramite il trasferimento di anticorpi o di altri recettori solubili

5 **Quale completamento è corretto per la frase seguente? «La diffusione facilitata attraverso le membrane cellulari ......».**

A non è mediata da proteine
B richiede l'ATP come fonte di energia per il movimento delle sostanze
C è una forma di trasporto attivo
D sfrutta il gradiente di concentrazione
E è un processo che avviene contro gradiente di concentrazione

6 **La "ricombinazione" tra due geni è minima quando i geni sono localizzati:**

- A sullo stesso cromosoma a grande distanza tra loro
- B su cromosomi diversi
- C sui cromatidi di cromosomi diversi
- D sullo stesso cromosoma a piccola distanza tra loro
- E uno sul cromosoma X e l'altro su un autosoma

7 **La melatonina è un ormone prodotto da una ghiandola posta alla base del cervello, e ha la funzione di regolare il ciclo sonno-veglia. Per questo è usata da chi fa lunghi viaggi in aereo con repentini cambi di fuso orario. La ghiandola che produce la melatonina è:**

- A l'ipofisi
- B la tiroide
- C il timo
- D l'epifisi
- E il surrene

8 **Quale voce di questo ipotetico menu è consigliabile per aumentare nella dieta l'apporto di fibre alimentari?**

- A Minestrone con piselli e lenticchie
- B Carne alla griglia, uova al prosciutto, pane bianco
- C Latte, gelato
- D Tè, yogurt, budino
- E Patate fritte e meringata

9 **Per esoni si intende:**

- A zone del DNA eliminate durante lo splicing
- B regioni del DNA non codificanti
- C porzioni codificanti di un gene
- D geni silenti che non vengono espressi
- E zone del DNA non trascritte in RNA

10 **Supponendo che il colore della pelle sia dovuto a 3 soli geni ereditati separatamente, e cioè: A, B, C = pelle molto scura, e a, b, c = pelle molto chiara, dall'incrocio (F1) di un individuo AABBCC (= molto scuro) con un individuo aabbcc (= molto chiaro), in F3 nasceranno nipoti:**

- A bianchi con ogni probabilità 1/64
- B solo neri con pelle molto scura
- C solo di colore intermedio
- D solo bianchi
- E l'incrocio non è possibile

11 **Il percorso che il sangue deossigenato compie per giungere ai polmoni è:**

- A Arteria polmonare – Atrio destro – Atrio sinistro – Vena polmonare
- B Vena cava superiore – Atrio destro – Ventricolo sinistro – Arteria polmonare
- C Vene cave – Atrio sinistro – Ventricolo sinistro – Arteria polmonare
- D Vena polmonare – Atrio sinistro – Ventricolo sinistro – Arteria polmonare
- E Vene cave – Atrio destro – Ventricolo destro - Arteria polmonare

12 **Quale delle seguenti affermazioni relative alla molecola di ATP è corretta?**

A Contiene la base azotata adenosina
B Contiene lo zucchero ribosio
C Non è utilizzata dai batteri
D Il distacco dei gruppi fosfato è altamente endoergonico
E La base azotata lega direttamente i tre gruppi fosfato

13 **Secondo alcuni recenti studi, sembra che l'America precolombiana avesse una popolazione assai più numerosa di quella europea del tempo; alcune città – come la capitale azteca Tenochtitlan – fossero metropoli moderne con sistemi di acqua potabile e ampie vie di comunicazione; l'agricoltura si avvalesse di tecnologie d'avanguardia con forme di gestione dei suoli sconosciute in Europa. Nel 1520 tuttavia, Cortès, dopo iniziali e ripetute sconfitte, riuscì a distruggere l'impero di Montezuma. La conquista fu in definitiva relativamente facile, grazie all'inconsapevole aiuto del virus *Variola major* portato dai soldati spagnoli, che debellò la popolazione indigena.**
Si può dedurre che:

A i soldati spagnoli erano parzialmente immunizzati contro la diffusione del virus
B la popolazione delle città viveva in condizioni di scarsa igiene
C i soldati spagnoli erano stati vaccinati contro il virus del vaiolo
D i soldati spagnoli erano numericamente più numerosi della popolazione indigena
E il virus del vaiolo europeo era resistente alle vaccinazioni usate dagli indigeni precolombiani

14 **Le ghiandole sono costituite da:**

A tessuto connettivo
B fibre muscolari
C plasmacellule
D adipociti
E cellule epiteliali

15 **Per quale delle cinque proteine elencate è indicata la funzione esatta?**

A Melanina $\rightarrow$ ormone
B Miosina $\rightarrow$ trasportatore
C Citocromo c $\rightarrow$ recettore
D DNA ligasi $\rightarrow$ tossina
E Tripsina $\rightarrow$ enzima

16 **Quale delle seguenti sostanze NON è una proteina?**

A Colesterolo
B Fibrinogeno
C Lisozima
D Mioglobina
E Collagene

17 **Nella specie umana, il padre trasmette il cromosoma Y:**

A a tutti i figli indistintamente
B solo ai figli di sesso maschile
C solo alle figlie
D dipende dal caso
E a nessuno dei figli

18 **La quantità di adenina presente in una molecola di m-RNA prima della maturazione o *splicing* è uguale alla quantità di:**

- **A** adenina della semielica di DNA trascritta
- **B** uracile della semielica di DNA trascritta
- **C** timina della semielica di m-RNA
- **D** uracile della semielica di t-RNA
- **E** timina della semielica di DNA trascritta

19 **Il solfito acido di sodio corrisponde a:**

A $NaHSO_3$ **B** $NaSO_3$ **C** $NaHSO_4$ **D** Na_2SO_3 **E** NaHS

20 **Avendo un litro di una soluzione di acido forte a pH = 2 per ottenere un pH = 5 è necessario diluire a:**

A 1000 litri **B** 100 litri **C** 50 litri **D** 3 litri **E** 7 litri

21 **Quanti elettroni, protoni e neutroni ha, nell'ordine, lo ione O_2^-? Tener presente che la massa atomica di O è 16 uma, e il numero atomico è 8.**

A 17 16 16 **B** 18 16 16 **C** 17 8 16 **D** 17 8 8 **E** 18 8 8

22 **I pesi atomici approssimati di H, P e O sono rispettivamente 1, 31 e 16 u.m.a. Il peso molecolare espresso in u.m.a. dell'acido ortofosforico è:**

A 82 **B** 96 **C** 98 **D** 48 **E** 66

23 **Che tipo di ibridazione degli orbitali presentano gli atomi di C nella metil-etil-ammina?**

- **A** sp^2
- **B** sp^3
- **C** sp
- **D** sp^3d^2
- **E** Nessuna ibridazione

24 **Quale delle seguenti proprietà NON è colligativa?**

- **A** Il pH di una soluzione
- **B** La tensione di vapore di una soluzione
- **C** L'abbassamento della temperatura di congelamento di una soluzione rispetto al solvente puro
- **D** L'innalzamento della temperatura di ebollizione di una soluzione rispetto al solvente puro
- **E** La pressione osmotica di una soluzione

25 **Il legame covalente polarizzato si può formare tra:**

- **A** atomi dello stesso elemento
- **B** atomi con la stessa configurazione elettronica
- **C** ioni con carica di segno opposto
- **D** atomi che possono cedere e acquistare elettroni
- **E** atomi a diversa elettronegatività

26 **La cellulosa è costituita da:**

- A amminoacidi
- B grassi
- C acidi nucleici
- D carboidrati
- E trigliceridi

27 **In relazione ai problemi legati all'uso dei combustibili nella vita quotidiana, indica quale delle seguenti affermazioni NON è CORRETTA:**

- A alcuni combustibili contengono piccole quantità di zolfo che durante la combustione reagisce con l'ossigeno a dare ossidi acidi allo stato gassoso
- B gli ossidi di azoto e di zolfo, prodotti nelle combustioni, possono reagire con l'acqua formando sostanze acide che ricadono a terra creando il problema delle piogge acide
- C le piogge acide provocano gravi danni alle foreste
- D la grande produzione di CO_2 incrementa l'effetto serra dell'atmosfera causando un aumento della temperatura globale
- E il problema dell'effetto serra potrebbe essere contenuto se tutti utilizzassero come combustibile solo legna

28 **Indicare quale tra le seguenti reazioni è bilanciata:**

- A $2SO_2 + Ni_2O_3 \rightarrow 2Ni_2(SO_3)_3$
- B $SO_2 + 2Ni_2O_3 \rightarrow Ni_2(SO_3)_3$
- C $3SO_2 + Ni_2O_3 \rightarrow Ni_2(SO_3)_3$
- D $SO_2 + Ni_2O_3 \rightarrow Ni_2(SO_3)_3$
- E $1/2SO_2 + Ni_2O_3 \rightarrow Ni_2(SO_3)_3$

29 **L'acido solforico ha peso molecolare 98. A quanti grammi corrispondono 3 moli di questo acido?**

- A 7
- B 20
- C 98
- D 294
- E Il triplo del numero di Avogadro

30 **La formula C_2H_4 rappresenta:**

- A propano
- B etilene
- C benzene
- D acetilene
- E alcol etilico

31 **L'equazione sen $x = -1$:**

- A ammette come soluzione $x = 90$ gradi
- B ammette come soluzione $x = 270$ gradi
- C ammette come soluzione $x = 180$ gradi
- D ammette come soluzione $x = 360$ gradi
- E non ammette soluzioni

OTTAVA PROVA

32 **Quale delle seguenti equazioni rappresenta una funzione lineare $y = f(x)$ tale che $f(-2) = 3$ e $f(3) = -2$?**

A $y = x + 5$

B $y = x - 5$

C $y = -2x - 1$

D $y = -2x + 4$

E $y = -x + 1$

33 **La somma algebrica degli scarti rispetto alla media aritmetica dei numeri – 4, – 3, – 2, 5, 6, 7, 8 è:**

A 35

B 17

C 2,43

D 0

E 7

34 **Il polinomio $x^4 - 7x^3 + 18x^2 - 20x + 8$ coincide con:**

A $(x-1) \cdot (x^3 - 2)$

B $(x-1) \cdot (x-2)^3$

C $(x-1)^2 \cdot (x+1)$

D $(x-1)^2 \cdot (x-2)^2$

E $(x+1)^2 \cdot (x+2)^2$

35 **Un'accelerazione, dal punto di vista dimensionale, è:**

A $\frac{\text{lunghezza}}{\text{tempo}^2}$ B $\frac{\text{lunghezza}^2}{\text{tempo}}$ C $\frac{\text{lunghezza}^2}{\text{tempo}^2}$ D $\frac{\text{lunghezza}^{-2}}{\text{tempo}}$ E $\frac{\text{lunghezza}}{\text{tempo}}$

36 **Un corpo di ferro di 5 chili e uno di piombo di 2 chili vengono lasciati cadere da 10 metri di altezza indipendentemente l'uno dall'altro. In un secondo esperimento i due corpi vengono strettamente legati insieme e il corpo così composto è lasciato cadere dalla stessa altezza. Sapendo che l'effetto dell'attrito dell'aria è trascurabile, si indichi quale delle affermazioni seguenti è l'UNICA CORRETTA se si confronta il moto effettuato dai due corpi con quello del corpo composto:**

A il corpo leggero tende a frenare il corpo più pesante perché pesa di meno

B il corpo più pesante tende a frenare il corpo più leggero perché ha maggiore inerzia

C il corpo composto segue un moto che dipenderà da come è stato legato

D i tre corpi seguono lo stesso moto di caduta

E i tre corpi seguono tre distinti moti perché i materiali sono diversi

37 **Una calamita attira pezzi di limatura di ferro:**

A perché il ferro è un buon conduttore elettrico

B perché il campo gravitazionale diminuisce intorno alla calamita

C perché induce delle cariche elettriche nei pezzettini di ferro

D perché induce un momento di dipolo magnetico nei pezzetti di ferro

E per le particolari proprietà magnetiche dell'aria

38 **Due sferette elettricamente cariche con carica di segno opposto vengono collocate vicine l'una all'altra, ciascuna sospesa a un filo inizialmente verticale. Indicare la descrizione più adeguata tra le seguenti.**

A Le sferette non si muovono dalla posizione iniziale
B Le sferette si attraggono
C Le sferette si respingono
D Le sferette si mettono a ruotare
E Le sferette oscillano indefinitamente

Ragionamento logico e cultura generale

39 **Nell'ambito dell'economia aziendale, l'utile d'impresa è definito come differenza tra ricavi e costi, se tale differenza è positiva; in caso contrario si parla di differenza tra costi e ricavi, definita perdita o deficit. Alla luce di tale definizione, appare evidente che per fare in modo che l'azienda abbia un utile è indispensabile che i ricavi siano superiori ai costi. Lo scorso anno l'azienda Beta ha avuto un bilancio in perdita; quindi, in ultima analisi, solo un aumento dei ricavi consentirà quest'anno all'azienda Beta di avere un bilancio in attivo e quindi un utile.**

Quale delle seguenti risposte costituisce il passaggio logico errato nel brano precedente?

A È possibile ottenere un utile anche attraverso la riduzione dei costi
B Per ottenere un utile è necessario un aumento dei ricavi
C L'utile è la differenza tra ricavi e costi
D L'aumento dei ricavi consentirà sicuramente all'azienda Beta di avere un utile
E Se i costi superano i ricavi allora il bilancio è in perdita

40 **Si ritiene che ogni giorno vengano condivise sui più importanti social network in tutto il mondo circa 350 milioni di immagini; un recente studio condotto da una nota azienda del settore fotografico ha rivelato che l'89% di queste immagini viene realizzato con l'utilizzo di un telefono con accesso a internet (i cosiddetti smartphone) e che solo l'11% con sistemi fotografici "tradizionali"; macchine fotografiche reflex digitali, fotocamere compatte e mirrorless. L'azienda in questione ha così deciso di interrompere immediatamente la produzione di macchine fotografiche e di creare una nuova linea di smartphone con fotocamere ad alta risoluzione.**

Se considerata vera, quale delle seguenti affermazioni indebolisce l'argomentazione precedente?

A Da alcuni anni si registra una contrazione delle vendite di fotocamere digitali
B L'azienda ha volutamente manipolato i dati della ricerca
C Non tutti coloro che fanno fotografie le condividono sui social network; milioni di appassionati pubblicano le loro foto principalmente sul proprio sito
D Le macchine reflex digitali sono ancora molto costose e difficili da usare
E Esistono già sul mercato smartphone dotati di fotocamera

41 **È chiaro che la Terra si sta surriscaldando.**

L'unico fattore che potrebbe rallentare il processo di surriscaldamento climatico e prevenire un disastro ecologico, sarebbe il passaggio immediato alla tecnologia ecologica (conosciuta anche come "tecnologie verdi" o "green technologies").

Se il surriscaldamento climatico proseguirà ai ritmi attuali, alcune specie animali non saranno in grado di sopravvivere in condizioni climatiche più calde.

Dovranno spostarsi in luoghi più freddi di quelli che occupano correntemente, ad esempio in aree più vicino ai poli, oppure in alte zone di montagna. Non tutte queste specie saranno in grado di raggiungere climi più freddi, a causa delle grandi distanze che dovrebbero coprire.

Alcune di quelle specie che riuscirebbero a spostarsi, si ritroverebbero in habitat sovrappopolati, il che ne renderebbe impossibile la riproduzione.

Quale delle seguenti affermazioni è totalmente sostenuta dal brano precedente?

A Molte specie saranno in grado di adattarsi a climi più caldi

B Non è possibile prevenire il disastro ecologico causato dal surriscaldamento climatico

C Le specie in via di estinzione sopravvivranno se si adotteranno le cosiddette "tecnologie verdi"

D La maggior parte delle specie animali richiedono habitat freddi per riprodursi

E A meno che non si adottino immediatamente le cosiddette "tecnologie verdi", alcune specie non sopravvivranno

42 **Due ricercatori dell'università di Boston (un fisico e un ingegnere) hanno recentemente scoperto che è possibile aumentare notevolmente la velocità di elaborazione di un computer combinando i segnali elettrici con la luce. I due scienziati hanno dimostrato le loro teorie depositando nanotubi di carbonio su un wafer di silicio: la giunzione tra i nanotubi e il silicio è altamente sensibile alla luce e quando viene colpita da un raggio laser, viene generata una corrente maggiore di quella che si ottiene accoppiando silicio e metallo, come in un tradizionale fotodiodo.**

Quale delle seguenti affermazioni può essere logicamente ricavata del brano precedente?

A Il costo dei computer diminuirà anche grazie all'uso di nanotubi di carbonio

B L'elaborazione di informazioni potrà avvenire usando segnali elettrici e ottici

C In futuro, i chip presenti nei computer saranno composti da silicio e metallo

D L'utilizzo dei nanotubi di carbonio ridurrà la rumorosità dei computer

E La maggior parte dei componenti di un computer è fatta di silicio

43 **Quattro amici si ritrovano dopo l'estate e si scambiano le opinioni sulle rispettive vacanze. Antonio, che ha 30 anni ed è il più anziano, ha viaggiato in auto attraverso l'Europa; Bernardo ha attraversato gli Stati Uniti in treno; Carlo, essendo più giovane di Bernardo, ha preferito un villaggio vacanze; infine Diego ha viaggiato con la famiglia in Africa. È dunque evidente che i più giovani preferiscono passare le proprie vacanze estive in un villaggio turistico piuttosto che viaggiare.**

Su quale ipotesi implicita si basa il brano precedente?

A Passare le vacanze in un villaggio turistico è meno costoso che viaggiare

B Diego ha più anni di Carlo

C Il mezzo di trasporto più utilizzato per effettuare viaggi lunghi è il treno

D I villaggi turistici ospitano molti giovani

E Bernardo è più giovane di Antonio

44 **Le statistiche nazionali dicono che l'Italia ha una popolazione che cresce poco. Sempre meno coppie hanno più di un figlio e sono soprattutto in forte in aumento le coppie che non hanno affatto figli naturali, quelli cioè nati all'interno del matrimonio. Nonostante questo, negli ultimi anni si è assistito a un aumento delle coppie che hanno fatto domanda per l'affido o l'adozione di un bambino straniero. Se, quindi, si impedisse alle coppie di fare domanda per l'affido o l'adozione di un bambino straniero, aumenterebbero di nuovo quelle con figli nati all'interno del matrimonio.**

Quale delle seguenti risposte costituisce il passaggio logico errato nel brano precedente?

A I figli naturali e quelli adottati hanno le stesse tutele giuridiche

B Molte famiglie fanno domanda per avere un figlio straniero in adozione e in affido perché non possono avere figli naturali

C L'Italia è un Paese che cresce poco

D Le statistiche nazionali sono del tutto inaffidabili

E Il fenomeno dell'adozione è diffuso in tutto il mondo

45 **Quando la maestra mette un brutto voto a Marco allora lui si mette a piangere, ma se la maestra non gli mette un brutto voto allora Marco mangia cioccolata. Marco ieri non ha mangiato cioccolata, quindi ha pianto.**

Quale delle seguenti affermazioni segue la stessa struttura logica del suddetto ragionamento?

A Ogni volta che Guido telefona a Lorenzo quest'ultimo si arrabbia, ma se Guido non telefona a Lorenzo, allora quest'ultimo diventa triste. Lorenzo ieri non era triste, quindi si è arrabbiato

B Tutte le volte che Luisa gioca con Silvia litigano, ma solo se Luisa porta a Silvia una torta allora fanno pace. Ieri Luisa non ha portato una torta a Silvia e quindi hanno litigato

C Se Giovanni vede Fausto arrivare tardi si arrabbia. Se Fausto vede Giovanni arrivare tardi va a prendersi il caffè da solo. Ieri hanno preso il caffè insieme, quindi nessuno ha fatto tardi

D Solo se Ilaria ha finito di lavorare allora Paola arriva in ufficio, ma solo se Ilaria non ha finito il lavoro allora Paola le dà una mano. Ieri Ilaria non ha finito il suo lavoro e Paola le ha dato una mano

E Quando Massimiliano e Andrea vanno a correre insieme allora Sergio si aggrega e va anche lui. Sergio ieri è andato a correre e quindi Massimiliano e Andrea non sono andati a correre insieme

46 **Le previsioni meteo influenzano spesso le decisioni dei vacanzieri. Se per una data località viene prevista pioggia, un certo numero di famiglie decide di non partire e in molti casi disdice anche prenotazioni già effettuate. Per questo motivo il sindaco di una nota località turistica ha deciso di pubblicare un proprio bollettino meteo giornaliero, che fornisca le previsioni del tempo ufficiali del Comune. I turisti tuttavia sono scettici poiché è evidente che previsioni provenienti da una fonte così interessata siano poco attendibili.**

Quale delle seguenti affermazioni, se considerata vera, rafforza quanto sostenuto dal brano precedente?

A Molte famiglie disdicono le prenotazioni per motivi indipendenti dal meteo

B Le previsioni ufficiali del Comune hanno sempre previsto bel tempo in occasione di tutti i ponti e di tutte le festività

C Il Comune dovrebbe prevedere per i turisti una gamma di attività che si possano svolgere anche nei giorni di pioggia, in modo da rendere appetibile la città anche con il brutto tempo

D Per evitare maldicenze, il bollettino del Comune è realizzato con la collaborazione di una società di meteorologia estera di grande fama

E Alcune città sono più suggestive da visitare con la pioggia che con il sole

47 **Un indovino ha previsto che nessuno studente proveniente dall'Istituto ABC supererà questo test. Determinare cosa deve accadere necessariamente affinché la previsione si riveli falsa.**

A Almeno uno studente che supera il test dovrà provenire dall'Istituto ABC
B Almeno uno studente proveniente dall'Istituto ABC dovrà non superare il test
C Tutti gli studenti provenienti dall'Istituto ABC dovranno superare il test
D Almeno uno studente che non supera il test dovrà non provenire dall'Istituto ABC
E Tutti gli studenti che superano il test dovranno non provenire dall'Istituto ABC

48 **In un torneo di tennis a eliminazione diretta dell'avversario perdente ci sono state 480 iscrizioni. Quante partite dovranno essere giocate per trovare il vincitore del torneo?**

A 960
B 480
C 479
D 959
E 380

49 **Nella città di Girotondo i 30 ragazzi che vanno a scuola studiano l'inglese, il francese o lo spagnolo. Di questi 30 ragazzi 18 studiano il francese, 12 lo spagnolo e 23 l'inglese. Sapendo che 5 ragazzi studiano sia l'inglese sia lo spagnolo e che nessuno studia sia il francese sia lo spagnolo, quale delle seguenti affermazioni è vera?**

A Alcuni ragazzi studiano tutte e tre le lingue
B Nessuno dei ragazzi che studia l'inglese studia anche il francese
C Tutti i ragazzi che studiano l'inglese studiano anche il francese
D I ragazzi che studiano inglese sono la metà del totale
E Tutti i ragazzi che studiano il francese studiano anche l'inglese

OTTAVA PROVA

50 **Dal giornalino del Paese Effe viene sfilato il foglio che contiene sulle due facciate le pagine numero 3 e 4. Così facendo anche il foglio che contiene sulle due facciate le pagine numero 19 e 20 esce dal giornale. Quante facciate ha quel quotidiano?**

A 20 B 22 C 24 D 28 E 32

51 **Quando il mio gatto fa le fusa vuol dire che è rilassato.**
Sulla base di questa sola affermazione, quale delle seguenti deduzioni è corretta?

A Il mio gatto non è rilassato, quindi non fa le fusa
B Il mio gatto non sta facendo le fusa, quindi non è rilassato
C Il mio gatto non sta facendo le fusa, quindi è rilassato
D Il mio gatto è rilassato, quindi sta facendo le fusa
E Il mio gatto non è rilassato, quindi sta facendo le fusa

52 **Per le vacanze estive, Alberto deve fare 117 esercizi di matematica e Ludovica 171 esercizi di inglese. Se a metà vacanza entrambi hanno svolto i 2/9 dei loro compiti, quanti esercizi devono fare mediamente ogni giorno per terminare gli esercizi nell'arco di dieci giorni?**

A 8 Alberto; 13 Ludovica
B 9,3 Alberto; 15,3 Ludovica
C 6 Alberto; 9 Ludovica
D 9,1 Alberto; 13,3 Ludovica
E 12,3 Alberto; 18,3 Ludovica

53 **Un infermiere deve somministrare un farmaco, in quantità diverse, a due pazienti: Mauro e Lucia. Presi 60 mg del farmaco, l'infermiere ne tiene un quarto da parte e divide il resto tra Mauro e Lucia nel rapporto di 2 a 1. Quanti milligrammi di farmaco saranno somministrati a Mauro?**

A 45 B 15 C 30 D 40 E 10

54 **Antonio ha due cugini. Uno è nato l'anno prima di lui, il 3 giugno. L'altro è nato l'anno successivo, il 28 aprile. Il compleanno di Antonio è il 15 maggio. Per quanti giorni dell'anno Antonio ha la stessa età di uno dei suoi cugini?**

A 39 B 35 C 37 D 36 E 38

55 **Individuare la parola o i gruppi di parole che completano correttamente la frase seguente. Con il termine ____________ si intende l'elenco sistematico di opere, saggi e articoli relativi a un determinato autore o argomento.**

A Biografia
B Biblioteconomia
C Bibliografia
D Biogramma
E Emeroteca

56 **Individuare il termine anomalo.**

A Emiplegia
B Emissione
C Emisezione
D Emiparesi
E Emisfero

57 **Individuare la coppia di termini che completa correttamente la proporzione seguente.**

Sciame : ape = X : Y

A X = folla, Y = individuo
B X = lupo, Y = branco
C X = poco, Y = molto
D X = marmellata, Y = miele
E X = pungiglione, Y = miele

58 **Indicare l'unica parola specifica dell'ambito biomedico:**

A antifrastico B antinomico C antimicotico D antitetico E antinflativo

59 **I miglioramenti del tenore di vita conseguenti ai progressi scientifici e tecnologici; l'impetuoso sviluppo economico; le piacevolezze della vita cittadina garantite dalla pace e da relative sicurezze sociali; il fiorire della cultura e delle arti; le diffuse speranze in un avvenire radioso le meritarono l'appellativo di «belle époque». Si tratta del periodo storico compreso grosso modo fra il:**

A 1919 e il 1939
B 1870 e il 1914
C 1848 e il 1870
D 1821 e il 1848
E 1957 e il 1970

OTTAVA PROVA

60 **Si identifichi la serie numerica che corrisponde alla reale successione storica degli avvenimenti, relativi alla Storia d'Italia, sotto elencati:**

(1) Suffragio universale maschile e femminile; (2) spedizione dei Mille; (3) marcia su Roma; (4) presa di Porta Pia; (5) entrata in vigore della Costituzione Repubblicana; (6) concordato tra Stato e Chiesa.

- A 3 – 5 – 1 – 6 – 2 – 4
- B 2 – 4 – 3 – 6 – 1 – 5
- C 4 – 3 – 1 – 6 – 2 – 5
- D 2 – 4 – 3 – 5 – 1 – 6
- E 2 – 3 – 4 – 5 – 1 – 6

Soluzioni della ottava prova

Alpha Test — **Risposte esatte della ottava prova**

Verificare le risposte relative alle domande della ottava prova

N.	Risposta	N.	Risposta	N.	Risposta
1	B	21	A	41	E
2	D	22	C	42	B
3	C	23	B	43	B
4	C	24	A	44	B
5	D	25	E	45	A
6	D	26	D	46	B
7	D	27	E	47	A
8	A	28	C	48	C
9	C	29	D	49	E
10	A	30	B	50	B
11	E	31	B	51	A
12	B	32	E	52	D
13	A	33	D	53	C
14	E	34	B	54	D
15	E	35	A	55	C
16	A	36	D	56	B
17	B	37	D	57	A
18	E	38	B	58	C
19	A	39	A	59	B
20	A	40	C	60	B

Prove di verifica

NONA PROVA

Alpha Test

Scheda per le risposte della nona prova

Contrassegnare le risposte relative alle domande della nona prova

	A	B	C	D	E		A	B	C	D	E		A	B	C	D	E
1						21						41					
2						22						42					
3						23						43					
4						24						44					
5						25						45					
6						26						46					
7						27						47					
8						28						48					
9						29						49					
10						30						50					
11						31						51					
12						32						52					
13						33						53					
14						34						54					
15						35						55					
16						36						56					
17						37						57					
18						38						58					
19						39						59					
20						40						60					

NONA PROVA

Tempo a disposizione: 100 minuti

Conoscenze scientifiche

1 **Le cellule in comunicazione tra loro presenti nelle lamelle concentriche di un osteone sono dette:**

A osteociti
B osteoblasti
C osteoclasti
D fibroblasti
E condroblasti

2 **Un recipiente è diviso in due scomparti da una membrana semipermeabile simile a quella cellulare. Tale membrana separa una soluzione di NaCl al 10% da una soluzione di KCl al 5%. Si può osservare che:**

A non si ha alcuna variazione del livello dell'acqua nei due scomparti
B il flusso d'acqua si muove dalla soluzione al 10% verso quella al 5%
C diminuisce il livello d'acqua nella soluzione al 10%
D il flusso d'acqua si muove dalla soluzione al 5% verso quella al 10%
E il cloruro di potassio va verso la soluzione al 10%

3 **Per *introni* si intende:**

A regioni non codificanti della sequenza del DNA dei procarioti
B regioni non codificanti della sequenza del DNA degli eucarioti
C porzioni di un gene che vengono espresse
D zone del DNA che non vengono trascritte in RNA
E molecole proteiche attorno cui si avvolge il DNA degli eucarioti

4 **Un albino è una persona che non ha pigmenti nella pelle. Il carattere è dovuto alla presenza dell'allele recessivo *a*. Un maschio di colorito normale, figlio di genitori e nonni normali, sposa una donna normale con un genitore albino. Qual è la probabilità che il loro primo figlio sia albino?**

A 25%
B 50%
C 75%
D Praticamente nulla
E 100%

5 **Indicando con C il contenuto in DNA di un gamete, una cellula somatica in metafase ha un contenuto in DNA pari a:**

A C
B 2 C
C 3 C
D 4 C
E 0,5 C

6 **«Uno scienziato, nel suo laboratorio di St. Martin, a Londra, verificando lo stato di una coltura di batteri, vi trovò una copertura di muffa. Questo evento non aveva nulla di straordinario, poiché situazioni del genere erano normali nei laboratori. La cosa eccezionale fu invece il fatto che questa muffa aveva annientato tutti i batteri circostanti. La scoperta fu casuale: se si fosse trattato di uno scienziato più distratto, probabilmente tutto sarebbe passato inosservato…».**
Il brano riportato si riferisce alla scoperta:

A dell'aspirina
B del virus HIV
C della penicillina
D degli anticorpi
E del vaccino del vaiolo

7 **Nelle cellule muscolari che compiono un notevole sforzo è assai elevato il numero di:**

A ribosomi
B nucleosomi
C lisosomi
D vescicole del Golgi
E mitocondri

8 **Si vuole ottenere in laboratorio una coltura di virus per studiarne l'infettività. Si dovrà procedere a:**

A seminare particelle virali su una piastra sterile
B infettare con particelle virali colture di cellule a esse sensibili
C seminare particelle virali in un brodo nutritizio
D inoculare i virus in una cavia morta, per maggiore sicurezza
E isolare il ceppo virale e attendere la sua riproduzione in provetta

9 **Un campione di DNA risulta composto per il 10% di timina. In quale percentuale saranno presenti le altre basi azotate?**

A 40% guanina, 40% citosina, 10% uracile
B 40% guanina, 40% citosina, 10% adenina
C 30% citosina, 30% guanina, 30% adenina
D 10% adenina, 10% citosina, 70% guanina
E 25% citosina, 25% guanina, 25% adenina

10 **Il tessuto più mineralizzato del corpo dei mammiferi è:**

A lo smalto del dente
B la dentina
C l'osso compatto
D l'osso spugnoso
E la cartilagine

11 **Il potenziale di membrana corrisponde a:**

A +70 mV
B +40 mV
C –40 mV
D 0 mV
E –70 mV

12 **Nell'albero genealogico di una famiglia si sono verificati casi di una malattia genetica recessiva, non legata al sesso. Si può escludere che nasca un bambino affetto da tale malattia:**

A se entrambi i genitori non manifestano la malattia
B se il genitore è omozigote dominante
C se entrambi i genitori sono eterozigoti
D se uno degli zii del nascituro è sano
E se i nonni del nascituro erano sani

13 **Il nostro sistema immunitario reagisce all'attacco di agenti patogeni o a molecole estranee in modo specifico o aspecifico. Quale delle seguenti reazioni è specifica?**

A Risposta infiammatoria
B Emostasi
C Fagocitosi
D Risposta umorale
E Sistema del complemento

14 **Le cellule interstiziali (o di Leydig) sono disseminate nel tessuto connettivo compreso tra i tubuli seminiferi dei testicoli. Esse sono preposte a:**

A dividersi per mitosi generando gli spermatogoni
B dividersi per meiosi generando gli spermatociti
C provvedere al sostegno e alla nutrizione delle future cellule sessuali
D trasportare gli spermatozoi verso il dotto deferente
E secernere il testosterone, l'ormone sessuale maschile

15 **Le cellule, sia umane che vegetali, sintetizzano polimeri biologici lineari, a partire da unità monomeriche uguali o molto simili. Individuare tra le seguenti cinque molecole quale NON corrisponde a un polimero biologico avente le suddette caratteristiche:**

A amido
B cellulosa
C DNA
D glicogeno
E emoglobina

16 **La validità della legge di Mendel, detta della segregazione indipendente, può essere verificata sperimentalmente solo nel caso di caratteri codificati da geni localizzati su:**

A gli stessi cromosomi
B gli stessi cromatidi
C cromosomi omologhi
D cromosomi diversi
E mitocondri

17 **Quale dei seguenti tipi cellulari è assente nel sangue?**

A Eritrociti
B Monociti
C Linfociti
D Piastrine
E Melanociti

18 **La piccola circolazione inizia:**

A dall'atrio sinistro con la vena polmonare
B dall'atrio destro con l'arteria polmonare
C dal ventricolo sinistro con l'aorta
D dal ventricolo destro con l'arteria polmonare
E dal fegato con la vena porta

19 **Si pensa che la vitamina C protegga lo stomaco umano dall'insorgere di tumori perché reagisce con gli ioni nitrito e li converte in ossido di azoto ($NO_2^- \rightarrow NO$). Ciò significa che avviene una reazione nella quale:**

A lo ione nitrito e la vitamina si riducono
B lo ione nitrito si ossida e la vitamina si riduce
C lo ione nitrito e la vitamina si ossidano
D lo ione nitrito si riduce e la vitamina si ossida
E lo ione nitrito libera O_2 che entra nella catena respiratoria

20 **Calcolare i coefficienti stechiometrici della reazione:**
$a\,P + b\,HNO_3 + c\,H_2O \rightarrow d\,H_3PO_4 + e\,NO$

A a=3; b=10; c=2; d=3; e=5
B a=1; b=5; c=2; d=3; e=5
C a=3; b=5; c=1; d=3; e=5
D a=3; b=5; c=2; d=3; e=5
E a=3; b=5; c=1; d=3; e=5

21 **Il deuterio rispetto all'idrogeno possiede:**

A un neutrone in più
B un elettrone in più
C un neutrone in meno
D un protone in più
E lo stesso numero di massa

22 **L'acqua può bollire a 70 °C?**

A Sì, quando se ne scalda una quantità piccolissima
B Sì, aumentando la pressione del sistema
C Sì, diminuendo la pressione del sistema
D No, l'acqua bolle solamente a 100 °C
E No, l'acqua può bollire anche a temperature diverse, ma sempre maggiori di 100 °C

23 **Quale tra le seguenti molecole può formare legami idrogeno con l'acqua?**

A CH_4 B NaCl C CH_3OH D HCl E $CH_3–CH_3$

24 **Il prodotto fra le concentrazioni molari degli ioni H^+ e OH^- di una soluzione acquosa a 25 °C presenta un valore di:**

A 10^{-14} M B 10^{14} M C 10^{-7} M D 10^{-31} M E 14 M

25 **Vengono chiamate colligative le proprietà il cui valore dipende solo dal numero, e non dalla natura, delle particelle che le determinano. È sperimentalmente accertato che, in recipienti di uguale volume e alla stessa temperatura, una mole di idrogeno e una mole di ossigeno esercitano la stessa pressione. Si può pertanto affermare che la pressione gassosa:**

A è indipendente dal volume del recipiente
B è indipendente dalla temperatura
C è una proprietà colligativa solo nel caso i recipienti contengano una mole di ciascuno dei due gas
D non è una proprietà colligativa
E è una proprietà colligativa

---

26 **L'ozono:**

A è costituito da molecole monoatomiche
B è un isotopo dell'ossigeno
C è costituito da molecole più leggere rispetto a quelle del diossigeno
D è ossigeno carico positivamente
E è costituito da molecole più pesanti rispetto a quelle del diossigeno

---

27 **In una reazione di ossidoriduzione, l'elemento che si riduce:**

A acquista elettroni
B aumenta il proprio numero di ossidazione
C perde elettroni
D acquista sempre atomi di idrogeno
E perde sempre atomi di ossigeno

---

28 **Una delle differenze tra un elemento del sesto gruppo rispetto a uno del settimo gruppo dello stesso periodo consiste nel fatto che:**

A l'elemento del sesto gruppo ha elettronegatività minore di quello del settimo
B l'elemento del sesto gruppo ha elettronegatività maggiore di quello del settimo
C l'elemento del settimo gruppo ha due elettroni in più nell'ultimo livello rispetto a quello del sesto
D l'elemento del sesto gruppo ha carattere meno metallico di quello del settimo
E l'elemento del sesto gruppo ha raggio atomico minore di quello del settimo

---

29 **1,5 moli di ossido di calcio (PM = 56) corrispondono a:**

A 56 g B 57,5 g C 84 g D 37,3 g E 1,5 g

---

30 **L'atomo di Se, con numero di massa 80 e numero atomico 34, contiene nel nucleo:**

A 34 protoni e 94 neutroni
B 34 protoni e 80 neutroni
C 34 protoni e 34 neutroni
D 34 protoni e 46 neutroni
E 94 neutroni e 46 protoni

---

31 **Quanto vale l'espressione:**

$$a^b - b^c + c^a$$

per $a = 1$, $b = -1$, $c = 2$?

A 2 B −2 C 0 D −4 E 4

NONA PROVA

32 **Tirando contemporaneamente due dadi con facce numerate da 1 a 6, qual è la probabilità che la somma dei due punteggi ottenuti sia divisibile per 5?**

A 7/36 B 2/11 C 1/5 D 1/7 E 1/6

33 **In due triangoli simili, le misure dei lati del più piccolo sono uguali al 50% delle corrispondenti misure del più grande; il rapporto tra l'area del triangolo maggiore e quella del triangolo minore è:**

A 4
B 0,5
C 0,25
D 2
E i dati forniti non sono sufficienti per rispondere

34 **Le ampiezze di due angoli di un pentagono sono 90° e 150°, mentre le ampiezze dei rimanenti tre angoli sono proporzionali ai numeri 5, 7 e 13.**
Quale delle seguenti terne rappresenta le ampiezze dei tre angoli incogniti?

A 50° 90° 160°
B 60° 84° 156°
C 60° 80° 160°
D 64° 82° 154°
E 72° 100° 188°

35 **Un giradischi si muove a 45 giri al minuto. Per calcolare la velocità angolare in radianti al secondo, quale dei seguenti calcoli è CORRETTO?**

A v. angolare = $45 \cdot 2\pi/360 = 0{,}8$ rad/s
B v. angolare = $45/60 = 0{,}75$ rad/s
C v. angolare = $45 \cdot 2\pi/180 = 1{,}6$ rad/s
D manca il valore del raggio del disco per poter eseguire il conto
E v. angolare = $45 \cdot 2\pi/60 = 4{,}7$ rad/s

36 **A parità di ogni altra condizione, la spinta di Archimede sulla Luna rispetto alla corrispondente spinta sulla Terra:**

A è minore perché sulla Luna la costante di gravitazione G è minore
B la spinta di Archimede esiste solo sulla Terra
C è uguale perché la densità dei corpi non dipende dal luogo in cui si misura
D è uguale in quanto i volumi degli oggetti non cambiano
E è minore perché sulla Luna tutti i pesi sono minori

37 **Quando si comprime un gas in un cilindro e si vuole allo stesso tempo mantenere costante la sua temperatura:**

A dobbiamo fornire calore al gas riscaldandolo
B dobbiamo trasferire il massimo di energia possibile al gas
C dobbiamo trasferire il minimo di energia possibile al gas
D siamo costretti a sottrarre calore al gas raffreddandolo
E siamo costretti a isolare termicamente il cilindro

38 **Tre condensatori carichi, uguali, sono collegati in parallelo. Allora:**

- A la capacità di ognuno di essi vale il triplo di quella risultante
- B la carica negativa è equiripartita fra le armature omonime
- C in ogni condensatore la differenza di potenziale è 1/3 di quella totale
- D la carica positiva totale è il triplo di quella negativa totale
- E la carica negativa totale è il triplo di quella positiva totale

Ragionamento logico e cultura generale

39 **Negli ultimi 15 anni molti appassionati di acquari marini hanno potuto allevare animali particolarmente esigenti come i coralli grazie all'utilizzo di sistemi di illuminazione molto performanti; lampade ad alogenuri metallici e tubi fluorescenti T5. Tali sistemi presentano però alcuni problemi relativi all'usura (è necessaria la sostituzione frequente delle lampade) e ai costi energetici di utilizzo, particolarmente elevati.**

Le aziende del settore hanno cosi investito ingenti risorse per sviluppare e proporre agli appassionati sistemi di illuminazione alternativi; negli ultimi 3-4 anni sul mercato sono apparsi i led che contrariamente ai sistemi tradizionali hanno una maggiore longevità di esercizio e costi energetici di mantenimento minori. Molti acquariofili, seppur inizialmente titubanti, hanno così cambiato l'illuminazione delle loro vasche passando ai led i cui vantaggi sono ormai innegabili. Possiamo certamente affermare che i led, rappresentano il futuro della moderna acquariologia marina.

Quale delle seguenti affermazioni rafforza l'argomentazione precedente?

- A La tecnologia a led è troppo recente affinché si possa affermare che rappresenta un buon sistema di illuminazione in un acquario che ospiti coralli
- B Spesso gli acquariofili hanno scarse conoscenze di biologia e fisiologia animale
- C La comunità italiana degli appassionati di acquari marini è molto piccola se paragonata a quella americana
- D Molti studi hanno evidenziato tassi di crescita molto buoni nei coralli illuminati dai led
- E Il costo di acquisto di una lampada a led è molto superiore a quello dei sistemi tradizionali

40 **«Carlo, neolaureato in biotecnologie, è alla ricerca del suo primo impiego. Avendo a disposizione pochi soldi, Carlo dovrà scegliere una destinazione non troppo costosa per le sue prossime vacanze: è stato quindi costretto a scartare la possibilità di andare in Giappone».**

Una sola delle seguenti affermazioni è DEDUCIBILE dal testo sopra riportato. Quale?

- A Avendo studiato biotecnologie, Carlo non può recarsi in Giappone
- B Recarsi in Giappone è costoso
- C Una vacanza in Giappone è più costosa di una vacanza, della medesima durata, in America
- D A Carlo non piace l'idea di recarsi in Giappone
- E Tutti coloro che sono alla ricerca del primo impiego hanno pochi soldi

41 **Nella moderna società americana il successo viene spesso correlato alla quantità di beni materiali posseduti. La carenza di beni materiali viene reputata come una mancanza di successo personale. Coloro che possiedono scarsi beni materiali, quindi, devono avvertire un grosso senso di fallimento.**

Su quale supposizione implicita si basa il brano precedente?

- A Il successo può essere misurato precisamente
- B In America coloro i quali possiedono pochi beni materiali desiderano essere considerate persone di successo
- C L'eccessiva attenzione data ai beni materiali crea tensioni sociali
- D La maggioranza degli americani ha successo
- E Il desiderio eccessivo per i beni materiali crea problemi psicologici

42 **Marco e Giovanni stanno giocando una partita di tennis uno contro l'altro. Nessuno dei due ha intenzione di perdere e si stanno impegnando al massimo delle loro capacità. Se Marco vorrà avere la meglio su Giovanni dovrà servire meglio del suo avversario.**

Individuare tra le alternative quella che mostra la stessa struttura logica:

- A In Italia molti cittadini non credono più nelle istituzioni politiche. Molti partiti fondati negli ultimi dieci anni hanno visto il loro consenso diminuire drasticamente dopo una prima fase molto positiva. È necessaria una profonda riflessione su tale fenomeno
- B Daria sta preparando una torta per la sua amica Marisa in occasione del suo compleanno. Ci tiene a fare bella figura e sta particolarmente attenta a seguire la ricetta della nonna alla lettera. Se Daria vorrà preparare una buona torta dovrà rispettare le dosi e i tempi di cottura consigliati dalla nonna
- C Alessandro ha appena comprato una bicicletta da corsa rossa fiammante. Non vede l'ora di usarla la prossima domenica in occasione di una gara. Solo se userà la sua nuova bicicletta avrà la possibilità di arrivare al traguardo tra i primi cinque
- D Molte società calcistiche in Europa stanno progettando la costruzione di nuovi stadi di proprietà in quanto è oramai evidente che il vecchio modello di business, basato su uno stadio in affitto, non è più vantaggioso e sostenibile. Molti campioni scelgono di giocare per una squadra o per l'altra in funzione dello stipendio che le società sono in grado di garantire
- E Alcune specie di mammiferi sono a rischio di estinzione a causa del bracconaggio: rinoceronti, elefanti, tigri e orsi. L'unica possibilità rimasta per salvare queste specie è di creare delle aree protette a loro dedicate e permettere ai turisti di visitare tali aree a fronte del pagamento di un oneroso biglietto d'ingresso

43 **Nel 1997 il governo britannico ha approvato il divieto di detenzione di pistole automatiche a seguito di un'efferata strage commessa da un uomo in possesso di una collezione privata di armi da fuoco legalmente ottenuta. Da questo momento in poi, il numero di crimini a mano armata è aumentato. Il numero di armi da fuoco possedute legalmente ha subìto un aumento dello 0,1% paragonato all'aumento generale del 5% di tutti i crimini a mano armata.**

Quale delle seguenti affermazioni è totalmente sostenuta dal brano precedente?

- A Il numero di crimini commessi usando pistole automatiche è rimasto invariato
- B In generale il numero di armi da fuoco legalmente possedute è diminuito
- C Nel corso degli anni è diventato sempre più semplice procurarsi armi da fuoco illegalmente
- D Il divieto di detenzione di pistole automatiche ha aumentato il numero di crimini a mano armata
- E La legislazione introdotta nel 1997 non ha ottenuto il risultato di ridurre i crimini a mano armata

44 **L'Associazione nazionale degli insegnanti ha lanciato un allarme: i bambini della "generazione smartphone" sanno usare il tablet prima ancora di parlare, ma di fronte alle "vecchie" costruzioni dimostrano abilità manipolative scarse o nulle: non sanno cosa fare. Secondo l'associazione, l'abitudine all'uso del computer da parte dei bambini piccoli ha effetti negativi anche sulla loro capacità di concentrazione e di socializzazione. In attesa di studi approfonditi sugli effetti di tali strumenti sui bambini piccoli, l'associazione ha emanato delle linee guida per i genitori, sconsigliando l'esposizione a smartphone e tablet per i bambini di età inferiore ai 4 anni.**

Se considerata vera, quale delle seguenti affermazioni rende meno forte l'argomentazione precedente?

A Molti genitori parlano con orgoglio di come i loro figli piccoli sanno maneggiare smartphone e tablet

B Il numero di bambini della "generazione smartphone" è destinato a crescere

C Circa la metà del personale docente aderisce all'Associazione nazionale degli insegnanti

D Una recente indagine ha rilevato che l'80% degli studenti delle scuole medie dispone di un proprio telefono cellulare o smartphone

E L'uso di adeguati software didattici consente di sviluppare la capacità di attenzione nei bambini di età inferiore a 6 anni

45 **Riuscire a esaurire le scorte presenti in magazzino e vendere i prodotti prima che arrivino a scadenza è uno degli obiettivi principali dei supermercati. Molto spesso questo obiettivo è stato raggiunto grazie a campagne promozionali che hanno previsto sconti sui prezzi normalmente praticati su tali prodotti. Poiché la mancata vendita di un prodotto crea un danno per il supermercato e poiché i prodotti devono essere venduti (e le relative scorte esaurite) prima che arrivino a scadenza, è sempre necessario proporre campagne promozionali che prevedano sconti sui prodotti.**

Quale delle seguenti risposte costituisce il passaggio logico errato nel brano precedente?

A I clienti considerano vantaggiose le campagne promozionali

B I direttori di supermercato sono favorevoli alle campagne promozionali

C I prodotti invenduti sono un costo per i supermercati

D Le scorte di un prodotto potrebbero comunque essere esaurite completamente prima che tale prodotto vada a scadenza

E Le campagne promozionali dovrebbero essere fatte sui prodotti di qualità a prezzo elevato e non su quelli a prezzo più contenuto

46 **Assumendo per vero che:**

- **Giovanna ama i quadri di Kandinskij;**
- **Kandinskij è un pittore astrattista;**
- **a chi ama Kandinskij non piacciono tutti i quadri di Picasso,**

quale delle seguenti affermazioni è sicuramente VERA?

A Giovanna ama tutti i pittori astrattisti

B Giovanna apprezza solo alcune opere di Picasso

C Giovanna va a vedere tutte le mostre di pittura che si tengono nella sua città

D Tutti coloro che amano Kandiskij amano anche Picasso

E Chi ama Picasso non va a vedere mostre di quadri di Kandiskij

NONA PROVA

47 **Su una strada statale, Giuseppe incontra una serie di autovelox. Credendo che siano spenti, guida a una velocità superiore al limite in quel tratto. Se avesse saputo che in realtà gli autovelox erano in funzione avrebbe rispettato i limiti, ma non avendolo fatto gli sarà recapitata a casa una multa.**

Quale delle seguenti alternative propone la stessa struttura logica del suddetto ragionamento?

- A Nel museo che Mario sta visitando sono presenti molti cartelli che vietano di scattare fotografie. Pur avendo visto un custode, Mario inizia a scattare fotografie di alcuni quadri. Avendo violato il regolamento sarà espulso dal museo
- B Nel museo che Mario sta visitando sono presenti molti cartelli che vietano di scattare fotografie con il flash. Avendo scattato solo fotografie senza flash Mario non ha violato il regolamento
- C Nel museo che Mario sta visitando sono presenti molti cartelli che vietano di scattare fotografie. Non essendosi accorto della presenza del custode Mario inizia a scattare fotografie di alcuni quadri. Se avesse visto il custode nella sala non avrebbe fatto fotografie, tuttavia non essendosene accorto le ha scattate e per questo motivo sarà espulso dal museo
- D Nel museo che Mario sta visitando è possibile fumare solo in apposite aree all'aperto. Mario non è un fumatore abituale e quindi, pur avendone voglia, potrà restare tranquillamente senza sigarette per tutta la durata della visita
- E Nel museo che Mario sta visitando è possibile utilizzare delle audioguide. Mario non spende soldi volentieri, quindi se le audioguide fossero state gratuite le avrebbe prese, ma essendo a pagamento ne ha fatto a meno

48 **Un tablet viene venduto in tutto il mondo al prezzo di 100 dollari. Acquistandolo online da un sito cinese è tuttavia possibile ottenere uno sconto pari all'8% su ogni singolo pezzo ordinato. Questa soluzione sarebbe conveniente, se non fosse che bisogna tenere conto di una spesa fissa alla dogana pari a 40 dollari, indipendentemente dal numero di dispositivi comprati. Per rendere vantaggioso l'acquisto dalla Cina, qual è il numero minimo di tablet che vanno acquistati?**

- A 6
- B 11
- C 5
- D 4
- E 8

49 **Laura ha un abbonamento telefonico che prevede un massimale di 100 minuti di chiamate a settimana. Giovedì sa già che avrà una chiamata con i genitori, ai quali vuole raccontare le ultime novità dopo che rientrano da un lungo viaggio. Lunedì resta al telefono per soli 2 minuti mentre martedì, per risolvere una questione lavorativa, passa 50 minuti al telefono con un collega. Sapendo che mercoledì utilizza altri 6 minuti, il giovedì quanto potrà stare al massimo al telefono con i genitori per mantenersi aperta la possibilità di chiamare per almeno 5 minuti ciascuno dei tre giorni della settimana rimanenti?**

- A 31
- B 30
- C 27
- D 26
- E 24

50 **"In un cinema ci sono 200 spettatori: 40 sono italiani, 50 sono donne e 60 preferiscono i film di genere fantasy".**

Sulla base di queste informazioni, di quanti spettatori si può affermare con certezza che sono allo stesso tempo italiani, donne e amanti del genere fantasy?

A Di nessuno
B Di dieci
C Di quaranta
D Di cinquanta
E Di cento

51 **Con riferimento al grafico seguente, in quale mese si è avuta la vendita del maggior numero di giocattoli considerando tutti e tre i produttori?**

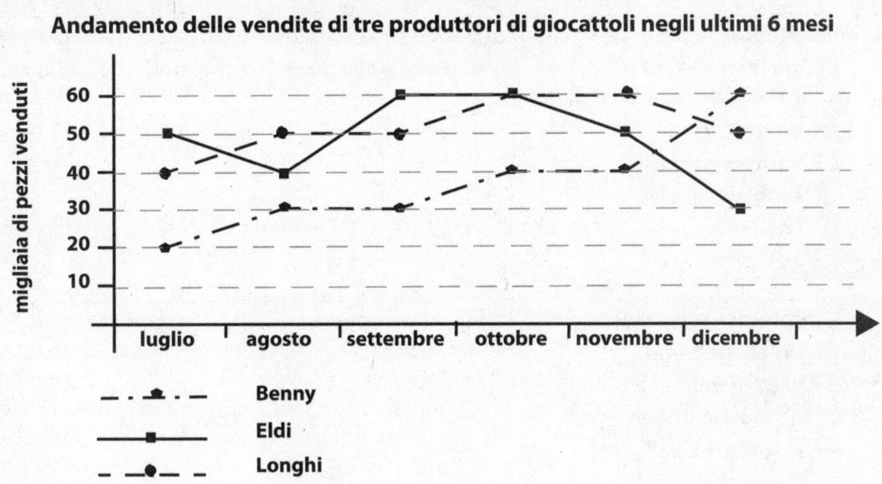

A Agosto
B Settembre
C Ottobre
D Novembre
E Dicembre

52 **Un fiorista ha a disposizione 672 rose, 816 margherite e 624 garofani. Vuole confezionare mazzi tutti uguali in modo da esaurire tutti i fiori a disposizione e in modo che ciascun mazzo contenga il massimo numero di fiori della stessa tipologia. Quanti fiori conterrà ciascun mazzo?**

A 48 B 17 C 96 D 44 E 13

53 **Luigi sa che nel suo portafoglio ci sono banconote il cui valore complessivo è di euro 60; sa anche che una banconota non è da 10 euro; quali tra le seguenti possono essere le banconote contenute nel portafoglio?**

A 6 banconote da € 5 e 2 da € 10
B 8 banconote da € 5 e 2 banconote da € 20
C 1 banconota da € 50 e 1 da € 10
D 6 banconote da € 10
E Nessuna delle altre alternative è corretta

NONA PROVA

54 **Si consideri una griglia quadrata composta da tre righe e tre colonne. All'interno di tale griglia, qual è il numero massimo di caselle che possono essere annerite senza che esse vengano a formare una linea orizzontale, verticale o diagonale di tre?**

A 4 B 6 C 5 D 3 E 7

55 **Individuare la coppia di termini che completa correttamente la proporzione seguente.**

X : nave = decollare : Y

A X = Navigare, Y = aeroplano
B X = Capitano, Y = pilota
C X = Aeroplano, Y = approdare
D X = Ormeggiare, Y = aeroplano
E X = Salpare, Y = aeroplano

56 **Individuare la parola o i gruppi di parole che completano correttamente la frase seguente. L'ernia iatale è una ____________ di parte dello stomaco che, dalla normale sede addominale, risale attraverso il diaframma.**

A protrusione
B intrusione
C estroflessione
D invasione
E abduzione

57 **Completa la seguente frase: «Viste le sue scoperte .... il premio Nobel».**

A lo aspetterebbe
B lo spetterebbe
C gli aspetterebbe
D le spetterebbe
E le aspetterebbe

58 **Individuare il termine la cui etimologia NON segue la stessa "logica" degli altri:**

A Sinistro B Sindrome C Sinedrio D Sincrono E Sinfonia

59 **«I have a dream...» («Ho un sogno...»). Washington, 28 agosto 1963. Qual era il sogno in questione?**

A La fine della discriminazione razziale
B La fine della guerra in Corea
C La concessione di una costituzione
D La "nuova frontiera" della politica americana
E La fine della schiavitù

60 **L'Arabia Saudita si trova:**

1) a est dell'Egitto
2) a nord della Somalia
3) a est del Mar Rosso
4) a ovest del Golfo Persico
5) a nord della Turchia

Delle precedenti indicazioni geografiche, si riconosca l'UNICA ERRATA:

A la 5) B la 4) C la 3) D la 2) E la 1)

Soluzioni della nona prova

Alpha Test — **Risposte esatte della nona prova**

Verificare le risposte relative alle domande della nona prova

	A	B	C	D	E		A	B	C	D	E		A	B	C	D	E
1	■	□	□	□	□	21	■	□	□	□	□	41	□	■	□	□	□
2	□	□	□	■	□	22	□	□	■	□	□	42	□	■	□	□	□
3	□	■	□	□	□	23	□	□	■	□	□	43	□	□	□	□	■
4	□	□	□	■	□	24	■	□	□	□	□	44	□	□	□	□	■
5	□	□	□	■	□	25	□	□	□	□	■	45	□	□	□	■	□
6	□	□	■	□	□	26	□	□	□	□	■	46	□	■	□	□	□
7	□	□	□	□	■	27	■	□	□	□	□	47	□	□	■	□	□
8	□	■	□	□	□	28	■	□	□	□	□	48	■	□	□	□	□
9	□	■	□	□	□	29	□	□	■	□	□	49	□	□	■	□	□
10	■	□	□	□	□	30	□	□	□	■	□	50	■	□	□	□	□
11	□	□	□	□	■	31	■	□	□	□	□	51	□	□	■	□	□
12	□	■	□	□	□	32	■	□	□	□	□	52	□	□	□	■	□
13	□	□	□	■	□	33	■	□	□	□	□	53	□	□	■	□	□
14	□	□	□	□	■	34	□	■	□	□	□	54	□	■	□	□	□
15	□	□	□	□	■	35	□	□	□	□	■	55	□	□	□	□	■
16	□	□	□	■	□	36	□	□	□	□	■	56	■	□	□	□	□
17	□	□	□	□	■	37	□	□	□	■	□	57	□	□	□	■	□
18	□	□	□	■	□	38	□	■	□	□	□	58	■	□	□	□	□
19	□	□	□	■	□	39	□	□	□	■	□	59	■	□	□	□	□
20	□	□	□	■	□	40	□	■	□	□	□	60	■	□	□	□	□

Prove di verifica

DECIMA PROVA

Alpha Test

Scheda per le risposte della decima prova

Contrassegnare le risposte relative alle domande della decima prova

	A	B	C	D	E		A	B	C	D	E		A	B	C	D	E
1						21						41					
2						22						42					
3						23						43					
4						24						44					
5						25						45					
6						26						46					
7						27						47					
8						28						48					
9						29						49					
10						30						50					
11						31						51					
12						32						52					
13						33						53					
14						34						54					
15						35						55					
16						36						56					
17						37						57					
18						38						58					
19						39						59					
20						40						60					

DECIMA PROVA

Tempo a disposizione: 100 minuti

Conoscenze scientifiche

1 **Durante la profase della 1ª divisione meiotica, quale di questi fenomeni NON avviene?**

- A La membrana nucleare si dissolve
- B I cromosomi omologhi si appaiano
- C I cromosomi si allineano sul piano equatoriale della cellula
- D Il nucleolo scompare
- E I cromosomi sono ben evidenti

2 **La trasmissione autosomica dominante relativa a una certa malattia ha come caratteristica che:**

- A il carattere salterà una generazione per manifestarsi solo nei nipoti
- B il 50% dei figli di un genitore malato presenta il carattere considerato
- C si trasmette solo alle figlie femmine
- D se entrambi i genitori sono malati sicuramente tutti i figli saranno malati
- E il carattere si trasmette alle figlie femmine solo per via paterna

3 **L'areogramma rappresenta la percentuale di gas coinvolti nella respirazione. La porzione indicata con il numero 1 indica:**

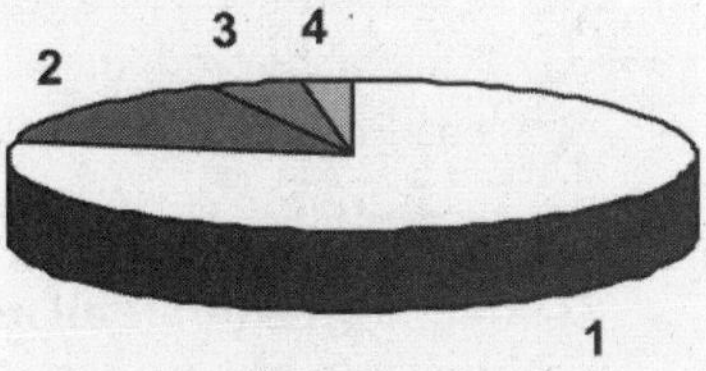

- A l'azoto
- B l'ossigeno
- C l'anidride carbonica
- D il vapore acqueo
- E l'idrogeno

4 **Le reazioni del ciclo di Calvin-Benson che servono a ridurre le molecole di anidride carbonica in molecole di 3-fosfoglicerato avvengono:**

- A nella matrice mitocondriale
- B nello stroma dei cloroplasti
- C nelle membrane dei tilacoidi
- D nelle creste mitocondriali
- E nel citosol delle cellule vegetali

5 **Il tRNA o RNA di trasporto è un particolare tipo di RNA che ha la funzione di "interprete", cioè di tradurre in linguaggio proteico il messaggio in codice dell'mRNA. Il tRNA si differenzia dall'mRNA in quanto:**

A è costituito da una breve successione di amminoacidi e in un'ansa ripiegata contiene una speciale tripletta di basi azotate detta anticodone
B è libero di muoversi nel citoplasma e presenta una tripletta particolare, chiamata codone, complementare a una tripletta dell'mRNA, che riconosce e a cui si lega
C viene sintetizzato nel nucleo, è più breve dell'mRNA e ha una struttura proteica
D è costituito da una catena polinucleotidica diversa per ogni tipo di tRNA, mentre i siti di attacco per gli amminoacidi sono uguali
E è costituito da un breve filamento unico di nucleotidi e presenta a una estremità un sito cui può attaccarsi un amminoacido

6 **Dal mesoderma si sviluppano:**

A il sangue e i muscoli
B lo stomaco e il fegato
C la pelle e il cervello
D i polmoni e le ossa
E l'apparato digerente e i muscoli

7 **Completare con uno dei termini sottoelencati la seguente frase:**
«Quando inizia un processo infettivo, il corpo reagisce all'ingresso dell'agente patogeno innalzando la temperatura corporea grazie a uno stimolo che deriva da... ...».
Il termine è:

A il cervelletto
B il cuore
C il fegato
D l'ipotalamo
E la corteccia cerebrale

8 **Individuare l'affermazione errata:**

A i sali biliari emulsionano i grassi
B l'ileo è sede di assorbimento dei cibi digeriti
C la tripsina attacca e scompone le proteine
D la bile viene prodotta dal pancreas
E il pancreas produce insulina e glucagone

9 **«Tessuto caratterizzato da notevoli doti di resistenza e di elasticità. Svolge un ruolo di sostegno strutturale all'interno dell'organismo. È costituito da cellule disperse in una abbondante matrice extracellulare gelatinosa, ricca di fibre (responsabili dell'elasticità) e di sostanza amorfa di origine proteica.»**
Tale definizione si riferisce al tessuto:

A osseo
B muscolare
C cartilagineo
D epiteliale
E nervoso

10 **Quando si verificano le mutazioni geniche?**

A Durante la gametogenesi

B Durante la replicazione

C Durante la traduzione

D Durante la sintesi proteica

E Durante la fecondazione

11 **Per "nucleosoma" si intende:**

A il precursore dei centrioli durante l'interfase

B il nucleo delle cellule batteriche più evolute

C il DNA despiralizzato presente nella cellula in interfase

D il nucleolo presente nel nucleo eucariotico costituito da RNA

E una porzione di DNA avvolta intorno a 8 molecole di istoni

12 **Gli assoni mielinici dei nervi periferici di diametro maggiore conducono lo stimolo a una velocità compresa tra 50 e 100 metri al secondo, mentre gli assoni amielinici hanno una velocità di conduzione inferiore a 20 metri al secondo. Questa significativa differenza è dovuta al fatto che:**

A gli assoni amielinici presentano lungo il loro percorso brevi intervalli che ne interrompono la continuità

B la conduzione della corrente elettrica negli assoni amielinici è di tipo continuo anziché saltatoria

C la corrente nervosa procede in senso opposto a quella degli assoni mielinici

D lo stimolo che si propaga lungo il percorso degli assoni amielinici non è di tipo elettrico, ma chimico

E gli assoni amielinici sono avvolti lungo il loro percorso da particolari cellule dette di Schwann

13 **Un coniglio maschio dal pelo grigio lungo è stato accoppiato con un coniglio femmina dal pelo grigio lungo. Dall'unione sono nati 16 coniglietti con le seguenti caratteristiche: 9 con il pelo grigio lungo, 3 con il pelo grigio corto, 1 con il pelo bianco corto, 3 con il pelo bianco lungo.**

Quali sono i caratteri recessivi?

A Grigio / corto

B Grigio / lungo

C Bianco / corto

D Bianco / lungo

E Bianco / nero

14 **Le vitamine sono:**

A sostanze da cui l'organismo ottiene calorie

B sostanze necessarie per l'attività degli enzimi

C sostanze non necessarie per la vita dell'organismo

D sostanze che si trovano solo negli agrumi

E le unità fondamentali delle proteine strutturali

15 **Per "pool genico" si intende l'insieme:**

A dei geni presenti in un individuo durante la sua vita
B delle mutazioni presenti in una popolazione
C dei geni presenti in una popolazione in un certo momento
D dei caratteri di un individuo che si modificano al variare dell'ambiente
E degli individui omozigoti presenti in una popolazione

16 **I disturbi ereditari della visione dei colori sono più frequenti nell'uomo che nella donna. Perché?**

A Le capacità visive delle donne sono generalmente migliori di quelle dell'uomo
B Le donne non hanno il cromosoma Y
C Sono dovuti a un gene trasportato solo dagli spermatozoi
D Si tratta di un carattere dominante legato al cromosoma X
E Si tratta di un carattere recessivo legato al cromosoma X

17 **Gli ureteri:**

A uniscono direttamente i reni all'uretra
B conducono l'urina dai reni alla vescica
C trasportano gli spermatozoi dalle vescichette seminali all'uretra
D nella donna uniscono le ovaie all'utero
E fanno parte dell'apparato riproduttore maschile

18 **Quale delle seguenti affermazioni è VERA per la meiosi?**

A Avviene nelle cellule somatiche
B Una cellula diploide dà origine a due cellule diploidi
C I cromosomi si ritrovano in numero dimezzato nelle cellule figlie
D È il meccanismo di divisione delle cellule staminali
E Precede immediatamente la fecondazione

19 **A 2,5 moli di CO_2 (P.M. = 44) corrispondono:**

A 2,5 g
B 110 g
C 17,6 g
D 132 g
E 46,5 g

20 **Tra quelli riportati, indicare il composto più ricco d'ossigeno:**

A alcano
B alcol monofunzionale
C chetone monofunzionale
D acido carbossilico monofunzionale
E aldeide monofunzionale

21 **L'H_2O bolle a temperatura più alta rispetto all'H_2S perché:**

A ha un peso molecolare maggiore di quello dell'H_2S
B ha un peso molecolare minore di quello dell'H_2S
C non contiene legami a ponte di idrogeno, che invece sono presenti nell'H_2S
D contiene legami a ponte di idrogeno, che invece non sono presenti nell'H_2S
E è un acido più forte dell'H_2S

22 **Gli isotopi 56 e 58 del ferro differiscono perché:**

A l'isotopo 58 possiede due elettroni in più rispetto all'isotopo 56
B l'isotopo 58 possiede due protoni in più rispetto all'isotopo 56
C l'isotopo 56 possiede due elettroni in meno rispetto all'isotopo 58
D l'isotopo 56 possiede due protoni in meno rispetto all'isotopo 58
E l'isotopo 58 possiede due neutroni in più rispetto all'isotopo 56

23 **UNA sola delle seguenti affermazioni è CORRETTA.**
L'etanolo è solubile in iso-ottano perché:

A l'etanolo non è solubile in iso-ottano
B fra le due molecole si stabiliscono legami apolari deboli
C fra le due molecole si stabiliscono legami idrogeno
D a temperatura ambiente e pressione normale l'iso-ottano è gassoso e l'etanolo è liquido
E fra le due molecole si stabiliscono legami idrogeno e legami apolari deboli

24 **Quali delle sostanze corrispondenti alle formule:**

A) CH_3–CH_2Cl; B) CH_3–$CHCl_2$; C) CH_3–CCl_3; D) CH_2Cl–CH_2Cl

sono isomere tra loro?

A B e D B B e C C A e B D A e D E A e C

25 **La formula Cl_2O_7 corrisponde al composto:**

A anidride clorosa
B anidride ipoclorosa
C anidride perclorica
D anidride clorica
E biossido di cloro

26 **Il legame dipolo-dipolo è:**

A un'interazione forte che si instaura tra due ioni di carica opposta
B un'interazione debole che si instaura tra molecole polari di acqua e gli ioni di una sostanza disciolta
C un'interazione debole che si instaura tra molecole polari
D un'interazione debole che si instaura tra molecole apolari
E un'interazione tra i poli della pila

27 **Lungo un periodo della tavola periodica, dal I al VII gruppo, il raggio atomico:**

A resta costante
B diminuisce progressivamente
C diminuisce progressivamente nei primi tre periodi, aumenta progressivamente negli altri
D aumenta progressivamente
E aumenta progressivamente nei primi due periodi, diminuisce progressivamente negli altri

28 **In una soluzione satura di un sale poco solubile come $BaSO_4$ si ha che:**

A il corpo di fondo è costituito da molecole indissociate
B le molecole sciolte sono tutte indissociate
C tutto il sale è completamente indissociato
D il sale non è costituito da ioni
E il sale disciolto è tutto dissociato in ioni

29 **Una soluzione acquosa contiene, in ogni litro, 0,0001 moli di un acido ed ha pH = 4,8. Ciò significa che l'acido contenuto nella soluzione è sicuramente:**

A inorganico B organico C forte D debole E diprotico

30 **Quanti grammi di un soluto al 2% (peso/volume) sono sciolti in 200 ml di soluzione?**

A 2 g B 20 g C 40 g D 4 g E 10 g

31 **In una famiglia ciascuno dei figli ha almeno 3 fratelli e 3 sorelle. Da quanti figli almeno è costituita la famiglia?**

A 6 B 7 C 8 D 9 E 10

32 **Il polinomio $ax^4 - 3x^2 + 1$ con *a* numero reale:**

A ha come zero $x = 1$ in corrispondenza di un valore *a* positivo

B è irriducibile per ogni valore di *a*

C ha come zero $x = -1$ per il valore di *a* uguale a uno

D ha come zero $x = 2$ per il valore di *a* uguale a uno

E si scompone in $(x^2 - 1)(ax^2 - 1)$ per ogni valore di *a*

33 **Una radice dell'equazione $2^{x+2} \cdot 3^x = \frac{1}{9}$ è:**

A 2 B 0 C $\frac{1}{2}$ D $\frac{2}{3}$ E −2

34 **Due rette di equazioni $y = mx$ e $y = nx$ sono tra loro sempre perpendicolari se:**

A $mn = 1$ B $m/n = 0,5$ C $m = n$ D $mn = -1$ E $mn = 0,5$

35 **Due vettori hanno moduli *U* e *V*, e formano tra loro un angolo α. Il prodotto scalare vale:**

A $(U + V)\cos\alpha$ B $(U + V)\text{sen}\alpha$ C $UV\cos\alpha$ D $UV\text{sen}\alpha$ E $UV\tan\alpha$

36 **Si vuole raffreddare nel più breve tempo possibile 1 litro di acqua bollente, in un contenitore metallico, senza alterarne le caratteristiche di asetticità. Il metodo più efficace è:**

A immergere il recipiente in acqua corrente

B buttarvi dentro dei cubetti di ghiaccio

C mettere il recipiente sotto il ventilatore

D mettere il recipiente nel frigorifero

E sciogliervi dentro del sale

37 **Le onde elettromagnetiche che vengono utilizzate per le trasmissioni radio tra imbarcazioni:**

A non possono trasportare energia, che si scaricherebbe in mare

B trasportano energia, ma solo se in un certo intervallo di frequenze

C trasportano energia indipendentemente dalla frequenza utilizzata

D contengono campi elettrici, ma non magnetici

E contengono campi magnetici, ma non elettrici

38 **Un'automobile di massa *m* scende dalla quota *h* a velocità costante perché usa i freni, e si porta al livello del mare (indichiamo con *U* l'energia potenziale di gravità e con *T* l'energia cinetica). In tale situazione:**

- **A** l'energia dissipata per attrito eguaglia la variazione di energia cinetica
- **B** la ΔU eguaglia la variazione di energia cinetica
- **C** $\Delta T = mgh$
- **D** non si può applicare il teorema della conservazione dell'energia meccanica
- **E** $\Delta U = mg/h$

Ragionamento logico e cultura generale

39 **L'87% della popolazione mondiale è destrorsa. La società è organizzata in modo tale da permettere alla maggioranza delle persone di avere successo più facilmente. I mancini dovrebbero pertanto essere considerati dei disabili e quindi ricevere un supporto appropriato.**
Se considerata vera, quale delle seguenti affermazioni rende meno forte l'argomentazione precedente?

- **A** Utensili, strumenti musicali e forbici sono progettati per essere usati dalla maggior parte delle persone
- **B** A scuola molti mancini sono stati obbligati a scrivere con la mano destra
- **C** I mancini hanno maggiori probabilità di avere problemi di salute come allergie, depressione, epilessia e disturbi del sonno
- **D** I mancini hanno abilità di orientamento ridotte che li rendono maggiormente a rischio di incidenti stradali e non solo
- **E** Tra i migliori scienziati, sportivi, attori, musicisti e politici la percentuale di mancini è più alta del 13%

40 **«Un valore basso di pressione differenziale (differenza tra la pressione sistolica e diastolica) indica che la parete arteriosa non è provvista di elevata elasticità. Questa diminuzione di elasticità può essere inoltre rilevata dallo spostamento verso l'alto dei valori della pressione diastolica che essa provoca».**
Quale tra le seguenti affermazioni NON è deducibile dal testo?

- **A** Una diminuzione dell'elasticità delle arterie fa aumentare la pressione diastolica
- **B** Le pressioni sistoliche e diastoliche possono essere usate per studiare l'elasticità dei vasi arteriosi
- **C** Se le pareti delle arterie sono molto elastiche, i valori della pressione sistolica e diastolica sono molto vicini
- **D** Valori alti di pressione differenziale sono compatibili con elevata elasticità dei vasi arteriosi
- **E** A parità di pressione sistolica, un aumento della pressione diastolica porta a una diminuzione della pressione differenziale

41 **«In una certa regione il numero assoluto di soggetti che è stato guarito da una condizione morbosa, che definiremo come U, sempre mortale se non trattata, è molto elevato, ma varia da uno all'altro dei centri specializzati. Data l'importanza anche sociale della malattia U, il numero di questi centri è progressivamente aumentato negli ultimi vent'anni e attualmente è ritenuto sufficiente a trattare, secondo schemi condivisi e regolarmente aggiornati e controllati, tutti i pazienti che nella regione si ammalano della malattia in questione. La differenza del numero assoluto dei soggetti guariti nei diversi centri è però significativa, e ha probabilmente radici complesse».**

il testo giustifica UNA SOLA delle seguenti ipotesi esplicative:

A il diverso anno di inizio dell'attività del centro

B l'effetto di schemi terapeutici diversi

C un differente aggiornamento dei diversi centri

D una mancata aderenza ai protocolli di terapia da parte di alcuni centri

E la insufficiente specializzazione di alcuni centri

42 **«Le economie di scala nella produzione degli aerei passeggeri di grande dimensione sono così enormi che nell'intero mercato mondiale esiste spazio per solamente uno o due produttori che ottengano profitti positivi. Il sussidio europeo a sostegno dell'Airbus potrebbe essere considerato come un tentativo di superare il vantaggio iniziale della Boeing per sottrarle – a favore dell'Europa – parte di quel profittevole mercato. Purtroppo, fino ad oggi il risultato è stato questo: la Boeing non è stata indotta a lasciare il mercato, e l'Airbus assorbe un rilevante ammontare di denaro pubblico».**

Secondo la logica espressa dall'autore del brano, UNA delle situazioni qui riportate potrebbe fare venire meno la necessità per i governi europei di investire nell'Airbus. Quale?

A I governi europei smettono di investire nell'Airbus

B La Boeing consolida il vantaggio commerciale dato dall'avere iniziato per prima a produrre aerei civili

C Il mercato della produzione di aerei civili rimane profittevole

D Nuove tecnologie riducono drasticamente le economie di scala nella produzione aeronautica civile

E La diffusione in Europa dei treni ad alta velocità spinge a viaggiare in treno molti passeggeri che prima viaggiavano in aereo

43 **«Un recente studio svolto presso le famiglie italiane ha evidenziato che nell'ultimo anno, a differenza di quanto accaduto in Austria in una situazione analoga, in Italia il numero di libri acquistati è rimasto invariato rispetto all'anno precedente, anche se tutti gli editori hanno aderito alla prima campagna nazionale a favore della lettura che prevedeva la vendita di libri a prezzi scontati per tutto l'anno».**

Quale delle seguenti conclusioni può essere dedotta dalla precedente affermazione?

A Lo sconto praticato durante la prima campagna nazionale a favore del libro era troppo alto

B Nell'ultimo anno alcuni editori hanno dovuto cambiare attività

C In Italia non è stato sufficiente vendere i libri a un prezzo scontato per aumentare le vendite

D In Austria si vendono più libri che in Italia

E Nell'ultimo anno in Austria il numero di libri acquistati è aumentato

44 **Vi è stato un momento storico in cui la situazione economica impose al Governo italiano di sostenere direttamente la Lira nei mercati valutari o, altrimenti, di innalzare i tassi d'interesse. Tuttavia, il Governo non potè alzare il tasso di interesse in quanto questo avrebbe significato un suicidio politico. Il Governo, pertanto, dovette sostenere la Lira, sebbene l'operazione si sia rivelata costosa.**

Quale delle seguenti affermazioni segue la stessa struttura logica del suddetto ragionamento?

- A Questo farmaco è disponibile sia con prescrizione medica che direttamente al banco in farmacia. Tuttavia, è meno costoso acquistare il farmaco con prescrizione medica perciò dovrò andare dal medico
- B Carolina aveva bisogno di prendere un antidolorifico e potevano darle paracetamolo o aspirina. Essendo allergica all'aspirina, dovette prendere il paracetamolo
- C Nell'ambulatorio sono presenti due dottori, un uomo e una donna. La dottoressa è sempre gentile mentre il dottore talvolta è scortese, quindi spero di essere visitato dalla dottoressa
- D Mario ha l'allergia o ha contratto un'infezione virale. Se si tratta di un virus, non vi è alcuna cura che possa aiutarlo quindi potrebbe comunque sottoporsi ad una cura per l'allergia
- E Se Marco avesse seguito i consigli del medico e fosse rimasto a casa, adesso sarebbe già guarito completamente. Tuttavia, non ha potuto assentarsi dal lavoro, quindi sta ancora poco bene

---

45 **Se Anna guarda la televisione, allora fuori piove.**
Se la precedente affermazione è vera, allora è anche vero che:

- A se Anna non guarda la televisione allora vuol dire che fuori non piove
- B se fuori c'è il sole, allora Anna ha la televisione spenta
- C se fuori piove allora Anna sta guardando la televisione
- D la televisione è accesa mentre fuori c'è il sole
- E se fuori non piove allora Anna guarda la televisione

---

46 **La numerazione delle case in una strada comincia, da un lato, con i numeri 1, 2, 3, 4... Alla fine della strada la numerazione prosegue sul lato opposto in direzione inversa, cosicché il numero più alto si trova di fronte al numero 1. Le case sono di identica larghezza, quindi ciascun edificio ne ha uno esattamente di fronte. Se il numero 17 è di fronte al numero 56, quante case ci sono nella strada?**

- A 39
- B 37
- C 73
- D 72
- E 36

---

47 **"Per superare il provino ed entrare in una squadra di calcio è necessario, ma non sufficiente, saper giocare bene e non avere più di 14 anni".**

Determinare quale delle seguenti situazioni è NON compatibile con la frase precedente.

- A Elena non sa giocare bene a calcio, ha meno di 14 anni e non supera il provino
- B Elena non sa giocare bene a calcio, ha meno di 14 anni, e supera il provino
- C Elena sa giocare bene a calcio, ha meno di 14 anni e supera il provino
- D Elena sa giocare bene a calcio, ha meno di 14 anni e non supera il provino
- E Elena ha meno di 14 anni e non supera il provino

DECIMA PROVA

48 **Nel Paese Alpha i 22 ragazzi che vanno a scuola possiedono almeno un mezzo di locomozione (bicicletta, motorino o pattini). Di questi 22 ragazzi, 8 possiedono la bicicletta, 12 il motorino e 9 i pattini. Sapendo che 3 ragazzi hanno sia la bicicletta sia il motorino e che in nessun caso c'è chi ha sia i pattini sia il motorino, in quanti hanno solo la bicicletta?**

A 1
B 6
C 8
D 0
E 3

49 **Si consideri un anello rigido di una catena di metallo con diametro esterno di 8 cm e uno spessore di 2 cm. Con 6 di questi anelli viene composta una catena. Qual è la lunghezza massima della catena quando viene completamente distesa?**

A 28 cm
B 24 cm
C 30 cm
D 32 cm
E 36 cm

50 **Nel tentativo di guadagnare qualcosa in più per andare in vacanza, Marco, Rita, Irene e Sara hanno svolto vari lavoretti per i loro vicini. Prima di iniziare hanno pattuito che tutti i soldi guadagnati sarebbero stati condivisi equamente tra di loro.**

- **Marco ha guadagnato € 10.**
- **Rita ha guadagnato € 15.**
- **Irene ha guadagnato € 12.**

Sara ha sorpreso tutti gli altri guadagnando € 35 e quindi deve dei soldi agli altri amici. Quanto deve ricevere Rita da Sara?

A € 3 B € 6 C € 8 D € 9 E € 10

51 **È noto che quando a Berlino sono le 8.30 a Kabul sono le 12.00 e a Kingston sono le 3.30. Se Amman è un'ora e mezza indietro rispetto a Kabul, che ore saranno ad Amman quando a Kingston sono le 6.00?**

A Le 13.30
B Le 13.00
C Le 15,00
D Le 23.00 del giorno prima
E Le 22.30 del giorno prima

52 **Alberto ha troppi spiccioli in tasca: 6 monete da 1 centesimo, 3 da 2 centesimi, 2 da 5 centesimi, 3 da 10 centesimi e 2 da 50 centesimi. Decide di acquistare una barretta di cioccolato che costa 37 centesimi utilizzando quante più monete possibile. Qual è il numero massimo di monete che deve usare per pagare il prezzo esatto?**

A 10
B 9
C 12
D 5
E 14

53 **La prossima settimana Irene ha diversi appuntamenti con Lucrezia, Rita, Maria, Patrizia, Carlo e Stefania e ha a disposizione solo le sere di lunedì, martedì e mercoledì. Irene decide quindi di incontrare due amici ogni sera. Per organizzare gli appuntamenti si deve, però, ricordare che:**

I) Rita e Stefania non vogliono incontrarsi tra di loro;

II) Patrizia non può uscire il lunedì sera;

III) Carlo può solo il mercoledì sera; IV) Maria e Lucrezia escono solo insieme.

In base alle precedenti affermazioni, per poter incontrare tutti e sei gli amici, quale delle seguenti persone incontrerà sicuramente il martedì?

A Stefania
B Patrizia
C Rita
D Lucrezia
E Maria

---

54 **Quale delle seguenti coppie non contiene sinonimi?**

A Rivangare – rimestare
B Insinuare – inscenare
C Scorticare – spellare
D Svellere – sradicare
E Rabboccare – colmare

---

55 **Indicare quali parole, tra le cinque sequenze proposte, vanno sostituite ai numeri per dare un senso compiuto e logico alle frasi seguenti.**

"Il primo biologo che parlò chiaramente di origine delle ___(1)___ animali e vegetali per evoluzione da tipi precedenti, Jean-Baptiste Lamarck, ___(2)___ che il motore dell'evoluzione fosse l'___(3)___ di ogni individuo alle condizioni ambientali".

A (1) tipologie, (2) sosteneva, (3) assorbimento
B (1) creature, (2) negava, (3) arrangiamento
C (1) componenti, (2) ipotizzava, (3) incompatibilità
D (1) specie, (2) riteneva, (3) adattamento
E (1) classi, (2) ricordava, (3) interazione

---

56 **Individuare il termine la cui etimologia NON segue la stessa "logica" degli altri:**

A Coriaceo
B Aureo
C Perlaceo
D Cetaceo
E Bronzeo

---

57 **Individuare la parola o i gruppi di parole che completano correttamente la frase seguente.**

La __________ è una forma di trasmissione del calore accompagnata da spostamento di materia. Si pensi all'atmosfera dove masse d'aria ____________ tendono a salire per la loro bassa ____________.

A vaporizzazione / calda / pressione
B sublimazione / umida / temperatura
C conduzione / fredda / umidità
D convezione / calda / densità
E vaporizzazione / umida / umidità

58 **Individuare la coppia di termini che completa correttamente la proporzione seguente.**

X : monarchia = presidente : Y

- A X = sovrano, Y = repubblica
- B X = ereditario, Y = elettivo
- C X = monarchia, Y = nazione
- D X = assolutismo, Y = democrazia
- E X = trono, Y = seggio

59 **Il termine "Grande Fratello" è stato coniato e utilizzato per la prima volta in un:**

- A romanzo del Novecento
- B romanzo dell'Ottocento
- C programma radiofonico
- D programma televisivo
- E giornale quotidiano

60 **Che cos'è lo Statuto Albertino?**

- A Il Codice legislativo del Regno di Sardegna
- B La carta dei diritti del cittadino emanata da Mazzini durante la Repubblica Romana
- C La carta costituzionale in vigore in Italia fino al 1948
- D L'attuale codice legislativo italiano
- E La Carta Costituzionale dello Stato vaticano

Soluzioni della decima prova

Alpha Test — **Risposte esatte della decima prova**

Verificare le risposte relative alle domande della decima prova

	A	B	C	D	E		A	B	C	D	E		A	B	C	D	E
1	□	□	■	□	□	21	□	□	□	■	□	41	■	□	□	□	□
2	□	■	□	□	□	22	□	□	□	□	■	42	□	□	□	■	□
3	■	□	□	□	□	23	□	■	□	□	□	43	□	□	■	□	□
4	□	■	□	□	□	24	■	□	□	□	□	44	□	■	□	□	□
5	□	□	□	□	■	25	□	□	■	□	□	45	□	■	□	□	□
6	■	□	□	□	□	26	□	□	■	□	□	46	□	□	□	■	□
7	□	□	□	■	□	27	□	■	□	□	□	47	□	■	□	□	□
8	□	□	□	■	□	28	□	□	□	□	■	48	■	□	□	□	□
9	□	□	■	□	□	29	□	□	□	■	□	49	■	□	□	□	□
10	□	■	□	□	□	30	□	□	□	■	□	50	■	□	□	□	□
11	□	□	□	□	■	31	□	□	■	□	□	51	□	■	□	□	□
12	□	■	□	□	□	32	■	□	□	□	□	52	□	□	■	□	□
13	□	□	■	□	□	33	□	□	□	□	■	53	□	■	□	□	□
14	□	■	□	□	□	34	□	□	□	■	□	54	□	■	□	□	□
15	□	□	■	□	□	35	□	□	■	□	□	55	□	□	□	■	□
16	□	□	□	□	■	36	■	□	□	□	□	56	□	□	□	■	□
17	□	■	□	□	□	37	□	□	■	□	□	57	□	□	□	■	□
18	□	□	■	□	□	38	□	□	□	■	□	58	■	□	□	□	□
19	□	■	□	□	□	39	□	□	□	□	■	59	■	□	□	□	□
20	□	□	□	■	□	40	□	□	■	□	□	60	□	□	■	□	□

Prove di verifica

UNDICESIMA PROVA

Alpha Test

Scheda per le risposte della undicesima prova

Contrassegnare le risposte relative alle domande della undicesima prova

	A	B	C	D	E		A	B	C	D	E		A	B	C	D	E
1						21						41					
2						22						42					
3						23						43					
4						24						44					
5						25						45					
6						26						46					
7						27						47					
8						28						48					
9						29						49					
10						30						50					
11						31						51					
12						32						52					
13						33						53					
14						34						54					
15						35						55					
16						36						56					
17						37						57					
18						38						58					
19						39						59					
20						40						60					

UNDICESIMA PROVA

Tempo a disposizione: 100 minuti

Conoscenze scientifiche

1 **La maggior quantità di ATP si libera mediante:**

- A la glicolisi
- B il ciclo di Krebs
- C il ciclo dell'acido citrico
- D la sintesi delle proteine
- E la fosforilazione ossidativa

2 **Il progesterone è un ormone prodotto dall'ovaio sotto l'azione della tropina ipofisaria LH che può inibire la secrezione del fattore di rilascio per l'LH. Questo meccanismo è un esempio di:**

- A feedback positivo
- B endosimbiosi
- C feedback negativo
- D termoregolazione
- E regolazione nervosa

3 **Per un organismo con numero aploide n = 10 si può affermare che:**

- A gli autosomi delle sue cellule sono 10
- B i suoi gameti possiedono 10 cromosomi
- C le sue cellule nervose possiedono 10 cromosomi
- D le sue cellule somatiche possiedono 5 cromosomi
- E i suoi gameti possiedono 5 cromosomi

4 **La fibrosi cistica o mucoviscidosi è una malattia autosomica recessiva che comporta un'eccessiva secrezione di muco, denso e vischioso, da parte dei polmoni, del pancreas, dell'intestino. La sua incidenza è di 1:2000, mentre i portatori sani sono il 5% della popolazione. Due genitori entrambi portatori del gene alterato hanno probabilità di avere un figlio maschio affetto da mucoviscidosi pari a:**

A 25% B 2% C 5% D 75% E 0,2%

5 **Le stelle di mare sono voraci predatrici di ostriche. Un tempo gli allevatori di ostriche avevano l'abitudine di risolvere il problema catturandone il maggior numero, tagliandole a pezzi e ributtando poi i pezzi in mare, sicuri di essersi liberati di esse. Invece le stelle marine, nel volgere di breve tempo, diventavano sempre più numerose. Come era possibile ciò?**

- **A** Le condizioni ambientali degli allevamenti di ostriche sono favorevoli alla generazione spontanea delle stelle di mare
- **B** Le ostriche si cibano di stelle di mare e favoriscono la schiusa delle loro uova
- **C** Il periodo riproduttivo delle stelle di mare è rapidissimo e avviene in poche ore
- **D** Gli allevatori di ostriche eliminavano le ostriche che si cibavano di stelle di mare
- **E** Le stelle di mare sono capaci di rigenerare un nuovo individuo partendo da pezzi delle singole braccia

6 **Il seguente albero genealogico riguarda la trasmissione di un carattere monofattoriale recessivo non legato al sesso.**

○ = femmine sane
□ = maschi sani
● = femmine ammalate
■ = maschi ammalati

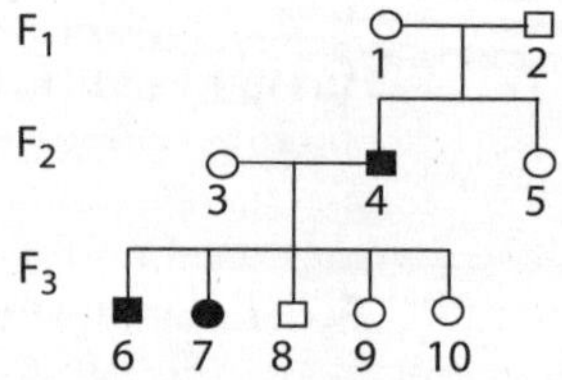

Si può dedurre che:

- **A** il maschio della F_2 è eterozigote
- **B** tutti gli individui della F_3 sono eterozigoti
- **C** la figlia della F_2 è sicuramente eterozigote
- **D** entrambi gli individui della F_1 sono omozigoti per il carattere considerato
- **E** la moglie della F_2 è eterozigote

7 **Durante la sistole ventricolare sono:**

- **A** aperte le valvole tra ventricoli e arterie
- **B** aperte le valvole tra atri e ventricoli
- **C** chiuse le valvole tra vene e atri
- **D** aperte le valvole tra atri e arterie
- **E** chiuse le valvole tra arterie e ventricoli

8 **Un batterio, il cui DNA a doppio filamento contiene solo l'isotopo ^{15}N dell'azoto, viene messo a replicare in un terreno che contiene solo ^{14}N come unica fonte di azoto. Dopo quattro cicli di replicazione, quante molecole di DNA (filamenti singoli e non doppi!) conterranno ancora ^{15}N?**

A 4 **B** 8 **C** 6 **D** 2 **E** 16

9 **Per dispnea si intende:**

- **A** difficoltà di respirazione
- **B** meteorismo
- **C** digestione lenta e laboriosa
- **D** alterazione dei tessuti che precede la formazione dei tumori
- **E** gorgoglio dello stomaco o dell'intestino

10 **Non è possibile vedere al microscopio ottico:**

A il nucleo
B la doppia membrana cellulare
C i neuroni
D la parete cellulare
E i globuli rossi

11 **«I cromosomi umani che determinano il sesso sono davvero una strana coppia. Il cromosoma Y è molto più piccolo dell'X, contiene solo alcune decine di geni in confronto ai 2.000-3.000 contenuti nel cromosoma X, è strapieno di "DNA spazzatura", sequenze di nucleotidi che non contengono alcuna istruzione per produrre molecole utili. Tuttavia contiene un certo numero di geni importanti per la sopravvivenza e la fertilità dei maschi, come il gene SRY che codifica per una proteina che determina la formazione dei testicoli attivando altri geni su diversi cromosomi. Fino a tempi recenti i biologi avevano difficoltà a spiegare in che modo il cromosoma Y si fosse ridotto in simili condizioni: si pensava comunque che X e Y si fossero evoluti a partire da autosomi simili di un antenato primordiale. Infatti le loro estremità sono molto simili e possono dar luogo al processo di ricombinazione durante la meiosi, scambiandosi reciprocamente dei frammenti. L'allineamento dei cromosomi è anche cruciale per la corretta distribuzione dei cromosomi negli spermatozoi. Gli scienziati oggi sono giunti alla conclusione che i cromosomi sessuali umani in origine formassero una coppia di autosomi omologhi di uguale lunghezza. Una serie di mutazioni ha fatto sì che uno dei due cromosomi degenerasse, perdendo molti geni e dando origine all'attuale cromosoma Y».**
("Le stranezze del cromosoma Y" di K. Jegalian e B. Lahan, Le Scienze, n. 393, 2001)

Una prova che i cromosomi X e Y fossero un tempo autosomi omologhi è data dal fatto che:

A le estremità dei due cromosomi si allineano durante la meiosi e possono ricombinarsi
B sul cromosoma Y c'è il gene SRY responsabile della mascolinità, come nel cromosoma X
C il cromosoma X è strapieno di DNA spazzatura
D il cromosoma Y deriva per duplicazione dal cromosoma X
E gli autosomi omologhi da cui derivano erano già in origine diversi tra loro

12 **Gli indigeni dell'Amazzonia utilizzavano il curaro nella fabbricazione delle frecce mortali usate per la caccia. Il curaro si lega irreversibilmente ai recettori sinaptici dell'acetilcolina. La causa prima della morte delle prede era pertanto dovuta a:**

A perdita di coscienza
B paralisi dei muscoli cerebrali
C paralisi dei muscoli respiratori
D blocco del muscolo cardiaco
E blocco del nervo vago

13 **Le ossa contengono un tessuto molle detto midollo osseo. In particolare nelle epifisi delle ossa lunghe è presente:**

A il midollo giallo che produce globuli rossi e bianchi
B il midollo spinale con funzione emopoietica
C il midollo rosso con funzione emopoietica
D il midollo rosso che permette l'allungamento dell'osso
E il midollo giallo che permette la rigenerazione dell'osso

14 **Un enzima può essere definito come una sostanza che:**

A lega molecole in modo stabile
B entra in azione solo nelle reazioni endoergoniche
C innalza l'energia di attivazione di una reazione
D fornisce energia alle reazioni non spontanee
E può essere riutilizzata più volte

15 **Nel modello molecolare del DNA proposto da Watson e Crick le basi azotate sono accoppiate secondo la regola A-T e C-G. Se un campione di DNA contiene il 28% di A, quale sarà la percentuale di C?**

A 22%
B 28%
C 44%
D 56%
E Non è possibile stabilirlo

16 **La colchicina è una sostanza che blocca l'assemblaggio dei microtubuli. In sua presenza uno degli eventi riportati può comunque avvenire:**

A lo spostamento dei cromosomi verso i poli
B la formazione della piastra equatoriale
C la formazione del fuso
D l'allineamento dei cromosomi all'equatore
E la condensazione della cromatina

17 **Nell'apparato di Golgi avviene:**

A sintesi dei ribosomi
B sintesi di ATP
C degradazione di molecole
D modificazione e smistamento di proteine
E splicing degli mRNA

18 **L'anemia falciforme: 1) è causata da carenza di ferro, 2) è dovuta a mutazioni genetiche, 3) è dovuta a carenza di vitamina B_{12}, 4) riguarda l'emoglobina.**
Riguardo alle precedenti affermazioni:

A è corretta solo la 1)
B sono corrette la 1) e la 3)
C è corretta solo la 2)
D sono tutte errate
E sono corrette la 2) e la 4)

19 **Quale tra i seguenti composti è un'ammina?**

A $CH_3–(CH_2)_5–COOH$
B $CH_3–CH_2–NH_2$
C $CH_3–CH_2–SH$
D $CH_3–CO–CH_3$
E $CH_3–CH_2–CH_2OH$

UNDICESIMA PROVA

20 **Quante moli di acqua sono contenute in 100 g di acqua pura (peso molecolare 18)?**

A 18 moli B 1000 moli C 1,8 moli D 5,5 moli E 1 mole

21 **La formula R–CO–O–R′ è caratteristica di:**

A un acido carbossilico
B un etere
C un chetone
D un estere
E una aldeide

22 **Individuare l'affermazione errata:**

A è chiamato catione un atomo che possiede elettroni in meno rispetto al numero di protoni
B è chiamato catione un atomo che possiede elettroni in più rispetto al numero di neutroni
C la carica elettrica di uno ione corrisponde alla quantità di elettroni che esso ha acquistato o perduto
D è chiamato anione un atomo che possiede elettroni in più rispetto al numero di protoni
E il legame ionico si forma tra ioni di segno opposto

23 **Una soluzione tampone è caratterizzata da:**

A la capacità di mantenere costante, entro certi limiti, il pH
B una pressione osmotica identica a quella del sangue
C una concentrazione fisiologica di glucosio
D una pressione osmotica nota e costante
E un pH identico a quello del sangue

24 **Mg e Ca sono:**

A metalli del secondo gruppo
B metalli di transizione
C alogeni
D metalli nobili
E metalli del primo gruppo

25 **Una soluzione 2 N contiene:**

A due grammo equivalenti di soluto per 1000 g di solvente
B due grammi di soluto per millimetro cubico di soluzione
C due moli di soluto per 1000 g di solvente
D due grammo equivalenti di soluto per litro di soluzione
E due moli di soluto per due litri di solvente

26 **Un atomo di carbonio si definisce terziario se:**

A è legato ad altri tre atomi di carbonio
B è il terzo della catena carboniosa
C è coinvolto in un triplo legame
D è legato a tre gruppi –OH
E occupa la posizione 3 in un anello aromatico

27 **In una reazione di neutralizzazione si ha sempre che:**

- A la concentrazione finale degli ioni idrogeno è minore di quella iniziale
- B la concentrazione finale degli ioni idrogeno è nulla
- C un grammo equivalente di acido forte reagisce con un grammo equivalente di base forte
- D una mole di base forte reagisce con una mole di acido forte
- E un grammo di base reagisce con un grammo di acido

28 **Una reazione è detta esotermica:**

- A quando procede con assorbimento di calore dall'esterno
- B quando è esplosiva
- C quando procede con sviluppo di calore
- D quando non può avvenire
- E quando è spontanea

29 **Aggiungendo idrossido di calcio a una soluzione:**

- A il pH cresce
- B il pH diminuisce
- C il pH non varia
- D il pH diventa minore di 7
- E il pH diventa maggiore di 10

30 **Quale delle sequenze sottoindicate è ordinata secondo numeri di ossidazione crescenti per l'azoto?**

- A N_2O_4 HNO_3 HNO_2
- B NO N_2O_4 HNO_2
- C HNO_3 HNO_2 N_2O_4
- D N_2H_4 NO HNO_2
- E HNO_3 N_2O_4 HNO_2

31 **L'espressione $10^9 + 10^8 + 10^9$ è uguale a:**

- A 2.100.000.000
- B 10^{14}
- C 2.100.000
- D $20^9 + 10^8$
- E 10^{26}

32 **Luca arriva in ritardo davanti a scuola una volta su tre e quando arriva puntuale si attarda al bar con gli amici una volta su quattro. Qual è la probabilità che Luca entri puntualmente in classe?**

A $\frac{1}{12}$ B $\frac{3}{4}$ C $\frac{1}{4}$ D $\frac{1}{6}$ E $\frac{1}{2}$

33 **L'espressione $\sqrt{\frac{1-x}{1+x}}$ con x numero reale, equivale a:**

A $\frac{1+x}{\sqrt{1-x^2}}$ B $\frac{x-1}{\sqrt{1-x^2}}$ C $\frac{\sqrt{1-x^2}}{1+x}$ D $\frac{\sqrt{x^2-1}}{1+x}$ E $\sqrt{\frac{x-1}{1+x}}$

UNDICESIMA PROVA

34 **Quale dei seguenti poligoni regolari di lato uguale ha area maggiore?**

A Ottagono
B Eptagono
C Esagono
D Pentagono
E Quadrato

35 **In un sistema ... la quantità di moto totale si conserva. Qual è la parola mancante?**

A conservativo
B aperto
C inerziale
D meccanico
E isolato

36 **La relazione tra C = gradi Celsius e F = gradi Fahrenheit è espressa da:**

$$C = 5(F - 32)/9$$

A quale temperatura un termometro con scala Fahrenheit indica lo stesso numero di gradi di un termometro con scala Celsius?

A – 11
B 40
C – 40
D 32
E – 32

37 **Stiamo nuotando immersi sott'acqua sul fondo di una lunga piscina; alziamo gli occhi e vediamo le cose sopra di noi, ma se spingiamo lo sguardo lontano dal punto in cui ci troviamo notiamo che la superficie acqua-aria si comporta come uno specchio che rimanda le immagini interne alla piscina. Il fenomeno è dovuto:**

A alle proprietà della superficie dell'acqua
B alle proprietà della superficie dell'acqua quando si aggiunge cloro
C alle proprietà della riflessione totale interna
D alla mancanza di luce diretta
E all'eccessiva illuminazione esterna

38 **Se avviciniamo rapidamente una potente calamita a una spira formata da un filo di rame chiuso a cerchio, si può notare che:**

A la spira si illumina
B la spira si deforma trasformandosi in un'ellisse molto stretta e lunga
C il rame dapprima neutro acquista una forte carica elettrica indotta
D la spira inizia a ruotare con velocità costante intorno a un suo diametro
E nella spira viene indotta una circolazione di corrente elettrica

Ragionamento logico e cultura generale

39 **Negli ultimi 100 anni vi è stato un aumento nelle temperature medie globali di 0,5°C. A causa del fenomeno del riscaldamento globale tutte le difese costiere costruite in futuro per proteggere le regioni d'Europa più vulnerabili alle inondazioni dovrebbero essere progettate in modo diverso da quelle correntemente impiegate, al fine di permettere un incremento annuo del livello del mare.**

Su quale/i supposizione/i implicita/e si basa il brano precedente?

1. **È probabile che il riscaldamento globale causerà un innalzamento del livello del mare.**
2. **Il fenomeno del riscaldamento globale probabilmente continuerà.**
3. **Le attuali difese costiere sono probabilmente inefficienti contro l'innalzamento del livello del mare.**

A Sulla 1, la 2 e la 3
B Soltanto sulla 1 e la 3
C Soltanto sulla 1
D Soltanto sulla 1 e la 2
E Soltanto sulla 2 e la 3

40 **Se il Comitato organizzativo del carnevale di Viareggio non si adegua alla nuova normativa europea, potrebbe non essere più possibile garantire la sicurezza dell'evento. La possibile conseguenza di ciò sarebbe una ingente multa che finirebbe con il ridurre i fondi per il carnevale e potrebbe risultare disastrosa per per le finanze del comitato. Al comitato non resta dunque che seguire la normativa sulla sicurezza per non mettere a rischio il futuro del carnevale.**

Quale delle seguenti affermazioni esprime il messaggio principale del brano precedente?

A Il pagamento di una multa ingente potrebbe significare il disastro finanziario per il carnevale di Viareggio
B Se non si adegua alla normativa europea, il carnevale di Viareggio potrebbe non sopravvivere
C Se non si riesce ad innalzare il livello di sicurezza vi è il rischio di incorrere in una multa ingente
D Se le norme vengono seguite allora il carnevale di Viareggio avrà luogo anche l'anno prossimo
E La sicurezza durante il carnevale di Viareggio ha raggiunto livelli pericolosamente bassi

41 **Indicare quali parole, tra le cinque sequenze proposte, vanno sostituite ai numeri per dare un senso compiuto e logico alle frasi seguenti.**

"Il cervello aveva ___(1)___ uguali alle nostre già negli uomini di 300.000 anni fa; anzi, sembra quasi avesse addirittura un ___(2)___ un po' superiore a quello odierno. Questo non implica che fosse di ___(3)___ interna uguale alla nostra".

A (1) funzioni, (2) peso, (3) specie
B (1) condizioni, (2) formato, (3) tipologia
C (1) dimensioni, (2) volume, (3) struttura
D (1) grandezze, (2) rilievo, (3) durezza
E (1) misure, (2) valore, (3) peculiarità

42 **In Gran Bretagna recentemente si tende a pitturare di giallo tutti gli apparecchi rilevatori di velocità a postazione fissa (tipo autovelox) per renderli facilmente visibili. Questo è ritenuto un modo per invitare gli automobilisti a moderare l'andatura rispettando i limiti e prevenire così gli incidenti, anche se intuitivamente sembra essere l'esatto contrario di quanto si dovrebbe fare, ovvero nascondere gli autovelox. Se gli autovelox sono facilmente visibili, gli automobilisti tendono ad accelerare tra un autovelox e l'altro per poi rallentare bruscamente all'approssimarsi dello stesso. Questa abitudine è molto pericolosa. Se invece gli autovelox sono ben nascosti, gli automobilisti sono costretti a mantenersi entro i limiti di velocità per tutto il percorso per timore di essere multati a propria insaputa.**

Quale delle seguenti affermazioni è totalmente sostenuta dal brano precedente?

- A Se apparecchi rilevatori di velocità a postazione fissa fossero difficilmente visibili, gli automobilisti rispetterebbero i limiti di velocità
- B Pitturare gli apparecchi rilevatori di velocità a postazione fissa (tipo autovelox) non serve da deterrente agli automobilisti che non rispettano i limiti di velocità
- C Lo scopo di installare apparecchi rilevatori di velocità a postazione fissa è quello di incoraggiare gli automobilisti a ridurre la propria velocità
- D Quando gli apparecchi rilevatori di velocità a postazione fissa sono ben visibili gli automobilisti guidano in maniera più pericolosa
- E Rendere gli apparecchi rilevatori di velocità a postazione fissa facilmente visibili è l'esatto contrario di una buona prassi

---

43 **Di recente, molti film hollywoodiani si sono rivelati molto costosi da produrre, ma non hanno ricavato i grandi incassi che avrebbero giustificato tali costi di produzione. Simultaneamente, però, sono stati realizzati film con bassi costi di produzione che hanno ottenuto grande successo presso una larga fetta di pubblico e di critici cinematografici. Ed, effettivamente, ci sono stati alcuni registi di pellicole di grande successo destinate ad un pubblico non di massa che hanno poi realizzato film molto costosi che però hanno ottenuto scarso successo ai botteghini. Sembra ovvio, quindi, che se un regista vuole realizzare un film che riscuote grande successo di pubblico, deve produrre un film con bassi costi di produzione.**

Quale delle seguenti risposte costituisce il passaggio logico errato nel brano precedente?

- A Il successo di pubblico di un film giustificherebbe / giustifica l'alto costo di spesa nel farlo
- B I costi di produzione dei film sono generalmente maggiori di quanto inizialmente preventivato
- C I costi di produzione dei film non sono necessariamente il fattore decisivo che determina il successo di pubblico dei film
- D Il pubblico non necessariamente è al corrente se i costi di produzione di un film sono stati elevati o meno
- E La critica cinematografica spesso fa previsioni erronee riguardo al successo di pubblico dei film

---

44 **"Sara afferma che tutti gli studenti di medicina hanno frequentato il liceo scientifico".**

Quale delle seguenti condizioni è NECESSARIO si verifichi affinché l'affermazione di Sara risulti falsa?

- A Tutti gli studenti che non sono iscritti a medicina devono aver frequentato il liceo scientifico
- B Deve esistere almeno uno studente di medicina che non ha frequentato il liceo scientifico
- C Deve esistere almeno uno studente di medicina che ha frequentato il liceo classico
- D Nessuno studente di medicina deve aver frequentato il liceo scientifico
- E Deve esistere almeno uno studente che ha frequentato il liceo scientifico ma che non è iscritto a medicina

45 **Se Nicola intende trovare un lavoro che lo interessi realmente, dovrà essere disposto a fare dei sacrifici economici e a guadagnare meno di quanto non guadagni con il suo lavoro attuale. Tuttavia, poiché Nicola non è affatto disposto a sacrificare il suo alto stipendio attuale, non sarà in grado di trovare un lavoro che lo interessi realmente.**

Quale delle seguenti affermazioni contiene la stessa struttura logica del caso appena illustrato?

- A Se Paolo e Luisa vogliono avere un matrimonio felice, devono trovare il modo di comunicare meglio. Le sedute di terapia di coppia hanno dimostrato che, invece, Paolo e Luisa trovano impossibile comunicare, quindi il loro matrimonio non sarà felice
- B Se Carlo e Teresa intendono procedere con la loro pratica di divorzio, devono essere assolutamente certi che non vogliono riprovare a rimettere in piedi il loro matrimonio. Entrambi hanno insistito per il divorzio, quindi altre sedute di terapia di coppia sono inutili
- C Se Giulia e Michele vogliono adottare un bambino, dovranno dimostrare che la loro è una relazione stabile. Sfortunatamente, non sembrano esserci stati indizi di stabilità durante la loro relazione, quindi Giulia e Michele dovranno impegnarsi seriamente per rendere più stabile la loro relazione
- D Se Marta vuole aprire un'attività in proprio, dovrà avere almeno 5000 euro per coprire le spese iniziali. Al momento Marta ha soltanto 1000 euro, quindi dovrà ottenere un prestito in banca
- E Se Luca vuole migliorare i suoi risultati scolastici, dovrà rinunciare al suo lavoretto part-time. Luca è realmente intenzionato a migliorare i propri risultati scolastici, quindi dovrà certamente rinunciare al proprio lavoretto part-time

46 **«Ogni qualvolta si verifica una contrazione dell'offerta di petrolio dalla regione del Golfo, si registra un immediato aumento del prezzo del petrolio proveniente da quella regione».**

Se l'argomentazione sopra riportata è vera, quale delle seguenti affermazioni è vera?

- A Se c'è un incremento del prezzo del petrolio proveniente dalla regione del Golfo, ciò significa che vi è stata una contrazione dell'offerta di petrolio da quella regione
- B Se non vi è alcuna contrazione dell'offerta di petrolio dalla regione del Golfo, allora non vi è alcun incremento del prezzo del petrolio proveniente da quella regione
- C Ogniqualvolta vi è una contrazione dell'offerta di petrolio, si verifica un immediato aumento del prezzo dello stesso
- D Ogniqualvolta vi è instabilità politica nella regione del Golfo, si verifica un immediato incremento del prezzo del petrolio proveniente da quella regione
- E Se non vi è alcun incremento nel prezzo del petrolio proveniente dalla regione del Golfo, ciò significa che non vi è stata alcuna contrazione dell'offerta del petrolio da quella regione

47 **Alla piscina comunale di Bresso il prezzo del biglietto di entrata è di € 2 a testa per gli adulti e di € 1 a testa per i bambini. Le famiglie possono anche acquistare una "tessera famiglia" valida un anno per € 50 che permette l'uso illimitato della piscina a 2 adulti ed ad un massimo di 3 bambini. Per famiglie più numerose ogni bambino in più paga ogni volta la metà del prezzo del biglietto di entrata. I coniugi Bianchi ed i loro 4 figli sono amanti del nuoto. L'anno scorso hanno usato la loro "tessera famiglia" ben 40 volte.**

Quanto hanno risparmiato i Bianchi lo scorso anno grazie alla "tessera famiglia"?

- A € 190
- B € 230
- C € 250
- D € 50
- E € 270

48 **Uno stilista di calzature ha disegnato la nuova collezione da donna per la stagione estiva. La collezione comprende: ballerine, infradito, sandali e zoccoli, ed è disponibile nei numeri dal 34 al 44, a esclusione dei sandali, per i quali sono disponibili anche i mezzi numeri (per esempio il 38 e 1/2). Le ballerine e le infradito sono disponibili in beige, nero e marrone, mentre i sandali e gli zoccoli sono disponibili solo in nero e in marrone. Di quante paia diverse di scarpe è composta la suddetta collezione estiva?**

A 110 B 128 C 130 D 132 E 162

49 **«Un pendolare per andare al lavoro prende il treno in direzione nord. All'andata, la mattina, si siede rivolto nella stessa direzione di marcia del treno con il finestrino direttamente alla sua sinistra. Al ritorno, la sera, si siede rivolto nella direzione di marcia contraria a quella del treno con il finestrino direttamente alla sua destra».**

Quale delle seguenti affermazioni è corretta?

A Al ritorno, la sera, il pendolare si siede rivolto a sud
B Al ritorno, la sera, il pendolare si siede accanto a un finestrino rivolto a est
C I finestrini accanto ai quali il pendolare si siede sono sempre rivolti verso lo stesso punto cardinale sia nel viaggio di andata che in quello di ritorno
D Nel viaggio di andata e in quello di ritorno, il pendolare è rivolto verso punti cardinali diversi
E All'andata, la mattina, il pendolare si siede accanto a un finestrino rivolto a est

50 **Uno studente, per andare dalla propria abitazione all'università, percorre 1/5 del tragitto a piedi, 2/3 in autobus e i rimanenti 8 chilometri in bicicletta. Qual è la distanza, espressa in chilometri, tra l'abitazione dello studente e l'università?**

A 90
B 120
C 60
D 30
E 45

51 **Tizio e Caio devono ricevere una certa quantità di farmaco, in maniera da avere una quantità di principio attivo proporzionale al proprio peso corporeo. Tizio pesa 50 kg, Caio pesa 60 kg. Due flaconi identici di farmaco contengono, complessivamente, la dose totale necessaria per il fabbisogno di entrambi.**

Qual è la dose esatta da somministrare a Caio?

A Un flacone intero e un quarto dell'altro flacone
B Un flacone intero e un quinto dell'altro flacone
C Un flacone intero e un sesto dell'altro flacone
D Un flacone intero e un decimo dell'altro flacone
E Un flacone intero e un undicesimo dell'altro flacone

52 **Se quattro panettieri, lavorando allo stesso ritmo, impiegano 2 ore per preparare 10 kg di pane, quanto impiegherebbe uno solo di essi per preparare 5 kg di pane?**

A 2 ore
B 4 ore
C 8 ore
D 12 ore
E 5 ore

53 **Rita dice a Silvia: «Se mi dai una penna, ne avrò il doppio delle tue» Silvia risponde: «Se me ne dai una tu, ne avremo lo stesso numero». Quante penne hanno rispettivamente Rita e Silvia?**

A 3 e 2
B 9 e 7
C 7 e 5
D 6 e 4
E 6 e 6

54 **Paola non ha sorelle. Chi è la sorella del figlio del nonno materno della figlia di Paola?**

A La mamma di Paola
B Una zia di Paola
C Non esiste tale persona
D Una cugina di Paola
E Paola stessa

55 **Con riferimento al grafico seguente, rispetto al totale di copie vendute del libro X a Milano nel primo semestre dell'anno, il canale internet ha venduto un numero di copie:**

Vendita delle copie del libro X nel primo semestre dell'anno a Milano

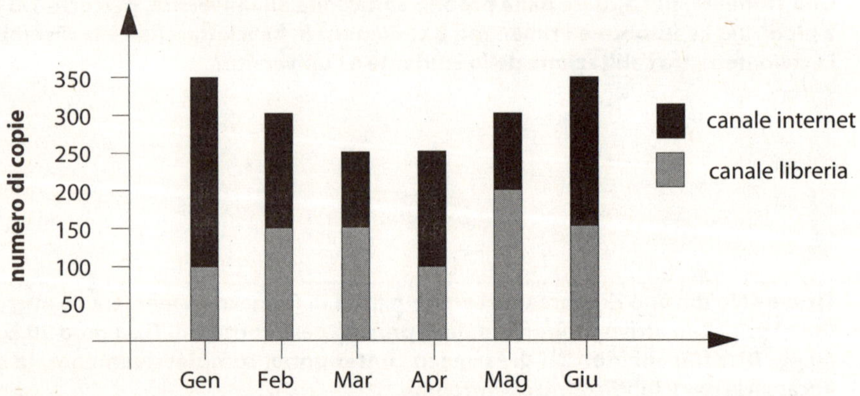

A inferiore alla metà del totale delle copie vendute
B pari alla metà del totale delle copie vendute
C pari a 850
D pari a più della metà del totale delle copie vendute
E non è possibile stabilirlo

56 **Quale tra le coppie di termini proposti completa logicamente la seguente proporzione verbale:**

x **: filosofia = biochimica :** y

A x = ermeneutica y = chimica
B x = logistica y = scienze naturali
C x = grafologia y = biologia
D x = criminologia y = biofisica
E x = epistemologia y = biotecnologia

57 **Individuare la parola o i gruppi di parole che completano correttamente la frase seguente.**

Sul piano dello stile, Ungaretti si richiama alla lezione del Simbolismo francese, ma trova un'impronta originale nella ricerca di una parola poetica pura. Il lessico è semplice e scabro, le strutture sintattiche elementari; frequente è l'uso dell'analogia, cioè dell'accostamento di immagini le cui affinità non sono esplicitate razionalmente dal linguaggio, ma affidate alla sensibilità ____________ del lettore.

A intuitiva
B spiccata
C intellettiva
D delicata
E attenta

58 **Il prefisso in uno dei seguenti aggettivi NON obbedisce alla stessa logica degli altri:**

A irregolare
B imbiancato
C illogico
D imbattibile
E inutile

59 **Quale fu il primo presidente del Consiglio della Repubblica italiana?**

A Bonomi
B De Gasperi
C Parri
D Togliatti
E Andreotti

60 ***La coscienza di Zeno*** **è:**

A un saggio di Sigmund Freud
B un romanzo di Italo Svevo
C la tesi di laurea di Carl Gustav Jung
D la biografia di Italo Calvino
E un quadro di Amedeo Modigliani

Soluzioni della undicesima prova

Alpha Test

Risposte esatte della undicesima prova

Verificare le risposte relative alle domande della undicesima prova

	A	B	C	D	E		A	B	C	D	E		A	B	C	D	E
1	□	□	□	□	■	21	□	□	□	■	□	41	□	□	■	□	□
2	□	□	■	□	□	22	□	■	□	□	□	42	□	□	□	□	■
3	□	■	□	□	□	23	■	□	□	□	□	43	□	□	■	□	□
4	■	□	□	□	□	24	■	□	□	□	□	44	□	■	□	□	□
5	□	□	□	□	■	25	□	□	□	■	□	45	■	□	□	□	□
6	□	□	□	□	■	26	■	□	□	□	□	46	□	□	□	□	■
7	■	□	□	□	□	27	□	□	■	□	□	47	□	□	■	□	□
8	□	□	□	■	□	28	□	□	■	□	□	48	□	□	■	□	□
9	■	□	□	□	□	29	■	□	□	□	□	49	□	■	□	□	□
10	□	■	□	□	□	30	□	□	□	■	□	50	□	□	■	□	□
11	■	□	□	□	□	31	■	□	□	□	□	51	□	□	□	□	■
12	□	□	■	□	□	32	□	□	□	□	■	52	□	■	□	□	□
13	□	□	■	□	□	33	□	□	■	□	□	53	□	□	■	□	□
14	□	□	□	□	■	34	■	□	□	□	□	54	□	□	□	□	■
15	■	□	□	□	□	35	□	□	□	□	■	55	□	□	□	■	□
16	□	□	□	□	■	36	□	□	■	□	□	56	■	□	□	□	□
17	□	□	□	■	□	37	□	□	■	□	□	57	■	□	□	□	□
18	□	□	□	□	■	38	□	□	□	□	■	58	□	■	□	□	□
19	□	■	□	□	□	39	■	□	□	□	□	59	□	■	□	□	□
20	□	□	□	■	□	40	□	■	□	□	□	60	□	■	□	□	□

Prove di verifica

DODICESIMA PROVA

Alpha Test

Scheda per le risposte della dodicesima prova

Contrassegnare le risposte relative alle domande della dodicesima prova

	A	B	C	D	E		A	B	C	D	E		A	B	C	D	E
1						21						41					
2						22						42					
3						23						43					
4						24						44					
5						25						45					
6						26						46					
7						27						47					
8						28						48					
9						29						49					
10						30						50					
11						31						51					
12						32						52					
13						33						53					
14						34						54					
15						35						55					
16						36						56					
17						37						57					
18						38						58					
19						39						59					
20						40						60					

DODICESIMA PROVA

Tempo a disposizione: 100 minuti

Conoscenze scientifiche

1 **La respirazione, secondo la reazione $C_6H_{12}O_6 + 6\ O_2 \rightarrow 6\ CO_2 + 6\ H_2O + n\ ATP$, può essere intesa come una reazione di ossidoriduzione. Pertanto la sostanza che viene ridotta è:**

A la CO_2
B l'acqua
C l'ossigeno
D il glucosio
E l'ATP

2 **La figura rappresenta schematicamente il tRNA. Nella porzione indicata con la lettera V si lega:**

A un codone dell'RNA
B un codone del DNA
C un amminoacido
D una proteina
E un anticodone

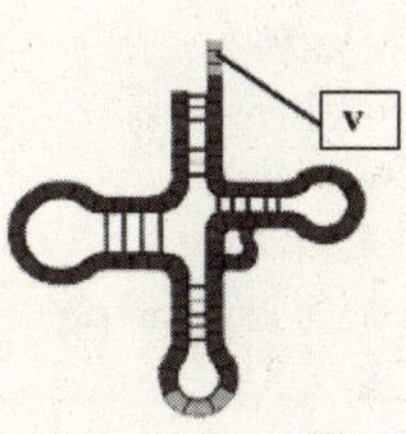

3 **Le corde vocali si trovano:**

A nelle coane nasali
B nella bocca
C nella laringe
D nella faringe
E nella trachea

4 **Il peritoneo è una membrana che avvolge:**

A il cuore B i polmoni C il cervelletto D le ossa E l'intestino

5 **Due genitori, fenotipicamente normali, hanno un primo figlio affetto da una malattia autosomica recessiva. Quale sarà la probabilità che un secondo figlio sia sano?**

A 50% B 100% C 75% D 0% E 25%

6 Una padrona di casa vuole preparare una particolare pietanza per una cena importante. Ella fotocopia da un libro di cucina preso in biblioteca la ricetta corrispondente al piatto che vuole mettere in tavola, quindi telefona al suo fornitore per farsi portare gli ingredienti necessari. Si supponga – per analogia – che il piatto da preparare corrisponda a una certa proteina che la cellula deve produrre; che gli ingredienti necessari siano gli amminoacidi; che il fornitore di questi sia l'RNA-transfer; che il libro con le ricette sia il DNA. La ricetta del piatto che vuole mettere in tavola, presente nel libro di ricette, potrà allora corrispondere a:

A un cromosoma
B l'RNA messaggero
C una cellula
D un ribosoma
E un gene

7 In base all'ipotesi degli equilibri intermittenti si può affermare che:

A nello studio dei reperti fossili potrebbe risultare difficile trovare forme intermedie tra due specie che si sono succedute sullo stesso territorio
B in base alla documentazione fossile di una linea evolutiva non tutti gli organismi discendono da un antenato comune
C i cambiamenti graduali sono la causa principale dei processi evolutivi che si svolgono in brevi periodi di tempo
D una specie non può formarsi per deriva genetica a partire dalla linea evolutiva principale
E una specie di organismi non può essere sostituita da un'altra in tempi relativamente brevi

8 Supponiamo che il filamento del DNA che serve da stampo per la sintesi dell'RNA messaggero abbia questa sequenza di basi: TATACGGCAATT. Quale sarà la sequenza delle basi nell'RNA messaggero?

A ATATGCCGTTAA
B UAUUCCGGUUCC
C AUAUGCCGUUAA
D UAUAGCCGAAUU
E Nessuna delle risposte precedenti

9 I vaccini anti-influenzali devono ogni anno essere rinnovati perché:

A i ceppi virali mutano ogni anno con grande frequenza
B i ceppi batterici mutano con grande frequenza
C i virus dell'influenza muoiono dopo un anno
D si sono riprodotti in modo abnorme nel primo corso dell'infezione
E hanno formato troppe tossine nel primo anno dell'infezione

10 La maggioranza delle persone affette da malattie ereditarie recessive di tipo mendeliano sono nate da genitori normali. Questo perché:

A entrambi i genitori sono eterozigoti
B entrambi i genitori sono omozigoti dominanti
C entrambi i genitori sono omozigoti recessivi
D i genitori hanno sviluppato tardivamente la malattia
E l'ambiente di vita dei genitori non era favorevole all'insorgere della malattia

11 **La figura rappresenta l'albero genealogico che riguarda l'ereditarietà dei gruppi sanguigni in una famiglia.**

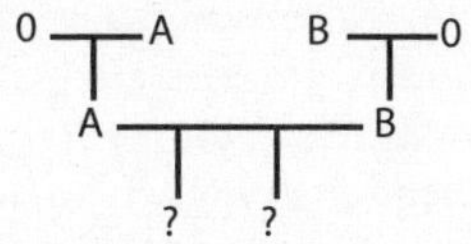

Quali potranno essere i gruppi sanguigni dei nipoti?

A A, B, AB e 0
B Sicuramente A
C Sicuramente B
D Sicuramente 0
E Solo AB

12 **Nel 1912 Hopkins, biochimico inglese, dimostrò che per il normale sviluppo, salute e riproduzione di tutti gli animali (fatta eccezione per alcuni di essi capaci di sintesi autonoma *ex novo*), sono necessarie non soltanto le sostanze nutritive basilari ma anche *accessory food substances*, cioè "fattori alimentari accessori". Queste sostanze devono essere ingerite preformate perché non possono essere sintetizzate nel nostro organismo. La deficienza di tali sostanze dà luogo a caratteristici quadri morbosi. Tali sostanze sono:**

A gli enzimi
B gli amminoacidi
C gli ormoni
D le proteine
E le vitamine

13 **Dall'osservazione della figura, si può dedurre che essa rappresenta:**

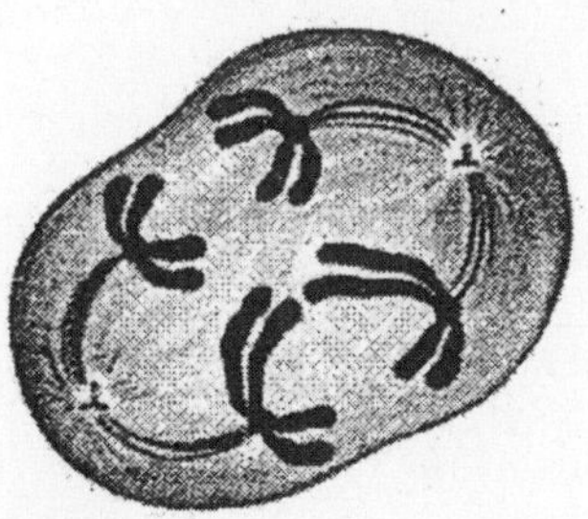

A l'anafase della 2ª divisione meiotica
B l'anafase della 1ª divisione meiotica
C la metafase della mitosi
D la profase della 1ª divisione meiotica
E l'anafase della mitosi

14 **L'analisi del cariotipo di una cellula che si trova in metafase mitotica consente di evidenziare:**

A la perdita di un gene conseguente alla duplicazione del DNA
B le anomalie di numero o di struttura dei cromosomi
C una possibile mutazione genica avvenuta nella molecola del DNA
D l'acquisto di un gene da parte di un cromosoma
E la frequenza del crossing-over

15 **Le piastrine si formano:**

A nei muscoli scheletrici
B nel midollo osseo
C nel rene
D nelle vene
E nella cartilagine

16 **Nella donna, la meiosi a carico delle cellule germinali:**

A si svolge per intero nell'ovaio a partire dalla pubertà
B si svolge per intero nell'ovaio prima della nascita
C si completa solo dopo la fecondazione
D ha inizio al momento della maturazione del follicolo ovarico
E avviene al momento dell'immissione dello sperma nelle vie genitali femminili

17 **Il grano tenero (*Triticum aestivum*) usato nella panificazione ha 42 cromosomi; il grano duro (*Triticum turgidum*) usato per produrre varie qualità di pasta ha 28 cromosomi; entrambe queste specie derivano dal grano selvatico (*Triticum tauschii* e *Triticum monococcum*) che invece hanno 14 cromosomi. Questa varietà di corredi cromosomici è un fenomeno definito:**

A Mutazione puntiforme
B Clonazione
C Poliploidia
D Poliallelia
E Poligamia

18 **Indicare la successione anatomica corretta:**

A digiuno, ileo, cieco
B rene, uretere, calice
C rene, uretra, vescica
D ovaio, utero, tuba di Falloppio
E alveoli, bronchi, bronchioli

19 **In un litro di soluzione 2 M di NH_4Br (PA di Br = 80) sono contenuti:**

A 196 g di NH_4Br
B 1 mole di NH_4Br
C 98 g di NH_4Br
D 1 eq di NH_4Br
E 0,5 moli di NH_4Br

20 **Data la reazione chimica**

$$H_2SO_3 + AuNO_3 \rightarrow Au_2SO_3 + HNO_3$$

quali sono i coefficienti stechiometrici che permettono di bilanciarla?

A 1, 2, 1, 3
B 1, 1, 2, 1
C 1, 2, 1, 2
D 1, 3, 1, 3
E 2, 3, 1, 2

21 **Una soluzione di acido acetico 0,1 M ($K_a = 1{,}8 \cdot 10^{-5}$) è:**

A meno acida di una soluzione 0,1 M di acido cloridrico
B acida come una soluzione 0,1 M di acido cloridrico
C neutra
D basica
E più acida di una soluzione 0,1 M di acido cloridrico

22 **Quale elemento corrisponde alla configurazione elettronica $1s^2\ 2s^2\ 2p^4$?**

A Ferro
B Azoto
C Zinco
D Litio
E Ossigeno

23 **Qual è il numero di ossidazione dell'idrogeno in KH (idruro di potassio)?**

A –1
B +1
C 0
D –2
E –1/2

24 **«L'acido cloridrico o cloruro di idrogeno, di formula HCl, è un gas incolore, di odore pungente, che fuma fortemente all'aria umida e attacca le mucose se inalato. L'acido cloridrico concentrato del commercio è una soluzione al 37% peso a peso, e ha densità 1,19 g/ml a 20°C. A differenza dell'acido fluoridrico, assai debole, l'acido cloridrico è un elettrolita forte, che in soluzione acquosa è pressoché tutto dissociato in H_3O^+ e Cl^-».**
Quale delle seguenti affermazioni è in accordo con il contenuto del brano precedente?

A L'acido cloridrico puro ha densità 1,19 g/ml
B Un litro di soluzione di acido cloridrico concentrato del commercio pesa 1,19 kg
C Un kg di soluzione di acido cloridrico concentrato del commercio occupa il volume di 1,19 litri
D La soluzione di acido cloridrico concentrato del commercio contiene, in 1 litro, 37 g di HCl
E Tutti gli idracidi degli alogeni si dissociano totalmente in soluzione acquosa

25 **Una ammina terziaria deve contenere almeno:**

A sei atomi di carbonio
B tre atomi di azoto
C due atomi di carbonio
D sei atomi di azoto
E tre atomi di carbonio

26 **L'urea è un composto azotato. Pertanto non può derivare dal metabolismo di:**

A polisaccaridi
B proteine semplici
C amminoacidi
D proteine coniugate
E peptidi

27 **Nella molecola di benzene, gli atomi di carbonio hanno ibridazione:**

A metà sp^2, metà sp

B tutti sp^2

C tutti sp^3

D tutti sp

E tutti d^2sp^3

28 **L'entropia può essere definita come:**

A la somma di tutte le energie possedute dal sistema

B la misura dello stato di disordine molecolare di un sistema

C il calore scambiato in una trasformazione a pressione costante

D una misura dell'energia media dei legami presenti negli individui chimici che compongono il sistema

E la variazione di energia di un sistema in seguito a una trasformazione

29 **0,5 moli di He con massa atomica 4 sono mescolate con 0,5 moli di O_2 con massa atomica 16. In condizioni standard di pressione e temperatura il volume occupato dalla miscela gassosa è pari a:**

A 11,2 litri

B 20 litri

C 22,4 litri

D 36 litri

E 44,8 litri

30 **Quale di queste sostanze è un acido grasso?**

A CH_3CH_2OH

B $C_6H_5–COOH$

C CH_3NH_2

D CH_3CH_3

E $C_{13}H_{27}–COOH$

31 **Data la funzione:**

$$y = x^4 - x^2 - 1$$

si può affermare che:

A $y = (x^2 - 1)^2$

B la funzione è intera e di quarto grado

C la funzione è fratta

D la funzione è intera e di sesto grado

E la variabile indipendente è y

32 **Determinare la somma:**

$$3^{30} + 3^{30} + 3^{30}$$

A 9^{30} B 27^{30} C 27^{90} D 3^{31} E 3^{90}

33 Quale tra i seguenti numeri è il più grande?

A $\sqrt{0,00000001}$

B 10^{-5}

C $(0,01)^{1/2}$

D $(0,001)^2$

E 0,001

34 Un 30-enne, un 35-enne e un 45-enne stipulano un'assicurazione per avere la stessa rendita vitalizia con inizio a 65 anni. Chi paga la rata annuale più alta in caso di pagamento rateale del premio?

A Pagano somme uguali

B Il 30-enne

C Il 35-enne

D Il 45-enne

E Dipende dai loro redditi

35 Le giraffe hanno un collo lungo circa 5 m. Assumendo per il sangue una densità pari a quella dell'acqua, che differenza di pressione ci aspettiamo alla base del collo tra quando la giraffa ha il collo disteso in verticale e quando ha il collo disteso in orizzontale?

A Circa 50 cm Hg

B Circa 0,05 atm

C Circa 0,5 atm

D Circa 5 atm

E Circa 50 atm

36 Una lampadina da 100 W e un ferro da stiro da 1 kW possono consumare la stessa energia?

A Sì, se funzionano per tempi inversamente proporzionali alla loro potenza

B Sì, se funzionano per tempi uguali

C Sì, quando sono alimentati in serie

D No, in nessun caso

E Sì, quando sono alimentati in parallelo

37 Un corpo di 200 grammi viene legato a un estremo di un filo sottile inestensibile, molto leggero e lungo 1 metro. Il corpo viene fatto oscillare con un'ampiezza di pochi centimetri. Il tempo impiegato a percorrere un ciclo completo (periodo) dipende essenzialmente:

A dall'ampiezza delle oscillazioni

B dal tipo di supporto a cui è agganciato il filo

C dalla natura del filo

D dalla lunghezza del filo

E dal materiale che forma il corpo appeso

38 In un dato filo conduttore percorso da corrente, se cambia la differenza di potenziale elettrico tra i suoi estremi cambia anche l'intensità della corrente elettrica, però rimane costante:

A il prodotto fra la prima e la seconda grandezza

B il prodotto fra la prima e il quadrato della seconda grandezza

C il prodotto fra la seconda e il quadrato della prima grandezza

D il rapporto fra le due grandezze

E la somma delle due grandezze

Ragionamento logico e cultura generale

39 La settimana scorsa, in seguito a un'abbondante nevicata, le scuole hanno dovuto decidere se rimanere chiuse o meno. Tale decisione è sempre difficile poiché vi sono numerosi fattori da prendere in considerazione. Da un lato, la chiusura imprevista delle scuole causa molti disagi, perché i genitori che lavorano hanno poco tempo per trovare qualcuno a cui affidare i propri bambini. Dall'altro lato, sarebbe opportuno limitare il traffico per questioni di viabilità. Tuttavia, se le scuole rimangono aperte quando nevica, il traffico aumenta perché un numero maggiore di genitori usa l'auto per accompagnare i figli a scuola. Quindi, la settimana scorsa tutte le scuole della città sarebbero dovute rimanere chiuse.

Su quale supposizione implicita si basa il brano precedente?

A I problemi derivanti dal traffico sono più gravi rispetto a quelli causati ai genitori dalla chiusura delle scuole

B I genitori volevano che le scuole rimanessero aperte

C Gli insegnanti sarebbero stati in grado di arrivare a scuola

D Le scuole che sono rimaste chiuse non hanno valutato abbastanza attentamente tutte le possibilità

E I datori di lavoro dovrebbero prendere in considerazione le esigenze dei dipendenti con figli

40 «Una recente ricerca condotta da un prestigioso centro ha mostrato che le droghe leggere sono meno dannose alla salute di quanto non lo sia l'alcol. È dunque opportuno provvedere a legalizzare tali sostanze».

Quale delle seguenti affermazioni, se corretta, indebolisce maggiormente la conclusione riportata dall'autore del passaggio precedente?

A La ricerca si è concentrata sugli effetti delle droghe leggere e dell'alcol sul fegato, trascurando altri possibili effetti

B Le droghe leggere sono contrarie alla religione cattolica

C La liberalizzazione delle droghe leggere potrebbe far scomparire parte del giro d'affari della mafia

D Non è mai stato dimostrato che chi fuma droghe leggere passi necessariamente, col tempo, ad assumere droghe pesanti

E La legalizzazione delle droghe leggere è avversata dai partiti della maggioranza

41 Le mele costano € 0,30 ciascuna, le banane € 0,40 e le arance € 0,50. Daniele spende esattamente € 2,00 per acquistare della frutta.

Quali delle affermazioni seguenti sono corrette?

1 Non potrà avere esattamente 3 mele.

2 Deve aver acquistato almeno una banana.

3 Ha acquistato 4, 5 o 6 frutti.

4 Se ha acquistato tutti e 3 i tipi di frutti deve avere meno mele che banane e arance insieme.

A 1, 2, 3 e 4 B 1, 2 e 3 C 1, 3 e 4 D 2, 3 e 4 E 1, 2 e 4

42 **La maggioranza dell'opinione pubblica ritiene che l'energia eolica sia una parte integrante delle nuove fonti energetiche per il futuro. Spesso, tuttavia, gruppi di attivisti si oppongono alla realizzazione di impianti eolici. Le ragioni fornite sono le più disparate e vanno dall'inefficienza di tali impianti al disturbo apportato agli uccelli migratori. In realtà le vere ragioni sono più legate ad interessi personali. Raramente i cittadini si oppongono alla realizzazione di impianti eolici distanti dalla loro zona di residenza; piuttosto, ciò che interessa loro è che tali impianti non rovinino esteticamente il panorama adiacente alla loro abitazione.**

Quale delle seguenti affermazioni, se considerata vera, rafforza quanto sostenuto dal brano?

- **A** Molto spesso è più semplice costruire impianti eolici in mare aperto perché si incontra minore opposizione
- **B** Costruire impianti eolici lontano dai centri abitati è la soluzione più economica
- **C** Nonostante il supporto dei residenti, il progetto per un impianto eolico in un'isola sperduta è stato bocciato in seguito alle proteste degli attivisti
- **D** I cittadini si oppongono maggiormente alla costruzione di centrali nucleari nei pressi delle proprie abitazioni rispetto alla costruzione di impianti eolici
- **E** Gran parte dell'opinione pubblica considera gli impianti eolici come una piacevole peculiarità del paesaggio

---

43 **Sembra molto probabile che in varie nazioni europee la competizione tra gli studenti per l'ammissione universitaria aumenterà nei prossimi anni e ciò garantirà che solo gli studenti con i voti più alti verranno ammessi all'università. Dal momento che solo gli studenti con un eccellente curriculum scolastico riusciranno a essere ammessi all'università, ci si dovrebbe aspettare di vedere un numero maggiore di studenti che si laureano con il massimo dei voti.**

Quale delle seguenti risposte costituisce il passaggio logico errato nel brano precedente?

- **A** Solo un buon curriculum scolastico può essere una garanzia sufficiente per ottenere risultati accademici eccellenti
- **B** Alcuni studenti universitari eccellenti potrebbero non aver ottenuto buoni risultati a scuola
- **C** Alcuni studenti potrebbero essere stati svantaggiati a causa di prolungate assenze scolastiche dovute a malattie o a causa di insegnanti non adeguatamente preparati
- **D** Gli studenti con un buon curriculum scolastico potrebbero non essere intenzionati ad iscriversi all'università
- **E** Il fatto che uno studente non abbia ottenuto buoni risultati in passato, non significa che non li otterrà in futuro

---

44 **«La sarcoidosi è una malattia dell'uomo caratterizzata dallo sviluppo spontaneo di granulomi. Al momento non si conosce una condizione analoga negli animali domestici. La malattia sembra essere determinata da una reazione persistente e inefficace nei confronti di un antigene sconosciuto in soggetti predisposti».**

Sulla base del testo precedente, quale delle seguenti affermazioni sulla sarcoidosi è FALSA?

- **A** I malati di sarcoidosi presentano granulomi
- **B** Non sono stati documentati casi di sarcoidosi nel gatto
- **C** Una qualche forma di predisposizione pare sia necessaria per il manifestarsi della sarcoidosi
- **D** Non si sa cosa scatena la reazione immunitaria che produce i granulomi
- **E** Un breve episodio di ipersensibilità può indurre la sarcoidosi

45 **«Assieme alla tragedia, la commedia fu la principale invenzione letteraria che Atene consegnò alla cultura successiva. La commedia (la parola significa probabilmente «canto di festa») si sviluppò da processioni e rituali collegati alle feste di fertilità, durante le quali il riso, il motteggio e il linguaggio osceno avevano il preciso significato rituale di favorire magicamente la fecondità della natura.**

La commedia assunse poi forma teatrale a partire dall'anno 486 a.C. Anch'essa fu rappresentata ad Atene durante due ricorrenze: le feste Lenee in febbraio e le Dionisie alla fine di marzo, quando si rappresentavano anche le tragedie.

La commedia antica fu una diretta espressione della democrazia ateniese: essa era infatti una commedia politica, vale a dire trattava elementi di attualità che erano accaduti durante l'ultimo anno e che venivano proposti sulla scena in modo comico o deformato».

Una delle affermazioni riportate di seguito è in contraddizione con quanto sostenuto dal brano. Quale?

- A In alcune commedie ateniesi è possibile rintracciare elementi di satira politica
- B Il linguaggio utilizzato nella commedia ateniese era spesso osceno, quasi sempre oltraggioso e soprattutto fine a sé stesso, completamente slegato da altri fini diversi dall'offesa e dalla diffamazione
- C In particolari occasioni (per esempio, per certe festività), ad Atene, le tragedie venivano messe in scena contemporaneamente alle commedie
- D Volendo rintracciare quali siano le più importanti forme letterarie che nascono e si sviluppano nell'Atene antica per poi rimanere nella storia, l'attenzione dovrebbe porsi sulla commedia e sulla tragedia
- E La commedia, a cominciare probabilmente dallo stesso significato etimologico, era collegata ad alcuni rituali festosi

---

46 **In tutti i paesi del mondo, la domanda di donatori di sangue è aumentata in maniera esponenziale. Nei paesi occidentali, in particolar modo, la domanda è aumentata così drasticamente da provocare una carenza cronica nelle scorte di sangue per uso medico. In tutti questi paesi, la domanda sta aumentando assai più rapidamente di quanto stia aumentando il tasso di crescita nella popolazione di età compresa tra i 18 e i 65 anni, ovvero la fascia di età da cui si attingono donatori. Inoltre, nonostante si stiano compiendo enormi sforzi nella ricerca medica per trovare valide alternative, resta inconfutabile che al momento non esiste un valido sostituto per il sangue umano.**

Quale delle seguenti affermazioni esprime il messaggio principale del brano precedente?

- A Se si riuscissero a trovare più donatori di sangue, non ci sarebbe bisogno di trovare un valido sostituto per il sangue umano
- B Il tasso di crescita tra i donatori di sangue è recentemente rallentato
- C Il problema concernente l'aumento della domanda di sangue non accenna a scomparire
- D La domanda di sangue è aumentata di pari passo al crollo dell'offerta
- E L'aumento nella domanda di sangue è principalmente dovuta alla crescita della popolazione globale

---

47 **Ho 40 conigli bianchi e 31 conigli neri suddivisi in 10 gabbie. Quale delle seguenti affermazioni è sicuramente vera?**

- A Esiste almeno una gabbia in cui ci sono almeno 5 conigli bianchi
- B Esiste almeno una gabbia in cui ci sono almeno 8 conigli
- C Esiste almeno una gabbia in cui ci sono esattamente 4 conigli neri
- D In ogni gabbia ci sono almeno 7 conigli
- E In tutte le gabbie, il numero dei conigli bianchi è maggiore o uguale a quello dei conigli neri

48 **Più della metà degli amici di Marco studia fisica e la maggioranza studia chimica. Deve, perciò, esserci almeno qualche amico di Marco che studia sia fisica che chimica.**

Quale delle seguenti affermazioni segue la stessa struttura logica del suddetto ragionamento?

- **A** In un mazzo di 52 carte da gioco, metà delle carte sono rosse, quindi se viene servita una mano di 13 carte è possibile avere una combinazione di carte rosse e di carte nere
- **B** Circa la metà della popolazione è di genere femminile. Dato che una parte considerevole della popolazione fuma, allora alcune donne devono essere fumatrici
- **C** La maggior parte del prosciutto venduto in una salumeria è cotto. Più della metà delle vendite consiste in prosciutto già affettato. Una parte del prosciutto venduto deve essere cotto già affettato
- **D** La maggior parte delle scarpe che vengono vendute ha i lacci ed il colore di scarpe più comune è il marrone, pertanto alcune scarpe marroni devono avere i lacci
- **E** Si vendono più automobili di colore blu rispetto a tutti gli altri colori. La Ford sono le auto più diffuse, quindi le Ford blu sono la combinazione più comune di casa auto e di colore

49 **Le due linee del grafico indicano la sopravvivenza media percentuale sino a cinque anni, in due gruppi diversi di pazienti affetti dalla malattia A con esito letale, trattati rispettivamente con la terapia X o con la terapia Y. La terapia Y può essere utilizzata in tutti i pazienti affetti dalla malattia A, indipendentemente dalla loro età (e in effetti nella casistica Y il 60% dei casi ha più di 65 anni). La terapia X può essere utilizzata solo in soggetti con meno di 65 anni.**

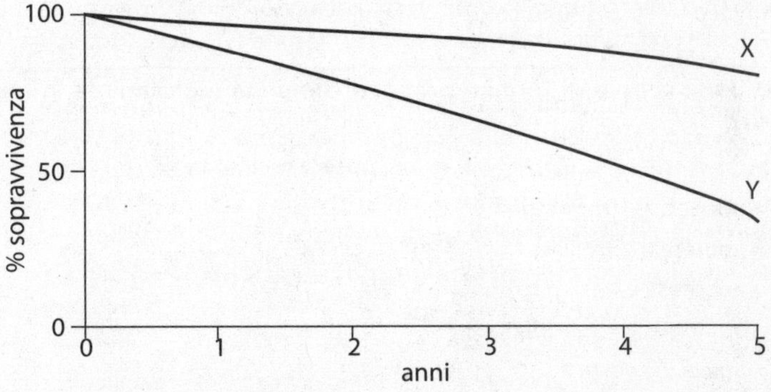

Delle seguenti deduzioni una sola è CORRETTA:

- **A** la differenza dei risultati tra le due terapie diventa significativa soltanto dopo 4 anni dall'inizio del trattamento
- **B** i pazienti con meno di 65 anni di età hanno certamente più probabilità di sopravvivere a lungo se sono trattati con la terapia X
- **C** la terapia Y comporta l'utilizzo di un medicinale pericoloso in quanto è a volte letale
- **D** per un paziente con meno di 65 anni il confronto per le due terapie in termini di percentuale di sopravvivenza non è lecito perché i due gruppi di pazienti non sono omogenei
- **E** le due sopravvivenze sono differenti solo perché l'età media dei pazienti è differente e, se si tiene conto di questo fatto, le sopravvivenze si equivalgono

50 **Tre fratelli possiedono una canoa a due posti e vogliono allenarsi per una gara. Potendosi allenare solo due per ogni allenamento, qual è il numero minimo di allenamenti da predisporre in una settimana, se ognuno dei tre fratelli vuole partecipare ad almeno due allenamenti?**

A Due
B Cinque
C Quattro
D Tre
E Sei

51 **A una conferenza 10 persone prendono appunti, 8 portano gli occhiali. Con questi dati si può concludere con certezza che il numero totale N degli ascoltatori a quella conferenza è:**

A $N = 18$
B $N > 10$
C $N \geq 10$
D $N < 10$
E $N > 18$

52 **Andrea afferma che tutte le pecore toscane sono nere. Quale delle seguenti condizioni è NECESSARIO che si verifichi affinché l'affermazione di Andrea risulti falsa?**

A Deve esistere almeno una pecora toscana non nera
B Deve esistere almeno una pecora toscana bianca
C Nessuna pecora toscana deve essere nera
D Deve esistere almeno una pecora nera non toscana
E Tutte le pecore non toscane devono essere nere

53 **I 400 seggi di un parlamento sono ripartiti fra cinque partiti politici. Non ci sono due partiti con uno stesso numero di seggi e ciascun partito ha almeno 20 seggi. Qual è il più alto numero di seggi che il terzo partito più grande può avere?**

A 119
B 120
C 22
D 121
E 118

54 **Individuare il termine la cui etimologia NON segue la stessa "logica" degli altri.**

A Univoco
B Onirico
C Dualistico
D Tricuspide
E Trittico

55 **Quale tra le coppie di termini proposti completa logicamente la seguente proporzione verbale:**

x : potere = cima : y

A x = apogeo; y = montagna
B x = apotema; y = ellisse
C x = apoteosi; y = tragitto
D x = apologia; y = meridiana
E x = apice; y = vortice

56 **Individuare la parola o i gruppi di parole che completano correttamente la frase seguente.**

La Corte di Cassazione viene definita giudice di solo diritto e in questa sua veste si contrappone agli altri giudici, che sono invece detti di merito. Un'ulteriore conseguenza derivante dal particolare carattere dei giudici della Suprema Corte è che quando quest'ultima accoglie un ricorso non può rifare il giudizio di merito relativo alla __________ annullata, ma la causa deve essere rinviata ad altro giudice di merito.

A sentenza
B processo
C inchiesta
D richiesta
E protesta

57 **Quali parole vanno sostituite ai numeri per dare un senso compiuto e logico alla frase seguente? *"Deve essere per questo che, negli ultimi mesi, ho fatto ricorso ____(1)____ morale, perfino all'indignazione, molto più che in ____(2)____; io che preferisco ____(3)____, entrare nell'ambiente, adattarmi a esso, per osservarlo meglio."***

- A (1) all'oltraggio (2) precedenza (3) la contraffazione
- B (1) all'invettiva (2) passato (3) la mimesi
- C (1) alla diatriba (2) seguito (3) l'osmosi
- D (1) all'ingiuria (2) priorità (3) il realismo
- E (1) al vilipendio (2) futuro (3) l'imitazione

---

58 **Individuare l'abbinamento errato:**

- A igrometro/umidità
- B termometro/calore
- C altimetro/altitudine
- D goniometro/angoli
- E barometro/pressione atmosferica

---

59 **Si identifichino gli abbinamenti CORRETTI dei tre eventi internazionali citati con le corrispondenti annessioni al Regno d'Italia.**

A. Sconfitta dell'Austria a opera della Prussia alleata con l'Italia (terza guerra d'indipendenza).

B. Vittoria prussiana sulla Francia e crisi della sua influenza.

C. Trattati di pace al termine del I conflitto mondiale.

1. Annessione del Trentino e dell'Alto Adige.

2. Annessione di Roma.

3. Annessione del Veneto.

- A A 2; B 1; C 3
- B A 3; B 1; C 2
- C A 3; B 2; C 1
- D A 2; B 3; C 1
- E A 1; B 2; C 3

---

60 **Il protezionismo negli USA degli anni '30 del Novecento consistette:**

- A in una politica di protettorato su alcuni Stati europei
- B nella chiusura del mercato interno alle merci straniere
- C nel divieto di consumare alcolici
- D in una politica di protettorato su alcuni Stati asiatici
- E nel tentativo degli USA di impedire influenze europee sugli Stati latino-americani

Soluzioni della dodicesima prova

Alpha Test

Risposte esatte della dodicesima prova

Verificare le risposte relative alle domande della dodicesima prova

	A	B	C	D	E		A	B	C	D	E		A	B	C	D	E
1	□	□	■	□	□	21	■	□	□	□	□	41	□	□	■	□	□
2	□	□	■	□	□	22	□	□	□	□	■	42	■	□	□	□	□
3	□	□	■	□	□	23	■	□	□	□	□	43	■	□	□	□	□
4	□	□	□	□	■	24	□	■	□	□	□	44	□	□	□	□	■
5	□	□	■	□	□	25	□	□	□	□	■	45	□	■	□	□	□
6	□	□	□	□	■	26	■	□	□	□	□	46	□	□	■	□	□
7	■	□	□	□	□	27	□	■	□	□	□	47	□	■	□	□	□
8	□	□	■	□	□	28	□	■	□	□	□	48	□	□	■	□	□
9	■	□	□	□	□	29	□	□	■	□	□	49	□	□	□	■	□
10	■	□	□	□	□	30	□	□	□	□	■	50	□	□	□	■	□
11	■	□	□	□	□	31	□	■	□	□	□	51	□	□	■	□	□
12	□	□	□	□	■	32	□	□	□	■	□	52	■	□	□	□	□
13	□	■	□	□	□	33	□	□	■	□	□	53	□	□	□	□	■
14	□	■	□	□	□	34	□	□	□	■	□	54	□	■	□	□	□
15	□	■	□	□	□	35	□	□	■	□	□	55	■	□	□	□	□
16	□	□	■	□	□	36	■	□	□	□	□	56	■	□	□	□	□
17	□	□	■	□	□	37	□	□	□	■	□	57	□	■	□	□	□
18	■	□	□	□	□	38	□	□	□	■	□	58	□	■	□	□	□
19	□	□	■	□	□	39	■	□	□	□	□	59	□	□	■	□	□
20	□	□	■	□	□	40	■	□	□	□	□	60	□	■	□	□	□

PER UNA PREPARAZIONE COMPLETA

Per i test di ammissione a ogni facoltà, la collana Alpha Test prevede più libri che, nel loro insieme, rappresentano lo strumento editoriale più completo e aggiornato per una preparazione mirata e efficace

NUOVE EDIZIONI 2015/2016

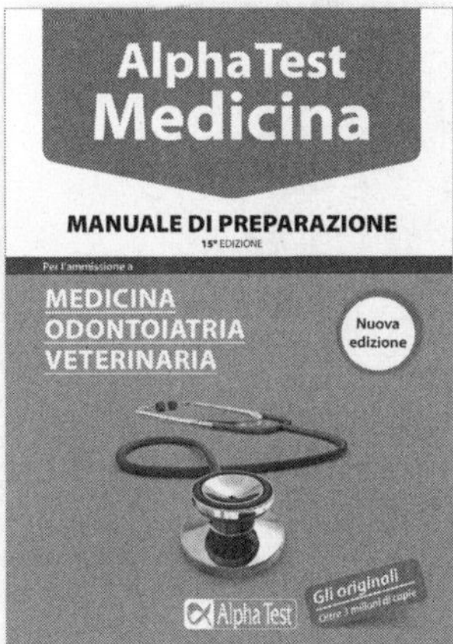

Pagg. 992 - € 47,90

MANUALE DI PREPARAZIONE
Consente lo studio e il ripasso mirato di tutti gli argomenti su cui vertono le domande d'esame. Oltre alla teoria essenziale e completa, propone esercizi esemplificativi risolti e commentati.

NOVITÀ: INTERNI A COLORI!

ESERCIZI COMMENTATI
Propone centinaia di quesiti suddivisi per argomento, con ampie spiegazioni per chiarire le conoscenze richieste e le migliori strategie di risoluzione.

Pagg. 320 - € 21,90
(con USB Key € 28,90)

Pagg. 224 - € 16,90

PROVE DI VERIFICA
Contiene 12 prove d'esame con le domande degli ultimi anni presentate sotto forma di test simulati, per verificare il proprio livello di preparazione.

RACCOLTA DI TEST
Un archivio di migliaia di domande suddivise per materia, con i quesiti ufficiali e tutte le soluzioni.

Pagg. 1152 - € 41,90
(con USB Key € 46,90)

SCOPRI TUTTI I LIBRI PER MEDICINA, ODONTOIATRIA E VETERINARIA